人文社科
高校学术研究论著丛刊

二语习得理论及外语教学应用研究

任 蕾 马 崴 于鸿波 著

中国书籍出版社
China Book Press

图书在版编目 (CIP) 数据

二语习得理论及外语教学应用研究 / 任蕾，马嵬，于鸿波著. -- 北京 : 中国书籍出版社，2021.4
ISBN 978-7-5068-8424-2

Ⅰ. ①二… Ⅱ. ①任… ②马… ③于… Ⅲ. ①第二语言 - 外语教学 - 教学研究 Ⅳ. ① H09

中国版本图书馆 CIP 数据核字（2021）第 065570 号

二语习得理论及外语教学应用研究

任 蕾 马 嵬 于鸿波 著

丛书策划	谭 鹏 武 斌
责任编辑	毕 磊
责任印制	孙马飞 马 芝
封面设计	东方美迪
出版发行	中国书籍出版社
地 址	北京市丰台区三路居路 97 号（邮编：100073）
电 话	（010）52257143（总编室） （010）52257140（发行部）
电子邮箱	eo@chinabp.com.cn
经 销	全国新华书店
印 刷	三河市德贤弘印务有限公司
开 本	710 毫米 × 1000 毫米 1/16
字 数	287 千字
印 张	14.25
版 次	2023 年 1 月第 1 版
印 次	2023 年 1 月第 1 次印刷
书 号	ISBN 978-7-5068-8424-2
定 价	70.00 元

版权所有 翻印必究

目　录

第一章　二语习得研究 … 1
- 第一节　二语习得研究概念 … 1
- 第二节　二语习得研究的学科定位 … 7
- 第三节　二语习得的相关理论研究 … 9

第二章　二语习得的影响因素 … 26
- 第一节　影响二语习得的内在因素 … 26
- 第二节　影响二语习得的外在因素 … 41

第三章　二语习得过程中的语言系统变异研究 … 54
- 第一节　语言变异的基本概念 … 54
- 第二节　语言变异的描写方法 … 57

第四章　二语习得研究的基本模式 … 60
- 第一节　二语习得研究的文化模式 … 60
- 第二节　二语习得研究的多元模式 … 67
- 第三节　二语习得研究的认知模式 … 69

第五章　二语习得与外语教学 … 76
- 第一节　第一语言与二语习得过程的异同 … 76
- 第二节　二语习得的教学法 … 79
- 第三节　二语习得对外语教学的启示 … 104

第六章　二语习得理论下的英语基础知识教学 … 114
- 第一节　二语习得研究下的语音教学 … 114
- 第二节　二语习得研究下的词汇教学 … 124
- 第三节　二语习得研究下的语法教学 … 136

第七章　二语习得理论下的英语基本技能教学 … 144
- 第一节　二语习得研究下的听力教学 … 144
- 第二节　二语习得研究下的口语教学 … 156

  第三节 二语习得研究下的阅读教学……………………… 165
  第四节 二语习得研究下的写作教学……………………… 179
  第五节 二语习得研究下的翻译教学……………………… 187
第八章 二语习得理论下的英语语言测试研究……………… **204**
  第一节 二语习得与语言测试之间的关系……………… 204
  第二节 英语语言测试的理论基础………………………… 208
  第三节 英语语言测试的发展趋势………………………… 212
参考文献……………………………………………………………… **215**

第一章　二语习得研究

作为一门独立的学科,二语习得研究开始于20世纪六七十年代,其理论体系主要是对二语习得过程加以描述、对二语习得特征加以解释。随着研究的不断深入,从1980年到现在,中国的二语习得研究已经经历了40多年的历史。在这40多年之间,我国在二语习得研究上付出了不懈的努力,为二语习得研究做出了巨大的贡献。因此,本书就二语习得研究、二语习得研究的学科定位以及相关理论展开详细探讨与分析。

第一节　二语习得研究概念

一、基本研究

人们掌握母语后如何培养自身的第二语言能力是第二语言习得所研究的关键问题。对于第二语言习得过程与本质进行研究的理论就是第二语言习得理论。由于这一理论有着自身的特殊性质与研究对象,因此第二语言习得理论也逐渐发展成为一门学科。在这门学科发展的过程中,第二语言习得研究应着重对学科性质进行科学定位并构建科学的学科体系。

从语言习得机制的运行过程与语言系统的形成过程来说,外语学习与第二语言习得在本质上没有什么差异性,其主要区别在于:外语学习对于课堂教学的依赖性较强,而第二语言习得侧重自然的语言环境。需要指明的是,外语学习与第二语言习得所形成的语言能力在动机、语言输入的质量层面是存在明显区别的,因此会引起语言能力发展的不平衡。因此,学生在掌握母语后,习得第二门语言或另一门语言被称为"第二语言习得"。

彼德·科德(S. P. Corder)是英国应用语言学的奠基者,他撰写的《学习者所犯错误的意义》(*The Significance of Learner's Errors*,1967)一文是第二语言习得的开端。[①]经过几十年的发展,第二语言习得虽然与其他学科存在交叉,但是也有着自己明确的研究对象及发展方向,因此其是一门独立的学科。另外,从知识体系与研究方法来说,第二语言习得研究有一套自身的系统,这是一般语言习得理论、普通语言学理论所没有的,其不仅是当代应用语言学的前沿,还能够为包括外语教学法在内的其他学科提供依据。

在我国,对第二语言习得在整个人类的知识系统展开定位意义巨大。要求处理好第二语言习得研究与其他学科之间的关系,并重新定位与认识学科属性,做到与时俱进,这样才能推动第二语言习得的健康发展。

具体而言,第二语言习得研究不仅从心理学、教育学、社会心理学等学科汲取有利成分,还借鉴科学的方法,从一些自然科学与社会科学中汲取科学元素。随着第二语言习得研究的不断发展,应对其进行准确把握,将一些对第二语言习得研究有帮助的成分提取出来,从而便于其突破与创新。

二、研究对象

一般来说,二语习得研究可分为两类:理论二语习得研究和应用二语习得研究。

理论二语习得研究主要是建立二语习得理论,其中包含普遍语法理论、监察理论、适应理论等。研究者从社会学、心理学、语言学等角度对二语习得的心理过程、认知过程和语言过程进行研究。其具体研究学习者在掌握了母语之后是如何学习另一套新的语言体系的,研究学习者什么学到了、什么没有学到,研究为什么大部分学习者的第二语言无法达到母语的水平,研究母语对二语习得的影响,研究学习者运用第二语言的过程等。

应用二语习得研究主要研究如何使用二语习得的研究成果来对第二语言或外语教学、教材的编写和教学方法等进行研究,并分析如何撰写教学语法、设计课堂活动和在课堂环境中提高教学效果,研究课堂语言教学对语言习得的影响,以及第二语言学习者的个体差异等。

埃利斯(Ellis,1985)认为,二语习得研究有描写与解释这两大主要目标,前者主要是对第二语言学习者的整体功能能力以及学习者对语言

---

① Corder, S. P. The Signification of Learners' Errors[J]. *International Review of Applied Linguistics*, 1967,(5):161-169.

技能的习得与发展过程进行描写;后者主要是解释学习者为什么可以习得第二语言以及习得第二语言的内外因素等。①

二语习得这一过程是非常复杂的,并且是一个动态的非线性过程。拉森-弗里曼(Larsen Freeman,1997)认为,许多相互作用的因素对二语习得的发展过程起着决定性的作用。例如,语言因素包括源语、目标语、第一语言的标记性、二语的标记性、输入语的数量和种类、互动的数量和种类、反馈的数量和种类、二语习得的语境等;学习者因素包括年龄、语言潜能(aptitude)、动机和态度等社会心理因素、性格因素、认知风格、学习策略、性别、兴趣等。埃利斯(1986)曾对二语习得研究的范围和目标做了研究,具体如图1-1所示。

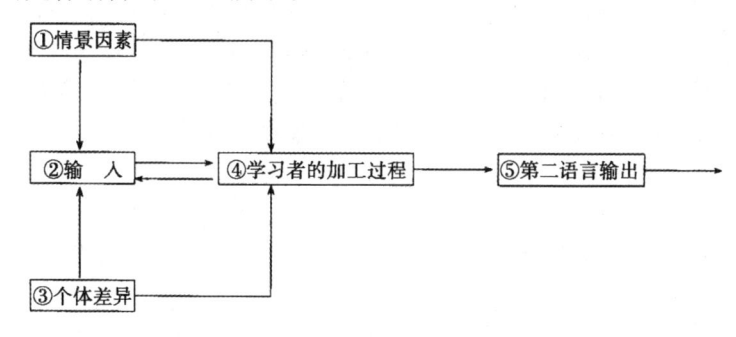

图1-1 二语习得研究的范围与目标

(资料来源:杨连瑞等,2007年)

(一)情景因素

埃利斯认为,所谓情景因素,是指谁在和谁展开交谈?交谈的环境是基于课堂这一正式场合,还是基于自然的环境展开的?会话的题目是什么?例如,基于课堂这一正式场合,交谈者主要涉及教师和学生,双方运用正规的语言,对语言中显性的特征进行学习,如语法、词汇等。

克拉申(Krashen)称上述这种现象为"学习语言",即学习者有意识地对第二语言的过程进行学习,其中涉及人的大脑是如何运用监察机制对语言中有无语法错误、是否符合语法规则等进行监督,因此双方彼此都会存在心理压力(Krashen,1982)。

相反,在一些自然、非正式的语言环境中,如在饭馆或者车站,由于人们是以交际为中心的,所注重的是意义,而不是语言形式,交际是在一个

---

① Ellis, R. Sources of Variability in Interlanguage[J]. *Applied Linguistics*, 1985, (6): 118-131.

无意识的过程中进行的,因此交谈双方没有心理压力,也无意去纠正对方的语法错误,克拉申称这种现象为"无意识地习得语言"。

(二)语言输入

所谓语言输入,指的是用第二语言进行听读时,所接收的第二语言输入的类型。例如,教师或讲母语的人是如何将自己的语言调整至第二语言学习者的水平之上的?在自然情景下的输入与正规情景下的输入存在哪些不同?行为主义理论支撑下的语言学习观念认为,教师对语言进行准确的输入与对语言进行控制是非常重要的。第二语言必须通过不断强化,才能将知识传输给学习者,从而帮助学生建构第二语言习惯与第二语言技能。这就如同盖房子一样,每一块砖都需要置于恰当的位置。

乔姆斯基(Chomsky)关于语言习得的心智观认为,输入只是将学习者的"内在语言习得机制"激发出来。教师的语言输入只是让轮子转动起来,而不是对语言这个轮子进行创造。

当前的理论研究主要是在行为主义理论与乔姆斯基的理论之间的研究。目前关于语言学习的观点认为,学习一门语言并不是将语言这块砖放置到位,也不是按动按钮将机器打开,仅仅单纯地建构刺激—反应机制,就如同将儿童或者成人仅仅置于第二语言环境之中,并未使他们对第二语言加以学习。

问题的关键是向第二语言学习者提供适合其语言发展阶段的输入。通过话语分析的研究,第二语言学习者与讲母语的人在一起的时候,能够展开有效的交际。这就是说我们需要懂得互动关系,特别是那些有意义的协商,用于对输入与输出的互动进行理解。具体来说,就是运用适当的策略,使对话更为有意义,更具得体性。例如,找寻一个对方能听懂的话题,将话语速度放慢,对重要的短语进行重复,强调句子中的关键词,这些对于二语习得输入都是非常重要的。学习者同样可以用言语交际或者非言语交际的形式表示明白或者不明白。

(三)个体差异

学习者的个体差异是埃利斯理论框架中的另一个重要组成部分。人们普遍认为,儿童学习第二语言,他们所达到的水平不仅会受到各种情景的影响,还会受到个体差异的影响。例如,学习者的年龄、个人能力、个人动机、认知形式、个人性格,这些都对二语习得有重要影响。1985年,埃利斯指出：个体差异与第二语言习得间的关系产生出两个不同的问题。①

首先，年龄和学习方式上的个体差异是否导致儿童与成年人习得第二语言时采取不同的学习路径？

其次，个体差异是否影响第二语言习得的速度或速率以及最后所达到的水平？

二语习得中对个体差异展开研究强调差异的重要性。因此，在进行研究设计时，常常要找出学习者之间明显的差异。但第二语言习得理论及研究是把重点放在情景、输入及过程上，而不强调个体差异的作用。虽然埃利斯在这里列举出了影响第二语言习得个体差异的诸项因素，但现在的研究还不清楚这些因素是如何影响第二语言习得的路径和速率的。例如，外向型性格及内向型性格对习得语言的程度的影响到底有多大？焦虑、自尊、自我意识、课堂中的竞争对其起促进作用还是起阻碍作用？作用的程度又如何？

（四）学习者的加工过程

学习者的加工过程也是埃利斯理论框架的另一重要组成部分。众所周知，仅对外部的输入和第二语言的输出展开研究显然是不够的。在输出之前，第二语言学习者还要把接收到的输入进行过滤、加工及组合。但这个过程我们很难观察到，只有基于语言学习的认知策略，才能进行推论。教师需要明确学习者的加工策略，因为只有这样，教师才能够可理解的输入，才能够创设符合学生的学习情景。

1980年，塔龙（Tarone）提出一个三重的学习者策略模型，具体包含三个部分。②

一是学习策略，指学习者有意识或无意识地获得第二语言输入的方式，如记忆。

二是产生策略，指学习者有效地运用第二语言的知识。

三是当语言水平有限时，学习者充分利用交际策略或交际手段同别人用第二语言进行交际。

乔姆斯基大脑机制的结构中有特殊的语言功能，他将其称为语言习得机制——人先天获得语言的蓝图。他进一步指出，在语言输入和语言

---

① Ellis, R. Sources of Variability in Interlanguage[J]. *Applied Linguistics*, 1985, (6): 118-131.
② Tarone, E. On the Variability of Interlanguage Systems[J]. *Applied Linguistics*, 1983, (4): 143-163.

产生之间,有一个语言加工过程,在这个过程中学习者大脑中所固有的普遍语法规则在起着作用。

(五)第二语言输出

第二语言输出是埃利斯理论框架最后的一部分。在埃利斯看来,每一个学习者在任何一个时期的语言水平都可以从如下两方面分析。

第一,是进化着的,而非固定不变的。语言能力测试可以测量语言掌握的总量,但不能反映其最高的水平。

第二,语言输出随着学习者所处的环境不同,而在不断变化。

学习者在饭店和商店的环境下说得流利,而在商务或宗教的场合下就不见得流利了。

斯温(Swain)对语言输出有着非常卓越的贡献。在斯温看来,能够进行有意义的口头交际是第二语言习得中的一个非常重要的部分。人们在表达意义的时候,对语言的结构与形式展开学习。[1] 换句话讲,一个人可以懂得一门语言,但是如果缺少有意义的练习,那就不会说得流利自然。人们通过阅读而学会阅读,通过写作而学会写作。要想说话,要想自己的话能让别人听懂,就需要有意义的、真实的对话。有机会去说第二语言,我们才去说,而这样的机会在课堂里是不多的。课堂的弊病在于学生懂得第二语言(可理解的输入),但不能产生语言(可理解的输出)。

总体来说,埃利斯的二语习得研究范围和目标图中(图1-1)的各个部分是相互联系的,而②↔④→⑤在二语习得研究中最引人注意,因为这是语言输入到内部进行处理,然后再进行语言输出的过程,这一过程尤其将②↔④研究作为焦点。

基于此,我们可以认为二语习得研究主要探讨从语言输入到语言输出这个中间过程,最终目标是将人们在获得母语(或第一语言)后习得第二(第三、第四等)语言的奥妙揭示出来,如图1-2所示。由于大脑对第二语言进行处理的过程目前仍然是看不见摸不着的,可以说是"黑箱",因此二语习得研究只能通过语言输入与输出来对这个"黑箱"的工作情况进行推测与判断。同时,输入是很难控制的,有多少输入能变成吸入,又是很难确定的,而输出是从"黑箱"中出来的且又相对容易观察,所以学习者的语言输出便成为二语习得研究的重要切入口。

---

[1] Swain, M. The Output Hypothesis: Just Speaking and Writing aren't Enough[J]. *The Canadian Modern Language Review*, 1993, (1): 158-164.

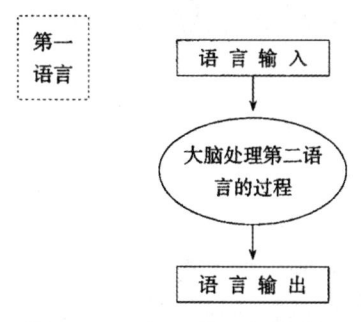

图 1-2 二语习得研究的过程

（资料来源：杨连瑞等，2007年）

第二节 二语习得研究的学科定位

一、学科定位

所谓学科，就是"从学问的性质出发来划分门类，如自然科学中的物理学、化学"。二语习得研究主要是研究人们在掌握母语后是如何对第二语言进行习得的，二语习得理论就是对二语习得的本质与过程进行系统的研究，这是一门独特的学问，并且有其自身的特性，与其他学问存在不同之处。

作为一门新兴的学科，二语习得在发展过程中对其学科定位进行了构建。依赖课堂教学的外语学习和注重自然语言环境的第二语言习得，二者在语言系统的形成过程或语言习得机制的运行过程上没有根本的质的差异，尽管形成的语言能力由于语言接触的时间、语言输入的质和量、动机等方面的区别而存在速度上的差异和语言能力发展的不均衡现象。因此，我们认为在我国语言学研究领域，宜采用美国学术界常用的"第二语言习得"这个术语，来通指学习者学会母语后在课堂内或课堂外另一门或两门、直至n门语言的学习或习得。

40多年，国外学者对二语习得理论进行了大量研究，从早期的对二语教学进行研究，到现在对二语知识的大脑表征与习得机制进行研究，研究热点在不断地扩大。现在的二语习得已经逐渐发展成为一门交叉的学科，逐渐成为一门与普通语言学相独立的具备完整知识体系与研究方法的学科，并逐渐成为当代应用语言学的基础理论研究。

全世界的很多人都认为现在二语习得理论已经成为一门独立学科。

二语习得最初虽然作为应用语言学的分支,主要是为了语言教学提供帮助。但是,随着中介语假设的提出,二语习得理论逐渐从应用语言学与生成语言学中分离出来,成为一门独立的学科。

二、学科性质

当前,二语习得研究变得更为复杂,所需要的知识也是非常复杂的,只有很多学者组成队伍对同一问题进行研究,这样才能取得进步。二语习得研究并不是一门单一学科,其是从多种学科中获得营养,但是又并非将这些学科组合起来,其具有跨学科的性质,因此对二语习得研究的突破性进展主要是多学科的共同作用。

二语习得研究除了从语言学、心理语言学、社会语言学、心理学、教育学等学科借鉴和吸收有益的理论、方法和研究手段为自己所用外,比亚韦斯托克(Bialystok,1998)认为,它还从哲学、社会学、社会心理学、认知心理学等社会科学,以及神经系统科学、神经生物学、神经语言学等自然科学中吸取养分。[1] 随着二语习得研究的不断深入和发展,研究者在借鉴的基础上创新并建立了适合本学科研究的个案研究法、自然观察法、自我内省法、实验研究法。相关研究法和调查研究法等定性和定量研究范式的方法论体系。假以时日,该学科势必会改变处于接受和受惠的局面,对其他相关学科的研究和发展也会产生影响,学科之间的借鉴、应用和发展都是相互的。

总之,二语习得研究是建立在综合地应用语言学研究、心理学研究、教育学研究及其相互交叉学科研究等方面的研究成果的基础之上的,其研究方法和过程是把对二语习得作为一个有结构特征的实体,充分揭示它的内部和外部矛盾,通过专门的研究从语言学研究、心理学研究、教育学研究理论中吸收能够解决这些矛盾的有用成分,并加以综合、梳理,使这些有用的成分统一起来,共同认识二语习得这一复杂的过程。

---

[1] Bialystok, E. & M. Sharwood Smith. Interlanguage is not a State of Mind: an Evaluation of the Construct for Second Language Acquisition[J]. *Applied Linguistics*, 1985, (6): 101-117.

第三节 二语习得的相关理论研究

一、对比分析理论

在外语教学中,学生难免会犯错误,几乎在每一个阶段、每一个层面,都可能出现错误。在传统的外语教学中,外语教师的一项重要责任就在于对学生的错误进行预防和纠正。很多研究者认为,学生的语言错误大部分是可以被认识的,并且可以对其展开研究,它们既有个性,又有共性,常带有某些规律性,并可以概括上升为理论知识,形成一套外语学习过程的错误分析理论。

20世纪50年代,美国应用语言学家拉多(Lado)等人就开始系统地对错误展开研究,并由此产生了有关错误的早期理论——对比分析。拉多在 *Linguistics Across Cultures*(1957)一书中提出,"人们倾向于把他们本民族的语言和文化的形式、意义以及它们的分布迁移到外民族的语言和文化中去。"[①] 他的这一假设成为后来对比分析的基本思想并影响了全世界的外语教学。

(一)对比分析的基础

对比分析的基本任务在于通过两种语言或多种语言的共时比较,将它们在结构和功能上的异同挖掘出来。就研究的目的来说,对比分析可以划分为两大类:理论对比分析和应用对比分析。前者的目标是通过对比,将这种语言的异同找寻出来,对普通语言学的理论加以验证与补充。后者的目标是通过对比来对异同进行分析,将研究成果用于教学与翻译等中。Fisiak(1978)用下面的图1-3和图1-4来表示两种对比分析的区别。

---

① Lodo R. *Linguistics across Culture* [M]. Ann Arbor: University of Michigan Press, 1957: 129.

```
        X
       ↙ ↘
      A   B
```

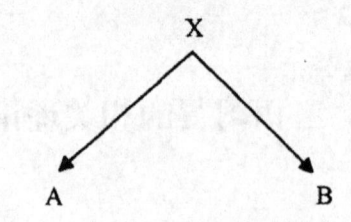

图 1-3 理论对比分析（Theoretical CA）

（资料来源：杨连瑞等，2007 年）

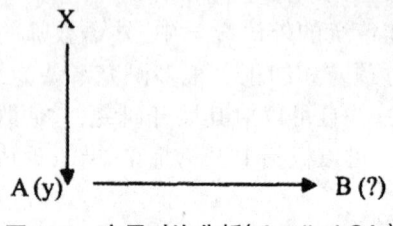

```
      X
      ↓
    A(y) ────────→ B(?)
```

图 1-4 应用对比分析（Applied CA）

（资料来源：杨连瑞等，2007 年）

从图 1-3 中可以看出，理论对比分析的出发点 X 是一个普遍性的，至少是在被比较的两种语言中都存在的范畴。对比的任务是发现 X 在语言 A 和语言 B 中各自怎样表现。

图 1-4 为应用对比分析，是已知 X 在 A 语言中表现为（y），对比的任务是发现 X 在 B 语言中怎样表现。从上图可以看出，理论对比分析是双向的、静态的，应用对比分析则是单向的、动态的，它反映学习者的学习过程。我们需要思考一个问题：学生在学习中的语言错误是从哪里来的？根据现代理论来看，主要有以下两种来源。

一是来自母语的干扰。

二是来自外语或学习外语的过程。

对母语对外语学习干扰的对比分析加以研究又称"对比语言学"，即将两种语言或两种以上的语言展开共时对比，从而对异同点加以确定。对比分析与比较语言学不同，比较语言学是一门对同一语言的不同发展阶段进行历时比较的过程，以形成共同原始语（prolanguage）的语言学科。但是，对比分析是应用语言学的一个分支，它通过对两种语言之间的某些特定的语言特征进行比较，从而向语言教师和教材设计者提供充分的信息和数据，使他们更有效地对大纲进行制订，对课程加以设计，对教材进行编写，从而将重难点确定出来。可见，对比分析理论是每一位教师都应该具备的素质。

对比分析理论是基于语言描写上的方法，其主要是基于布龙菲尔德的结构主义语言学理论与乔姆斯基的转换生成语法理论建构起来的。其吸取布龙菲尔德的结构主义语言学理论,即将对比的语言看作静态的系统,强调内部差异之间要进行对比,将注意力集中于语言形式以及对各种形式的对比上,并且只是进行表层结构的对比。其吸收乔姆斯基的转换生成语法理论,尤其是"普遍深层结构"假设和"表层结构和深层结构"的思想,采用了严谨的形式化描写手段。这种理论框架认为,世界上所有语言的抽象的深层结构都是相同的,这为对比分析奠定了理论基础;语言是由表层结构和深层结构组成的,这使对比分析能够对语言之间那些结构不同而在翻译和实际交际中等值的话语进行合理的描写和解释。这种理论框架采用数学的模式和形式化的语言描写自然语言,使对比分析的描写手段更加精确、严格,更加简明。它吸取了"普遍深层结构"的假设及表层结构和深层结构的思想,对语言之间那些结构不同而在翻译和交际中等值的话语进行描写和解释,而且描写手段也更加精确、严格、简明。不过,以结构主义语言学理论框架为基础的经典对比分析历史较长,研究成果颇多,在语言教学中应用也最广。

对比分析视迁移理论为主要的心理学理论。学生对外语进行学习与应用的时候,努力借助母语语音、母语结构等将思想表达出来,就会出现迁移现象。一般来说,迁移可以划分为三种:正迁移、负迁移和零迁移。如果两种语言是相同的,会对外语学习产生促进作用,从而产生正迁移作用;如果两种语言是不同的,但是彼此之间存在关系,往往会出现负迁移;如果两种语言完全不同,也是没有关系的,就会出现零迁移。对第二语言的学习就是利用母语的正迁移,克服母语的负迁移,从而使第二语言结合成一个整体。

(二)对比分析的类型

1. 强式与弱式

沃德霍夫(Wardhaugh,1970)根据对比分析的局限性,把它分成强式和弱式两种。

(1)强式对比分析

强式(strong version)对比分析主要包含如下几点。

①造成外语学习困难和错误的主要甚至是唯一的原因是来自学习者母语的干扰。

②困难的产生完全是由两种语言间的差异造成的。

③差异愈大,学习的困难就愈严重。

④有必要对两种语言进行比较、对比,并运用由此产生的结果来预测外语学习中可能出现的困难和错误。

⑤教师所要教的和学生所要学的内容就是对比分析所确立的两种语言间各方面差异的总和。

对于强式对比分析,很多学者展开了一场肯定与否定对比分析的论战。

否定派认为,所谓的强式不过就是一张"空头支票",其既不能对语言学习中的错误进行完美的解释,也很难对学生的错误进行百分百的预测,而且很多错误仅仅依靠对比分析是很难预测的。例如,在外语学习者犯的错误中,有一大部分并不是因为母语干扰导致的,因为尽管学习者来自不同的国家与地区,用不同的母语,但是他们犯的错误可能是相似的,甚至是相同的,这些错误恰好与儿童母语习得者在习得母语过程中所犯的错误相似或相同,如类似 goed, buyed 等错误,所有这些发现使得人们对强式对比分析的预测能力产生了怀疑。

肯定派认为,要保证对比分析预测的准确性,需要对影响语言行为的各个变量进行广泛的综合研究,包含生理变量、心理变量等。但是,他们反对否定派那种以一概十的态度,指出尽管对比分析实际上并不像人们想象的那么强有力,但它指出母语中哪些项目在目标语中有或没有相对应的形式,哪些项目差异大,哪些项目差异小,这有助于确定在哪个区间、哪个阶段容易出现错误。因此,不但不应该缩小或取消对比分析,而且应该加强和改进。①

(2)弱式对比分析

所谓弱式对比分析,主要是针对强式对比分析提出来的,随着人们逐渐认识强式的局限性,研究者试图"运用他们已掌握了的最好的语言知识来解释第二语言学习中所观察到的困难"。② 这种对对比分析进行观察性运用的做法被沃德霍夫称为弱式对比分析。

虽然弱式对比分析仍然坚持语际干扰与语际差异就是学习者学习困难的所在,但是其不再对第二语言学习的过程进行预测,转而强调对错误出现后进行解析,找出出现错误的原因,从而对这些错误进行纠正。

强式对比分析要求教师运用他们掌握的母语与目标语知识,对两种语言之间的差异进行解释,以明确错误产生的根本原因。正是因为弱式对

---

① 转引自罗红霞.对比分析理论与外语教学[J].甘肃联合大学学报(社会科学版),2013,(6):87.

② Wardhaugh R.The Contrastive Analysis Hypothesis[J].*TESOL Quarterly*,1970,(4):123-130.

比分析降低了对语言工作者的要求,其才比强式对比分析更为实用。

但是,由于弱式对比分析仍旧将语际之间的差异当作第二语言学习的困难,其仅仅能解释那些受到母语干扰而产生的错误,对于那些其他因素导致的错误是很难解释的。如同强式对比分析一样,弱式对比分析仍旧将自己的范围限制在语际障碍层面,完全忽略了来自同一语言系统内部的语内障碍。

总体来说,强式对比分析与弱式对比分析的区别可以概括为"预测的"与"经验的"。不少语言学家认为基于经验的弱式对比分析成了错误分析的一部分,其价值不大。

2. 折衷式对比分析

Oller & Ziahosseiny(1970)认为,强式对比分析的构想将对比分析看得太过于强有力,而弱式对比分析将其看得过于无能,因此提出了一个折衷的观点,即折衷式对比分析。[①]

折衷式对比分析认为,二语习得者学习二语时的一个特点在于,从他们所能感受到的异同特征,将各种具体与抽象句型纳入不同的范畴之中。因此,在一个语言系统或者几个语言系统中,那些具有相似形式与意义的项目往往会给学生带来某些困难。人类学习具有泛化特色,一些小的区别往往会被忽视,但是那些明显的区别会容易被记住。

折衷式对比分析认为学习的困难既可能来自母语,也可能来自目标语或学习者掌握的其他外语。由此可见折衷式对比分析不是简单地介于强式和弱式之间的折衷,而是走出了传统的母语与目标语对比的模式,将学习者的认知、心理等因素都考虑进去,进而发展了对比分析。

(三)对比分析的原则

我们在进行语言对比分析时应掌握和遵循以下原则。

1. 共时性原则

与比较语言学不同,对比分析是一种共时对比,即对所对比语言的结构和功能进行共时的、静态的研究。对比分析研究必须坚持共时性原则,因此不能将不同时代的语言现象进行对比,如不能将古汉语的句法结构、语序等拿过来与现代的句法结构与语序进行对比,也不能将莎士比亚时代的英语拿过来与现代英语展开对比。

---

① Oller J W, Ziahosseiny S M.The Contrastive Analysis Hypothesis and the Spelling Errors[J].*Language Learning*,1970,(20):183-89.

但是,詹姆斯(James,1985)认为,应用对比分析不是完全共时的,因为应用对比分析研究学习者的中介语。中介语是个过渡性的语言,它始终处于不断演变中。从这个意义上说,中介语具有历时性的特点,虽然这种演变不是历史的或种系的,而仅仅是个人的。

2. 方法和角度同一原则

要想保证对比的合理性,必须坚持对所对比的语言使用同一种方法,采用的是同一种操作技术,并且能够从同一角度出发。如果英语是结构分析,那么就意味着对比时,汉语也应是结构分析。

3. 考虑语体原则

语体不同,所选择、使用的语言单位的规范也不同。简单来说,口语与书面语不同,文学语言与政论语言不同。在进行对比时,应该对语言的语体加以区分,如不能拿汉语的口语语法与英语的书面语语法对比,也不能拿方言、土语与标准语对比等。

4. 可比性原则

所谓可比性,指的是共性或相似性,它是对比的基础。所有的语言都是可比的,因为语言间是存在共性特征的。但是,这并不意味着所有的语言现象都具有可比性。如果将两个本来不相干的事物拿来进行对比,显然是没有任何意义的。

可比性是个一般原则,它的实现要落实在语言的层次、级阶和单位上。我们对语言的层次分析得越深入和具体,可比性就越容易确定。对比分析要有一个共同的基础和标准,语音对比的共同基础是语音学,词汇对比的基础是语义特点。有经验的教师善于从学生的错误中寻找对比分析的线索,发现可比性。

(四)对比分析的局限性

作为一种语言研究的方法,对比分析理论在20世纪60年代初期和中期在美国和欧洲的一些国家十分流行,很多大学纷纷成立了语言对比研究中心,逐渐扩大了语言对比的范围和规模。

对比分析研究的成果将很多语言现象揭示出来,对普通语言学理论加以丰富,这也为翻译领域的研究与词典编纂积累了丰富的经验与资料。在外语教学上,对比分析理论大大促进了语言系统教学与转换生成语言学的出现,对比分析的心理学和语言学基础都受到了挑战,人们开始从语言间的对比研究逐渐转向外语学习过程的研究。这种研究方向的转移使得对比分析理论中的一些弱点和不足暴露了出来。因而,在20世纪70年代初,对比分析受到了很多学者的激烈批评。一种主要是对预测能力的怀疑,一种是对两种语言之间对比的可行性问题。另外,还有些人对教学实践的问题进行批评。

二、错误分析理论

20世纪六七十年代,外语学习者学习中的语言错误就已经引起了一些学者的关注。科德于1967年发表了 The Significance of Learners Errors 一文,该文被塞利格(Seliger)称为心理语言学领域的里程碑,改变了第二语言习得研究者对于学习者和他们所使用语言的看法,于是研究者开始把研究的重点从两种语言的对比转移到直接研究学习者的语言本身,集中对学习者所犯的语言错误进行系统的分析研究,从而发现第二语言的习得过程。这一学术研究的转向标志着第二语言习得研究由对比分析发展到一个崭新的研究领域——错误分析。

在西方,20世纪70年代是错误分析的鼎盛时期。这一时期的有关文献数量众多,研究的主要问题是错误的类型、原因本质等。我国学者也对此进行了研究,研究内容涉及理论探讨和实例分析等,为将来的研究工作打下了一定的基础。[1]

(一)错误分析的基础

认知理论是错误分析的心理学基础,语言学基础则是乔姆斯基的普遍语法理论。二语习得过程被看成规则形成的过程,即学习者不断从目标语的输入中尝试对目标语规则做出假设,并进行检验与修正,逐渐向目标语靠近并建构目标语的规则体系。错误一般指外语学习者用外语学说话、作文时出现偏离目标语正确表达法的现象。要系统地分析研究错误,我们必须首先弄明白错误的基本概念。错误大体可以分为如下两类。

一类是错误,是不符合语法规则和交际规范的话语,反映出的问题是学生的语言知识和能力不足。例如:

Does Tom can dance?

这个句子表明学生初步具备了使用助动词提问的能力,但他的错误表明他这种能力还没有完全而正确地形成。这是初学者正常的学习过程,

---

[1] Boomer,D.S, Laver J.D.M.Slips of the Tongue[J].*The British Journal of Disorders of Communication*, 1968, (1): 2-12.

没有什么值得责备的。

另一类是失误,由说话和写作时精神不集中、疲劳、紧张、粗心、厌烦、激动或其他行为而导致的失误,即通常所说的口误(slips of the tongue)和笔误(slips of the pen)。失误是充分掌握语言的人的偶然性错误。在脱口而出的场合,失误是难免的,这种失误不是系统的,并不能反映说话者的语言能力,操本族语的人也常出现这样的错误。这种错误的特点是,一旦这种错误出现后,说话者有能力自我改正。例如:

I majored in Chinese literature.
I majored in Chinese lavatory.

受心理紧张的影响,一名中国学生在课堂上回答问题时,把 literature (文学) 说成了 lavatory (厕所),结果受到了全班同学的嘲笑。他自己意识到后也笑得前仰后合,并马上予以更正,这就是失误。

可以看出,错误和失误是属于两种性质不同的错误,对这两种错误进行区分对外语教学具有重要意义。错误分析和研究的对象是前者,而不是后者。

(二)错误分析的步骤

科德(1974)提出错误分析的五个步骤,即收集学习者语言的样本、辨别错误、描述错误、解释错误和评估错误。[1]

1. 收集学习者语言的样本

这是错误分析的第一步,即决定用什么样的学习者的语言样本来分析和怎样收集这些样本。学习者的错误往往会受到各种因素的影响。例如,由于母语的不同,学习者所犯下的错误也是不同的。这意味着对一些学习者的样本进行收集是非常重要的,便于做出清晰的陈述,并明确在什么条件下会出现什么样的错误。

但是,很多错误研究并未对这些因素给予重视,结果导致这些错误很难被破解。另外,样本产生的方式也很重要,就是学习者的语言样本是否是出自自然的,是即时性的语言运用还是通过某些方式诱发出来的。自然的样本普遍受到欢迎,缺点是学习者不会经常产生即时的语言样本。[2]

---

[1] Corder,S.P.Idiosyncratic Dialects and Error Analysis[J]. *International Review of Applied Linguistics in Language Teaching* (IRAL),1971,(2):147-160.
[2] 梁菊宝.错误分析理论及其近10年研究综述[J].考试周刊,2011,(14):101-102.

2. 鉴别错误

错误可以被认为是对于目标语言规范的偏差,这就要求明确什么样的目标语能够充当规范。一般说来,鉴别错误需从语法和交际两个方面来进行,首先要看句子是否符合语法,如果不符合,则有错误;如果句子符合语法,还要进一步检查它在该交际语境中是否用得恰当,如果不恰当,也应看成错误。

3. 描述错误

描述学习者的错误主要是指学习者在中介语中想要表达的意思重构出目标语的句子并进行比较,它要求注意学习者言语的表面特征(也就是不去试图在这种阶段,辨别错误的根源),并进行分类。

4. 解释错误

鉴别出错误,并对之做了描述和分类后,接下来就需对学习外语的学生为什么会犯这些错误做出解释。这就是说,要设法找出产生这些错误的原因。错误的科学解释需要从语言学和心理学两个方面进行,解释学习者学到了什么,如何学到的,并据此进一步改进研究和教学,不过目前对错误的解释还不能令人满意。

5. 评估错误

评估学习者的错误主要是从听话者或读者的角度来看错误对理解的影响程度,错误的严重程度是指错误对交际所产生的影响。影响的大小往往取决于错误的性质:有些错误对交际影响不大;有些错误会使交际渠道不畅引起误解;有些错误则会严重到妨碍思想交流。例如:

(1) Peter was absent, because snowed hard.

(2) Because Peter was absent, was snow hard.

以上两句都有错误,但句(1)仍意思清楚,而句(2)却令人费解,因此句(2)中的错误比句(1)中的错误严重。

(三) 错误分析的局限性

错误分析对习得过程和习得规律的研究极大地丰富了第二语言教学理论,促进了第二语言教学的发展,对整个教学活动设计、具体课堂教学、教材编写和测试等提供了积极的反馈和依据,有利于教学实践的改进与提高。错误分析也存在着一些局限性,对错误分析的批评主要集中在以下方面。

1. 错误的科学分类和归因问题

尽管研究者在对错误的分类和归因问题上取得了一些成就,但对错误的划分与归类仍存在公式化、简单化、硬套原有分类等许多问题。只有对这个关键问题有所突破,错误分析才会更好地指导外语教学实践。人们在研究中发现,并非所有错误都是明显的、可观察的。

Sridhar(1975)认为有一类隐蔽性错误表面上形式正确或可以接受,而事实上是用不同于目标语的规则产生的,例如学习者用 I want to know the English 表示 I want to learn English 的意思,还有的中介语语言运用可能碰巧正确,即由于学会了单词句或系统地回避有问题的结构,特别是有一种潜在性失误,很难用观察的结果来分类和归因。

事实上,错误的分类和根源本身就非常复杂,有时是多方面因素同时作用的结果,也难以确定其来源。例如,沙赫特(Schachter,1979)等人曾观察到在美国学习英语的中国学生和日本学生的下列错误。

Most of the food which is served in such restaurants have cooked already.(J)

Irrational emotions are bad but rational emotions must use for judging.(J)

Chiang's food must make in the kitchen of the restaurant but Mary's food could make in the house.(C)

有人认为,这是一些英语主动语态和被动语态混淆的错误,在教学对策上往往是简单地将其改正为被动语态的正确形式而已,但问题并非如此简单,这种句子也可以解释为符合中文句法和语用的结构,认为学生将其母语的话题—述题(topic-comment)结构迁移到他们的中介语里。显然前一解释将错误的句子划分为语内错误,后一解释将其定为干扰性错误。确定错误的范围不一样就可能导致完全不同的归类和解释。

2. 错误分析研究的项目不平衡

这个问题主要表现在对语音、语法、词汇方面的规则研究较充分,错误也易于辨认,这方面的错误分析较多。而对语用和文化方面规则的研究则远远不够,这方面的错误分析也做得很少。对语言表达的错误分析研究较多,对语言理解的错误则研究较少。特别是对于学习者,由于采取一定的交际策略(如回避)而造成的错误则研究更少。错误分析还不能科学地解释回避策略。

三、中介语理论

中介语理论这一概念最早是由塞林格于 1969 年在其论文 *Language Transfer* 中提出来的。1972 年,塞林格发表了题为 *Interlanguage* 的论文,根据他的说法,"中介语指第二语言学习者的一种独立的语言系统,这种语言系统在结构上处于母语与目标语的中间状态"。这个定义说明了中介语既可以指第二语言学习者在学习过程的某一特定阶段中认知目标语的方式和结果的特征系统,即一种特定、具体的中介语言语,也可以指反映所有学习者在第二语言习得整个过程中认知发生和发展的特征性系统,即一种普遍、抽象的中介语语言体系。这个定义还说明了中介语是第二语言学习者独特的语言系统,这个语言系统在结构上处于本族语与目标语的中间状态,这种处于中间状态的语言系统随着学习者学习的发展,逐渐向目标语的正确形式靠拢。

(一)中介语语言的特征

中介语的研究目前还不完善,不同学者对中介语本身的特点也有不同的看法,一般来说中介语有三大特点。

(1)可渗透性,指中介语可以受到来自学习者的母语和目标语的规则或形式的渗透。从母语来的渗透,就是正(或负)迁移;从目标语方面来的渗透,则是对已学过的目标语规则和形式的过度泛化。

(2)石化现象,指中介语在总体上总达不到与目标语完全一样的水平。

(3)反复性,指中介语在逐步向目标语的规范运动时出现的反复或曲折。

综合国内外近年的研究,我们提出中介语如下的一些特征,而这些特征是我们开展中介语研究的必要前提。

1. 独立的语言系统

中介语既不同于母语,又区别于外语,当然也不能简单地视为外语来自母语的干扰而形成的混合体。因为中介语常常反映出学习者运用某些规则去解释外语中固有而不规则的语言现象。阿梅利(Hammerly,1975)用图 1-5 表示出了中介语与母语和目标语(外语)的关系,说明了中介语的独立性。

```
    target                          native
  language                         language
   (母语) ◯◯◯ ─────→  (目的语)
              ↑
      interlanguage（中介语）
```

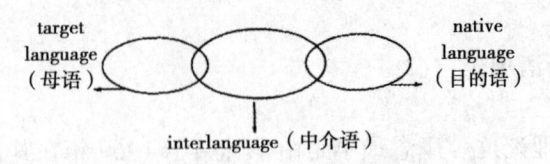

图 1-5　中介语与母语、目标语的关系

（资料来源：杨连瑞等，2007 年）

2. 动态的语言系统

随着学习者的努力和交际需要，中介语不断变化，由简而繁，由低而高，逐渐离开母语而接近外语。如果我们假设在母语与外语之间的中介语为一个连续体，那么在某一特定阶段，学习者的中介语可以用连续体上的某一点表示。中介语越靠近外语，说明学习者的外语水平越高，可用图 1-6 表示。

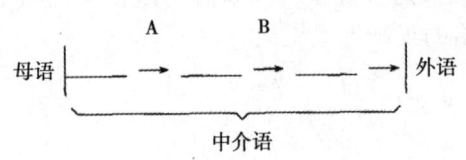

```
              A    B
  母语 ├─ → ─ → ─ → ─┤ 外语
         └────┬────┘
            中介语
```

图 1-6　中介语与母语、外语的距离

（资料来源：杨连瑞等，2007 年）

这里中介语 B 比 A 更靠近外语，它代表的外语水平更高一些。正是由于中介语具有不断变化的性质，所以它更复杂，也很难确切地描述它的特点。这里用直线表示外语能力的发展过程，主要是为了示意，绝不是说外语能力是沿直线朝前发展的。

孙德坤(1993)认为，中介语这个概念实际上包含两层意思：第一层意思是中介语发展的任何一个阶段的静态语言状况；第二层意思是指学习者从零起点开始不断向目标语靠近的渐变过程，这个过程就是动态的。[①] 若用"共时"和"历时"这两个语言学术语表达这两层意思的话，那么静态的语言状况相当于"共时"，而动态的发展过程相当于"历时"，如图 1-7 所示。

中介语理论主要就是对这个"历时"的动态过程进行研究。显然这种对"历时"的研究必须建立在对"共时"的描写基础上进行。

3. 合法的语言系统

将中介语视作一种语言，是因为它具有人类语言所有的一般特性和

[①] 孙德坤．中介语理论与汉语习得研究[J]．语言文字应用，1993，(4)：84-94．

功能。它也是一个由内部要素构成的系统,就是说它有语音的、词汇的、语法的规则系统,而且自成体系,学习者是这些规则的创造者,并能运用这套规则系统去生成他们从来没有接触到的话语。中介语同儿童语言一样,应视为一个合法的系统,其间的错误不应受到教师过多的非难和责备,它们是"走向完善的路标"。

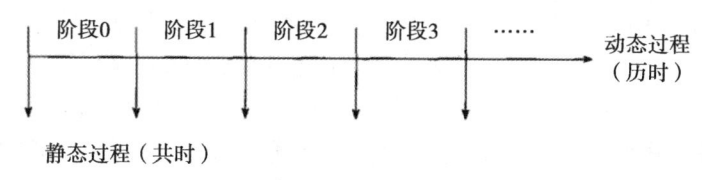

图 1-7 共时与历时过程

(资料来源:杨连瑞等,2007 年)

4.反映学习心理过程的语言系统

描写中介语的过渡性"临时语法"或"心理语法",解释这种语法的建立,即是揭示外语学习的心理过程,如图 1-8 所示。

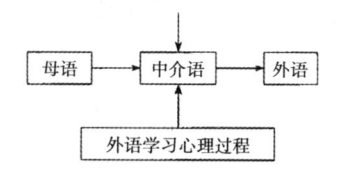

图 1-8 外语学习心理过程

(资料来源:杨连瑞等,2007 年)

西方学者认为,外语学习者是按其头脑中的"内在大纲"(built-in syllabus)规定的程序,对输入的信息进行处理的,这个"内在大纲"被认为是人脑中的"认知结构系统",是人类掌握语言的客观的普遍的规律。这一反映外语学习心理过程的"内在大纲"是看不见摸不着的"黑箱",我们只能通过学习者的外在的言语表现对其进行分析推测。中介语假说的提出,为我们提供了揭开"内在大纲"之谜的可能性,这就难怪应用语言学家极为重视中介语的研究,并视中介语理论为最有发展前途的一个领域。

(二)中介语研究的方法

埃利斯(1984)认为,研究方法可以描述为三个维度的一系列选择。
(1)研究的时间维度。
(2)语料的收集方法。

（3）语料的处理方法。

时间维度主要包括两项研究,包括共时研究和历时研究;语料收集的方法包括自然语言的收集、通过实验任务收集、通过内省的方法等;语料的处理包括定量分析和定性分析。

实际上,任何一种研究都通过上述的选择进行组合。

中介语理论研究的目标是对中介语这一语言系统做出具体描写,揭示中国外语学习者中介语语音、词汇、语法、语用等的发展规律,从而使我们的外语教学建立在更加科学、更加客观和更加自觉的基础上。要达到上述目标,我们必须针对具体环境和条件确定出符合我们具体情况的中介语研究方法,即对外语学习者学习过程的个体现象和整体现象进行观察、实验、比较、分析和总结。

四、语言监控理论

作为一门独立的学科,二语习得语言监控理论真正形成于20世纪70年代。该理论的主要代表人物是美国南加州大学语言学系的教授克拉申(S.Krashen)。克拉申是在总结自己和他人经验的基础上提出的这一理论。

(一)语言监控理论的内涵

20世纪60年代,乔姆斯基提出了"儿童天生就有特殊的语言学习能力"的论述,在此基础上,一大批语言学家开始对语言能力是如何产生的有了极大的兴趣。有些语言学家提出,个体的语言能力具有天赋倾向,是在无意识中自然成长起来的。在对母语的获得过程与第二语言的习得过程进行比较时,克拉申于20世纪70年代末提出了语言监控理论。该理论区分了二语和外语发展及应用过程中"语言习得"(acquisition)与"语言学习"(learning)的不同,并阐述了"语言输入"与"语言输出"的相互关系,如图1-9所示。

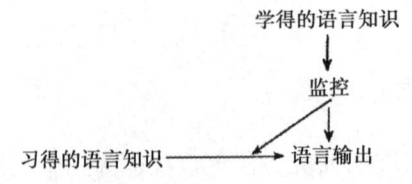

图1-9 "语言输入"与"语言输出"关系图

(资料来源:何广铿,2011年)

随着实践和理论的不断发展,克拉申也不断对其语言监控理论做出完善。

(二)语言监控理论的发展

二语习得语言监控理论于20世纪六七十年代形成,主要对二语习得的过程与本质进行研究,描述学生如何对第二语言进行获取与解释。对于这一理论的研究,学者克拉申(Krashen)做出了巨大贡献,并提出五大假设。

1. 习得—学得假说

所谓习得,指学生不自觉地、无意识地对语言进行学习的过程。所谓学得,即学生自觉地、有意识地对语言进行学习的过程。"习得"与"学得"的区别如表1-2所示。

表1-2 语言的习得与学得的不同

	习得	学得
输入	自然输入	刻意地获得语言知识
侧重	语言的流畅性	语言的准确性
形式	与儿童的第一语言习得类似	重视文法知识的学习
内容	知识是无形的	知识是有形的
学习过程	无意识的、自然的	有意识的、正式的

(资料来源:何广铿,2011年)

2. 自然顺序假说

克拉申提出的这一假说主要强调语言结构的习得是需要一定的顺序,即根据特定的顺序来习得语法规则与结构。当然,这也在第二语言习得中适用。例如,克拉申常引用的词素习得顺序如图1-10所示。

由图1-10可知,将英语作为第二语言习得过程中,人们对进行时的掌握是很早的,对过去时的掌握是比较晚的,对名词复数的掌握是比较早的,对名词所有格的掌握是比较晚的。

3. 监控假说

克拉申的监控假说区分了习得与学得的作用。前者主要用于输出语言,对自己的语感加以培养,在交际中能够有效运用语言。后者主要用于对语言进行监控,从而检测出是否运用了恰当的语言。

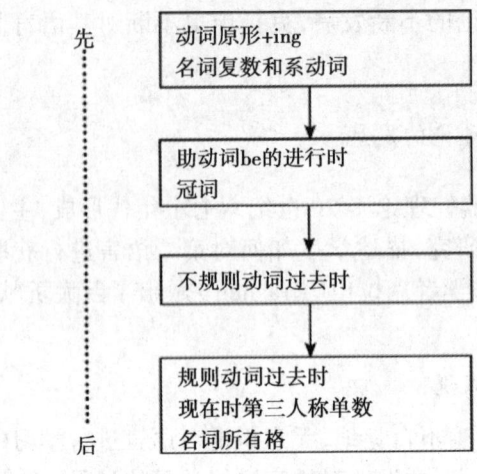

```
先 ┌─────────────────┐
  │ 动词原形+ing      │
  │ 名词复数和系动词  │
  └────────┬────────┘
           ↓
  ┌─────────────────┐
  │ 助动词be的进行时 │
  │ 冠词            │
  └────────┬────────┘
           ↓
  ┌─────────────────┐
  │ 不规则动词过去时 │
  └────────┬────────┘
           ↓
  ┌─────────────────┐
  │ 规则动词过去时   │
  │ 现在时第三人称单数│
后 │ 名词所有格       │
  └─────────────────┘
```

图1-10 词素习得顺序图

（资料来源：何广铿，2011年）

同时，克拉申认为学得的监控是有限的，受一些条件的影响和制约，具体归纳为如下三点。

第一，需要时间的充裕。

第二，需要关注语言形式，而不是语言意义。

第三，需要了解和把握语言规则。

在这些条件的制约下，克拉申将对学生的监控情况划分为三种。

第一，监控不足的学生。

第二，监控适中的学生。

第三，监控过度的学生。

4. 输入假说

克拉申的输入假设和斯温（Swain）的输出假设是从两个不同的侧面来讨论语言习得的观点，都有其合理成分，都对外语教学有一定的启示。输入假说的内容主要有以下几点。

其一，与习得有着紧密关系而非学得。

其二，掌握现有的语言规则是前提条件。

其三，$i+1$模式会自动融入理解中。

其四，语言能力是自然形成的。

5. 情感过滤假说

"情感过滤"是一种内在的处理系统，它在潜意识中以心理学家们称之为"情感"的因素阻止学习者对语言的吸收，它是阻止学习者完全消化其在学习中所获得的综合输入内容的一种心理障碍。

克拉申的情感过滤假说是指在第二语言习得中,将情感纳入进去。也就是说,自尊心、动机等情感因素会对第二语言习得产生重要影响。

克拉申把他的二语习得理论主要归纳为两条:习得比学习更重要;为了习得第二语言,两个条件是必须的:可理解的输入(i+1)和较低的情感过滤。

第二章 二语习得的影响因素

对于二语习得的影响因素,一些学者认为有内在因素,也有外在因素;有主观因素,也有客观因素;有智力因素,也有非智力因素。但是,无论是哪一种划分,都说明智力、学习动机、情感态度、教师、环境等因素会对学习者的二语习得运用产生影响。本书作者认为可以将这些因素划分为内在因素与外在因素。本章就对这些因素进行详细的分析和探讨。

第一节 影响二语习得的内在因素

一、智力水平

语言学习者的智力结构是一个整体,在智力发展中所涉及的问题与这个结构及其各成分之间的关系密切相关。语言学习者智力的表层结构和里层结构有两个含义。

第一,语言学习者的每一种智力活动或者认知活动都有表层结构和里层结构之分。具体而言,语言学习者对各种风格和寓意的理解,对表象的显现水平及对整体与局部、外部与内部的把握,都要结合对这些对象的认识方式及其中的思维,将自我与当下环境结合起来形成一种整合性的、连续性的整体。

第二,语言学习者智力活动中的非智力因素(或非认知因素)在智力活动中应看作一种里层的结构。在语言学习中,学习者对语言学习的态度、兴趣、动机、学习的意志以及学习者自身的个性、情感等都属于非智力因素,并且它们对智力活动起到一定促进或阻碍的作用。

二、学习动机

动机(motivation)研究最初始于教育心理学,是指学习者为了满足

第二章 二语习得的影响因素

某学习愿望所做出的努力。二语习得和外语教学界从20世纪70年代开始逐步深入研究动机对于外语学习的影响,我国外语学界则是从20世纪80年代才开始引入动机这一概念,但真正的实证研究则是从20世纪90年代才开始逐步展开的。

通常认为,学习者的动机程度和其学业水平是高度相关的;后来,甚至有研究在这两者之间建立了因果关系模型。动机可以有不同的分类方法。一般认为,动机可以分为两类,即工具型动机和融入型动机。前者指学习者的功能性目标,如通过某项考试或找工作。后者指学习者有与目的语文化群体结合的愿望。除了以上两类外,还有结果型动机(即源于成功学习的动机)、任务型动机(即学习者执行不同任务时体会到的兴趣)、控他欲动机(即学习语言的愿望源自对付和控制目的语的本族语者)。对于中国学习者而言,证书动机是中国学习者的主要动机。

学习者的学习动机是可塑的;激发学习者内在动机是搞好外语教学的重要环节;个人学习动机是社会文化因素的结果。这个发现对于中国各个层次的语言学习者都是如此,也可以解释国内近些年来的语言"考证热"。值得一提的是,无论是工具型动机,还是融入型动机,都会对外语学习产生重要的影响,所以动机类型并不那么重要,重要的是学习者动机的水平。

此外,也有学者将动机分为内在动机和外在动机。内在动机(intrinsic motivation)是指学习者发自内心对于语言学习的热爱,为了学习外语而学习外语;而外在动机(extrinsic motivation)则是由于受到外在事物的影响,学习者受到诸如奖励、升学、就业等因素的驱动而付出努力。这一分类与前一分类有相似之处,但是不可以将两者等同,它们是从不同方面考察动机这一抽象概念的。

在对待动机这一问题时应该注意:动机种类多样,构成一个连续体,单一的分类显得过于简化;另外,动机呈现出显著的动态特征,学习者的动机类型可能随着环境与语言水平的变化而发生变化。比如,一个学习者最初表现出强烈的工具型动机,认为学好语言是考上大学、找到好工作的前提;但是随着其语言水平的不断提升,他开始逐渐接受语言及其附带的文化,想要去国外读书甚至是移民到不同的国家,这时他的动机类型就变为融入型动机了。

近年来国内对于动机的研究表明,中国语言学习者的动机类型以工具型动机为主,并且动机与学习策略、观念之间的关系较为稳定。另外,学习成绩与动机水平之间呈现出高度相关。这些研究发现对于外语教学具有启示作用:外语教学中应该重视学习者的动机培养,培养方式可以多种多样,譬如开展多样的语言活动、提高课堂的趣味性、鼓励学习者课外阅读等。

三、情感态度

(一)情感的定义

众所周知,人类既具备认知能力,也具备情感能力。学习者在外语学习过程中会受到诸多情感因素的影响,这是不言自明的。但是长久以来,语言学习的认知方面颇受重视,而情感学习则频频受到误解。比如早期对于学习者焦虑的研究,主要聚焦于教师的教学对于学习者的影响,把教师职业素养的缺失当成是学习者焦虑的来源;后来,对于情感的考虑又变成了动机和思想品德的混合物,如我国的课程标准明确把情感态度定义为动机、祖国意识和国际视野等。

(二)情感的划分

按情感的内容进行分类,可以将情感分为道德感、理智感两种形式。这两种情感对于学习者的发展而言具有十分重要的意义。

1. 道德感

道德感是由自己或别人的举止行为是否符合社会道德标准而引起的情感。人并不是生下来就具有道德感的,道德感的形成过程相对来说比较复杂。通常来说,3岁之前人的道德感还比较模糊,处于萌芽发展时期,而在3岁以后,人的道德感才逐渐形成并发展。

学习者随着年龄的不断增长以及社会交往的不断发展,在各方面教育的影响下,逐渐掌握了一定的社会规范和准则,这也是人的世界观、价值观、人生观等形成的必经过程。当学习者因为别人的行为、言论等符合自己所理解或掌握的社会标准时,就会产生高兴、满足的情绪体验;而当别人的行为、言论等不符合自己的行为规范和标准时,就会产生一定的羞耻、愤怒等情绪体验,这种情绪就是道德感。

通常来说,婴幼儿在发展的初期并没有明显的道德感,随着年龄的增长,发展到中期则掌握了一定的道德标准,学习者会因为遵守了一定的道德标准而产生一定的快感。有些时候,学习者不但关心自己的道德标准,甚至还会关心别人的行为是否符合道德标准,与之相应的是,其还会产生一定的情绪,或是积极的,或是消极的。之后,学习者的道德感进一步发展,在对待不同的人和事时会产生完全不同的情绪。这一时期,学习者的情绪具有一定的稳定性,其认知水平大大提升。

随着学习者年龄的不断增长以及心理的不断发展,情感也变得日益丰富,如出现了一定的自豪感、委屈感、友谊感和同情感等情感。

2. 理智感

理智感是人们在认识客观事物的过程中所产生的一种情感体验。这一情感体验与人们的求知欲、认识兴趣等有着密切相关的关系,它是人类社会所特有的高级情感。

学习者从出生以来就有一种好奇的内驱力和探究力,他们勇于向周围世界探索,看到人就会用眼睛加以辨别,喜欢拿东西东敲西敲,发出声音等,学习者对整个世界都充满了好奇。

随着学习者年龄的不断增长,他们的认知水平也不断提升,身体活动能力也大大增强。在他们能通过自己的努力而成功完成某项任务后就会显得兴高采烈,能感受到强烈的快乐的情绪体验。例如,儿童在成人的指导下用积木搭出一个小房子时,就会高兴地拍起手来,以表达自己的兴奋之情;随着儿童年龄的不断增长,他们通常会痴迷一些具有创造性的活动,这些活动能给儿童带来积极的情感,这种情感又能促使他们更进一步的探索,在探索事物的过程中不断提升自己的认知水平。

对于学习者而言,他们总是对整个世界充满了好奇,好奇好问是其理智感的主要表现形式。学习者在语言学习中遇到自己没有见过的情况时,特别喜欢问"这是什么"或者"为什么",这表现出学习者强烈的求知欲。

学习者通常会被好奇心所驱使,对语言学习中的一切事物都充满了浓厚的兴趣,但是受认知水平所限,他们常常轻信教师以及成人的回答。而随着年龄的增长以及知识面的不断扩大,他们的理智感也会出现一定的变化,他们的独立思维能力会越来越强。

(三)语言学习中的情感态度

将情感培养作为外语教学的目标之一,不仅有教育学、人文主义心理学(humanistic psychology)的理论基础,而且也是培养综合素质人才的客观需要。一方面,学习要靠人来完成,解决不好人的情感问题,语言学习是不可能取得成功的;另一方面,教育的作用不仅仅局限于能力的训练和技能的学习,培养积极、健康的情感涉及人的全面发展,在某种意义上似乎比知识的传授更重要。所以,Stern(2000)指出外语学习中情感的重要性不低于认知学习。

那么究竟什么是外语学习和教学中的情感呢?情感具有普遍性,易于感觉而难以定义。在日常生活中,人们也会经常谈及个人情感,所以广义的情感是指制约行为的感情、感觉、心情、态度等。但是具体到外语学习和教学中,所谈及的情感主要有动机(motivation)、焦虑(anxiety)、抑制(inhibition)、外向/内向(extroversion/introversion)以及自尊(self-esteem)等。

  情感态度在外语学习中发挥着重要的作用。情感态度是外语学习的动力源泉。情感态度也会随着外语水平的提升而不断得到增强。从认知心理学的角度来说,情感之所以作用于外语学习,主要是因为其与人类的记忆有着千丝万缕的联系。

  可见,情感态度在外语学习中发挥着重要作用,外语教学中理所当然要强调情感学习。因此,我国的语言课程标准都将在各个级别中设定语言学习中的情感目标,这体现了对情感学习的重视,从历史的角度来看,这是一个巨大的进步。

  虽然情感学习非常重要,但是在实际的教学过程中不能误解甚至曲解情感的性质与作用,需要用科学、客观的态度来审视外语学习中的情感态度问题。

  第一,外语教学所关心的情感态度与日常生活中谈及的道德迥异,所以不宜夸大外语教学对于学习者的道德培养的作用。学习者的道德情操是在日常生活的点点滴滴中积累起来的,而并不是外语教学的直接结果。当然外语教师可以以身作则,以自己的实际言行影响着学习者,但这并不意味着外语教学本身的效用。换句话说,外语教学中的情感态度只是作用于学习者的语言学习,外语教学本身无力去发展学习者的道德情操。

  第二,情感是个整体,与学习密不可分。这一特性便意味着不宜将情感态度分级,并以此来评估学习者。不能说低年级的学习者在情感态度上就弱于高年级的学习者,实际上往往相反。此外,情感态度是个动态且易变的概念,也正因为如此教学才有了空间,设定情感目标也有理论基础。本质上来说,真正重要的是情感态度发展的过程,而不是结果。学习者正是在这个过程中获取了语言能力发展的动力。所以,外语教学过程中,不宜静态地、刻板地看待学习者的情感态度。

(四)语言学习中的焦虑

  焦虑是影响语言学习的一个重要情感因素,是指一种模糊的不安感,与失意、自我怀疑、忧虑、紧张等不良感觉有关。语言焦虑的表现多种多样,主要有:回避(装出粗心的样子、迟到、早退等)、肢体动作(玩弄文具、扭动身体等)、身体不适(如腿部抖动、声音发颤等)以及其他迹象(如回避社交、不敢正视他人等)。这些是学习者在学习过程中,尤其是在课堂环境中常见的现象。

学习者在语言课堂上担心自己能否被他人接受、能否跟上进度、能否完成学习任务,这种种担心便成了焦虑的来源。焦虑可以分为三类,即气质型、一次型和情景型。

(1)气质型焦虑。气质型焦虑是学习者性格的一部分,也更为持久。这类学习者不仅仅在语言课堂上存在焦虑,在日常生活中的很多场合都会表现出不安、紧张等情绪。

(2)一次型焦虑。一次型焦虑是一种即时性的焦虑表现,持续时间短,影响较小,它是气质型和情景型焦虑结合的产物。

(3)情景型焦虑。语言学习中更为常见的是情景型焦虑,这是由于具体的事情或场合引发的焦虑心理。比如,考试、课堂发言、公开演讲等。

可以说,焦虑是一种正常的心理现象,任何个体都存在一定程度的焦虑心理,外语学习者自然不会例外。产生焦虑的原因也会多种多样,但是总结起来无非以下几点:首先,学习者的竞争心理与生俱来,学习者一旦发现自己在与同伴的竞争中处于劣势,便容易产生焦虑不安的心理;另外,焦虑心理也与文化冲击有关。外语课堂上传授的文化知识对于母语文化本身便是一种冲击,学习者也会因为担心失去自我、失去个性而产生焦虑。总体而言,焦虑会表现为用外语交流时不够流畅、不愿用外语交流、沉默、害怕考试等。

长久以来,焦虑一直被视为外语学习的一个障碍,这是一种误解,是对焦虑作用的误读。焦虑最初是运动心理学的重要研究内容,研究将运动员按照焦虑水平分为三类,即低气质型焦虑、中气质型焦虑和高气质型焦虑,然后比较三类运动员的运动成绩,结果发现中等气质型焦虑的运动员成绩最好。可见,焦虑也是有积极的、促进的作用的。后来焦虑成为教育心理学的研究对象,发现了同样的规律。焦虑就其作用而言也可分成两大类:促进型和妨碍型。前者激发学习者克服困难,挑战新的学习任务,努力克服焦虑感觉,而后者导致学习者用逃避学习任务的方式来回避焦虑的根源。

这种划分方式有一定的道理,也获得了部分实证研究的证实,但是我们应该明确焦虑并不是非此即彼的,焦虑之所以会产生不同的作用主要是因为焦虑程度的问题:过高的焦虑会耗费学习者本来可以用于记忆和思考的精力,从而造成课堂表现差、学习成绩欠佳;而适当的焦虑感会促进学习者集中自己的注意力资源,汇聚自己的精力,从而构成学习的强大动力。但是焦虑水平的测量现在还是个难题,虽然已有一些研究工具,比如外语课堂焦虑量表(Foreign Language Classroom Anxiety Scale, FLCAS),但是最新的研究表明该量表实际测量的是学习者的语言技能和学习技能自我效能的个体差异,并不是二语学习的焦虑。因此,在外语教学中,对于学习者的焦虑要区别对待。焦虑水平过高的学习者需要疏导,晓之以理,并通过日常细微的成绩变化来逐步缓解紧张的心理状态,化压力为动力;同时,也要让学习者知道适度焦虑的益处,外语学习中需要有一定的紧迫感,一定水平的焦虑会有助于外语水平的提高。情感学习是外语学习的重要组成部分,情感学习与内容学习互为补充、相得益彰。所以,完整的外语学习和教学理论应该既重视学习者的认知发展,也关注学习者的情感发展,情感发展是认知发展的基础和动力,是长久发展的动力源泉。

(五)语言学习中的情绪

1. 情绪的定义

情绪是指个体对客观事物或情境是否符合人的需要而产生的主观体验。情绪这一概念以人的需要为中介,主要表现为两个方面的发展:一是当某个事物能满足人的需求时,人们就会产生愉悦的心理体验;二是当客观事物不能满足人的需要时,人们就会产生消极或不愉快的心理体验。这就是积极情绪和消极情绪的两种表现。举个例子,当你渴望得到某个玩具,而在无意中听到家长要给你买来做生日礼物时,就会感到兴奋;很想要赶快下课去吃饭的时候,听到下课铃声会觉得兴奋、高兴;在考试还没有完成答卷时,听到铃声就会产生紧张、焦躁的情绪。前一种是积极情绪的反映,后一种则是消极情绪的反映。

通常情况下,情绪主要由认知层面的主观体验、生理层面的生理唤醒,以及表达层面的外部表情与行为三个层面组成。例如,当某人出现紧张不安的情绪时,个体在认知层面会表现出焦虑、担心等心理行为,在生理层面则会出现诸如心跳加快、呼吸量增大、肾上腺素分泌增加等现象,在外部表情与行为表达层面则体现为皱眉、脸色发白等现象。

总之,情绪对于一个人的发展而言至关重要。它是影响人们身心健康的重要心理因素之一。为促进个体的健康发展,人们必须要尽可能地建立积极的情绪,杜绝不良情绪。积极的情绪体验能帮助人们以饱满的热情投入到学习和工作中,从而促进身心健康发展。反之,消极的情绪则会影响人们正常的学习、工作和生活,不利于身心健康的发展。随着健康中国建设的进行,人们对健康的认识不断深入,认识到积极情绪对健康的作用,都渴望通过各种手段来获得积极的情绪,从而促进身心健康发展。

2. 情绪的作用

(1)情绪的动机作用

情绪的动机作用是指情绪是学习者认知活动和行为的唤起者和组织者,即情绪对学习者的心理活动和行为具有明显的动机作用。情绪这一作用在学习者身上表现得尤为明显。在情绪的动机与激发作用下,学习者会做出或拒绝某种行为。不同的情绪下会出现不同的行为或结果。在愉快情绪状态下,学习者通常乐于学习和参加各种活动;而在消极情绪状态下,学习者则出现不愿意学习、不乐意参加活动的状况。这就是情绪作用的突出体现。

例如,儿童在上学时,家长都会教给儿童向老师说"早上好",放学时跟老师说"再见"。但据观察,儿童说"再见"的情况非常普遍,而说"早上好"则需要一段时间。究其原因,是因为儿童早上不愿意与父母分开到学校上学,这时情绪低落,不愿意去表达;而下午离开学校时则会很开心,情绪高涨,愿意做出情绪的表达。由此可见,虽然学习的内容相似并没有什么差别,但在不同情绪的影响下,学校效果则是截然不同的。由此可见情绪的重要性。

因此,作为一名教师,平时在语言教学的过程中要十分注意学习者积极情绪的培养,要善于采取各种手段和措施激发学习者积极的情绪,提高他们学习的积极主动性,杜绝不良情绪和消极行为,这样对于学习者的身心健康发展是十分有利的。

2. 情绪的认知发展作用

大量的实践表明,情绪和认知之间有着非常密切的联系。一方面,情绪随着学习者认知的发展而不断分化和发展;另一方面,情绪对学习者的认知起到激发或抑制的作用。总体来看,情绪的认知发展作用主要体现在以下五个方面。

(1)情绪促成知觉选择

人的知觉具有重要的选择性特征,而情绪的偏好则在一定程度上影响人们的知觉选择。

(2)情绪影响注意过程

一般情况下,情绪对注意的影响主要表现在两个方面:一方面,学习者如果对某一方面知识感兴趣,就会把注意力完全放在这方面知识上,对于其他知识则会忽视、漠不关心;另一方面,学习者在积极的情绪状态下,会对某一方面知识保持长时间的注意力,消极情绪状态下则难以保持长时间的注意力。

(3)情绪影响记忆效果

情绪还会在一定程度上影响学习者的记忆效果。一般情况下,学习者对于自己喜欢、感兴趣的知识能产生极大的吸引力,容易记住这些知识,而对于自己不喜欢的知识,记忆起来则十分困难。这充分说明,学习者的情绪对于记忆有着显著的作用。作为一名教师,在教学中一定要善于激发学习者积极的情绪,这样才能提高学习者的记忆水平。

(4)影响思维活动

情绪对人的思维活动也具有十分重要的影响。有调查研究发现,学习者快乐、痛苦、愤怒等不同的情绪状态对智力的发展有着一定的影响。具体表现为,学习者在积极的情绪状态下表现出良好的智力水平;而在消极情绪状态下,学习者的智力水平明显低于积极情绪状态下的水平,因此在平时的语言教学中,教师一定要善于激发学习者的积极情绪,这会对学习者的思维活动和智力发展产生积极的影响。

(5)情绪影响语言发展

大量的实践表明,情绪对学习者的语言发展也会产生重要的影响。这突出表现在两个方面:一方面是学习者最初的话语大多是表示情感和愿望的,这时的语言既具有情感功能,又具有指物功能;另一方面,随着学习者年龄的增长和认知水平的提升,学习者的语言表达能力会随之增强,而情绪在其中起到重要的促进作用。

四、学习需要

每一名学习者都会有自身的学习需要,而且在不同的课程中,其学习需要也是不同的。教师在进行语言教学设计时,需要注意和发现学习者的实际学习需要。当前,很多人将教学设计看成问题解决的过程。因此,深入实际进行了解与调研,确定学习者的学习需要,越来越受到人们的关注。

对学习者的学习需要的分析是一个系统化的调研过程,这一过程的目的是将学习者的学习需要揭示出来,发现其中的问题,通过对问题产生的原因进行分析,确定问题的性质,并解析出教学设计是否解决了这一问题,并找寻最合适的途径。

随着教学设计的不断发展,人们从最初的仅仅关注"如何教",即教学策略的选择与运用,到后来关注"教什么",即教学目标、教学内容的确定与安排,现在又开始顾及"为什么教",即学习需要的分析。学习需要分析可以使教学设计有的放矢。学习需求分析是教学设计过程中的一大重要因素,它和其他因素,如教学策略、内容分析有着密切的关系,它们共同完成教学设计的使命。同时,学习需求分析也是整个系统过程的一部分,因此其具有特殊的作用,在不断发展的教学设计中起着越来越重要的作用。

一般来说,学习需求分析主要展开三方面的工作。

(1)通过深入调查研究,分析教学中需要解决的问题是什么。

(2)通过对问题产生的原因进行分析,找寻具体的途径。

(3)对现有的资源条件与制约因素进行分析,确定教学设计的方案,以保证问题解决的可行性。

学习需要分析的结果是提供"差距"的有效资料和数据,从而帮助形成教学设计项目的总的教学目标。

五、认知能力

认知能力是指人脑接收、存储、加工、提取信息的能力,具体地说,认知能力是指人们对事物的构成、与其他事物的联系、发展的方向和动力及对事物的基本规律的把握能力。记忆、观察、思维、直觉、想象、注意都属于认知能力的范畴。下面从记忆、想象与注意三个层面来分析。

(一)语言学习中的记忆能力

记忆就是生活中认识过的事物或做过的事情在我们头脑中遗留的印迹。人们在生活中常常接触这样、那样的事物。这些事物刺激人们的感觉器官,产生了有关的感觉、知觉,同时引起人们的言语、思想、情感和行动。这些活动在人脑中留下一定印迹,并且在一定的条件影响下会再现出来,它们作为过去的经验参与以后的心理活动,这就是我们通常说的记忆。

记忆在人的工作、学习和社会活动中都有着十分重要的意义。对于学习者来说,记忆是巩固学习的重要心理因素。学习如果没有及时的知识巩固,便无法开展和继续进行。有了记忆,人们才能在实践中不断地积累经验,使先后的实践经验联系起来,使心理活动成为一个发展的过程,统一的过程。

记忆包括识记和保持两个方面。识记是获得和巩固知识经验的过程,而保持是对识记的进一步巩固。记忆有两种表现形式,即再认和重现。

当以往经历过的事情再度在人们面前重现时,并能认出来,这便是再认。重现也称为"回忆",即过去经历过的事或物不在眼前,却能在脑海中重新呈现出来,所以记忆的过程是:识记—保持—再认—回忆。

一个人记忆的好坏不完全是天生的,良好的记忆能在后天的学习和训练中获得。整个记忆过程通常是从识记开始的。识记是一种有意的反复感知或印迹保持的过程,通过识记可以形成比较巩固的记忆,称为有意识记,但也有无意识记的成分。

记忆的过程是识记保持—再认—回忆的过程。在这一过程中,识记是开始,是保持的前提,因此在教学中,特别在记忆要求较高的英语学习中,首先要帮助学习者培养良好的识记习惯。为此,我们应该充分利用学习者的无意识记,以此提高他们有意识记的能力。无意记忆有很大的选择性,生活中具有重要意义的事情,尤其是那些适合自己兴趣、爱好、需要的事情,以及能激起学习者情绪的事情,会给学习者留下深刻的印象,容易记住。在语言学习的起始阶段,学习者记忆的好坏在很大程度上决定着他们以后英语学习的好坏。因此,语言教学应充分利用学习者的记忆特点,适当地把学习内容融合在学习者的活动中,如用教唱英语歌曲、英语儿歌等方法来帮助练习语音、语调。当然在语言教学中,教师如果仅靠无意记忆向学习者传授知识,学习者往往会忽视必要的记忆内容,因此培养学习者的有意记忆也是十分重要的。为此,在语言教学课上教师应提出明确的教学目标、教学要求,让学习者明白要记住哪些单词和句型。如果要求不明确,学习者的学习随意性大,那么学习者的学习成绩必然会下降。所以,教师培养学习者有意记忆的能力是学习者获得系统知识的必经之路。为了使有意记忆在学习中起支配作用,教师应该帮助学习者加深对所学内容的理解,以增强学习者的记忆效果。生活中人们对理解的东西往往不易忘记,外语教学也是如此。若要学习者记得牢,就一定要让他们理解。因此,在教学中,教师要训练学习者抓住事物的特征,并找出规律性的东西,这样做就有利于有意记忆。例如,教单词 go 时,按英语发音特点,可用 no 来引出;教 duck 时,可用 bus 来引出。在教授新句型时,可用旧句型引出新句型。这样做学习者容易理解,感到有规律可遵循,并产生温故而知新的效果。但是,用相同读音来引出新词的方法亦不是绝对的,不宜机械地套用。

(二)语言学习中的想象能力

人们在生活实践中,不仅感知当时作用于自己感官的事物,而且还能回忆起过去经历过的事物。此外,人们还可以在已有的知识或经验的基础上,在头脑中呈现从未经历过事物的新形象。这种在头脑中创造新事物的形象,或者根据口头语言或文字的描述形成相应事物的形象的认识活动叫"想象"。想象是一种特殊形式的思维活动,它和感觉、知觉、记忆、思维一样,都是在人们的生活实践中或在劳动过程中发生和发展起来的。

想象和形象有密切的关系,根据形象有无独创性,想象可分为再造想象和创造想象。根据语言的表述或图样、图解、符号记录等非语言的描绘在头脑中形成有关事物的形象的想象,我们称为"再造想象"。正确进行再造想象的重要条件是给学习者的知识要充分,语言表达要准确清楚,对所表述内容的理解要正确细致,直观材料的运用要恰当。创造想象与再造想象不同,创造想象不依赖现成的描述而独立地创造出新形象。

学习者的想象力特别丰富,低年级学习者的想象以再造想象为主,而高年级学习者的想象则开始具有创造想象的特征。例如,在英语教学中,采用看图说话的方法对学习者想象能力的培养是十分有益的,而且能提高学习者英语口头表达能力。例如,在英语复习课上,先让学习者看一幅大轮船的图片,然后要求学习者发挥想象,说出轮船上载有哪些旅客:"Some are workers. Some are farmers. Some are doctors. Some are teachers. Some are nurses. Some are pupils. Some are postmen. Some are policemen."等。然后教师可以进一步让学习者描述这些旅客正在做什么。"Some are singing. Some are dancing. Some are working. Some are sleeping. Some are reading."等。利用图片激发学习者的想象力,复习英语词汇、句型,开展口头和笔头的言语操练活动,这对促进学习者的思维、提高英语表达能力均十分有效。又如,给学习者一张教师和学习者正在上课的图片,可让学习者先通过画面描述具体事物,如门、窗、桌、椅等,然后可以提问:"What are the pupils doing?"由学习者想象,他们可以说:"They are having an English lesson. They are having a Chinese class."等。诸如此类的引导均可发展学习者的想象能力。一旦这个能力在教学过程中得到恰当的培养,对今后语言的提高是不可估量的。

(三)语言学习中的注意能力

1. 注意的概念

注意,是人们在进行实践活动时的心理活动或意识对某一对象的指向与集中。通过注意的概念可知,指向性和集中性是注意的两个基本特点。

所谓指向性,是人在清醒状态时,每一瞬间的心理活动只指向特定的对象,而对于其他的对象则是脱离的。简单说,就是人对周边的事物并不是全部掌握它们的信息,其所能考虑到的事情只是他们此时想要关注的那些被选择后的事物。

所谓集中性,则是心理活动对某一对象的专注。简单说就是,当一个人心理活动指向某一特定对象的同时,还会将全部精力投入其中。此时周边发生的其他事情都可能会被忽略掉,并不会对他的注意构成绝对的影响。

2. 注意的分类

人的注意中有一些是有自觉目的性的,而有些则没有。那么,以此作为依据就可以将注意分为无意和有意两种。

(1)无意注意

无意注意就是暗中没有预定目的且不需要意志努力的注意。无意注意是个体自然地对某个对象产生的注意,也就是人们常说的"不经意"间的注意。例如,当学习者都在上课的时候,一个人忽然走进教室,此时几乎所有人都会去看这个人,即注意到他。这就是一种无意的注意。无意注意总是被动的、不自觉的,是人们对稳定的环境忽然产生变化的一种应答反应。具体来说,引起无意注意的原因有两个:一个是刺激物的物理特性,另一个则是人们本身的状态,也就是人们的主观条件。

(2)有意注意

有意注意是指有预定目的的且有时还需要意志努力予以维持的注意。有意注意就是人们说的刻意注意,这种注意有明确的目的性,甚至还需要意志努力的维持。

对于有意注意来说,引起和保持需要满足下面四个条件。

(1)活动的目的和任务要明确。鉴于有意注意是一种主动的,有预定目的的注意,因此设立一个明确的活动目的和任务是相当重要的。只有当人们对目的和任务理解越清晰和深刻时,才能形成更大的完成任务的愿望,由此才能给予那些与完成任务紧密相关的事物更多的注意。

(2)重视培养间接兴趣。两类兴趣可以引人注意:一类是由活动过程本身引起的兴趣,称为直接兴趣,另一类则是对活动的目的和结果产生的兴趣,叫间接兴趣。对于人的无意注意来说,起到更多作用的还是直接兴趣。但对有意注意来说,间接兴趣的作用更大。这表现为即便有时活动的过程并不吸引人,但结果是好的,如此也会引起人的强烈兴趣。事实上,间接兴趣越稳定,有意注意保持的时间也就越持久。由此可见,培养间接兴趣对引起和保持有意注意来说,意义很大。

（3）排除无关因素的干扰。当人们在进行预期中各项活动时总是难免受到各种因素的干扰,干扰会在不同程度上削弱有意注意。那么在此时,为了让有意注意保持在良好的状态下,就需要足够的意志来"抗干扰"。详细说到这些干扰,可能来自外部或内部,外部因素可能是某些突发实践,内部因素则可能来自疾病或心理层面的情绪。但无论干扰因素为何,锻炼坚强意志仍旧是对培养有意注意的最佳方式。

（4）活动组织要合理。如果能够将活动组织得合理有序,就更方便人们集中注意力。例如,对人们要解决的问题提出明确的要求,或是将理论与实践相联系等,这些都可以引起和保持有意注意。例如,数拍子时用脚点地打拍,或是计算时点数桌上的小木棒。这些方法对于维持学习者的有意注意来说效果颇佳。

在了解了无意注意和有意注意之后,总的来说,在实际的运用当中单纯依靠某一种注意的形式都是存在不足的。比如,如果只是依靠无意注意来开展活动,看起来好似是轻松的,但会更加杂乱无章,而且非常害怕遇到干扰；如果只是依靠有意注意,时间一长人们的精神就会疲劳,直到无法支撑有意注意,这点对注意力本就不足的学习者来说更是如此。为此,在实际的语言教学中,为了提高学习者的注意效果,应尽量交替使用两种注意形式,即在使用某一种注意后适时改变到另一种注意形式上,如此就是充分利用新颖、多变、刺激性强烈等特点来引起学习者的无意注意,并且也要通过培养间接兴趣来引起学习者的有意注意。通过这样的方法,便可以使学习者既能保持对所接触的事物的兴趣,又能最大限度地缓解因有意注意导致的疲劳感。

在了解了无意注意和有意注意两者之间的区别后,就要求教师在针对学习者开展的教学活动中要合理设计课程,并且需要在语言教学方式上有所改变,如正确地运用语音、语调、语气、表情、姿态、动作等,再结合必要的教具、演示和表演,以及掌握好课程每个环节的时间长度等。这些设计都是为了提升学习者的无意和有意注意,从而使教学的效果更为理想。

3. 注意与学习者的发展

（1）注意与学习者感知的发展

首先,学习者的注意是其与环境中其他信息建立联系的纽带,在这一基础之上才能进一步利用感知从环境中获取信息,由此对环境有更多的了解。这也直接说明了学习者获取环境信息的情况与注意的指向和特点有关。

其次,注意是感知的先决条件,从而也间接证明了注意对认识能力提升的重要性。一切认识活动如果没有意识的指向与集中就难以记忆,从而会使看到的事情一晃而过,使听到的事情从左耳进从右耳出。

最后,注意是研究学习者感知发展的重要指标。在学习者早期阶段,他们的语言表达能力有限,为此,要想了解学习者的心理反应就可以通过观察他们的注意表现来获取信息。

(2)注意与学习者智力的发展

注意水平与智力的发展有着紧密的关系。注意是学习者进行感知存在,进行思维和想象的开端。具体来说,注意能使学习者感知到的信息进入长时记忆系统,注意能力越强,记忆就越深刻,深刻的记忆又标志着智力的水平。由此可以认定,注意能力的强弱直接影响着包括学习、工作等多种智力活动成果。

注意还是学习者观察能力提升和行动持久力提升的基础。注意力差的学习者在进行某项活动时总是容易被其他事物所干扰,然而一旦注意出现转移,则直接影响到对知识思维活动的广度和深度,进而影响思维水平的提高和实践能力的提高,这也是对自身智力发展的一种不利情况。

从学习者的学习效果角度上看,注意力更加集中的学习者语言学习效果普遍更好,各方面能力的提高也更快,这也会促进智力的发展。

4. 学习者注意发展的趋势

实际上,在学习者幼年时期,他们就已经存在注意现象了。随着成长,他们会积累更多的经验,而注意能力也随之发展着。由此,就能总结出学习者注意发展的三点趋势。

(1)注意的形式从无意到有意

外界刺激物对学习者注意带来的生理反应,是无意注意。由于学习者的大脑两半球皮层的兴奋和抑制的产生和转移比较迅速,并且初期他们的语言能力不足,因此更容易受到第一信号系统的影响,表现为格外容易被外界新鲜刺激所吸引,这种情况几乎一直贯穿于学习者的早期学习阶段。然而随着成长、语言能力逐渐增强以及一些有意注意的培养,使得学习者萌发了有意注意。不过,由于有意注意是由脑的高级部位(额叶)控制的,而大脑高级部位的发育又比其他脑部位迟缓得多。所以,在学习者早期学习的有意注意发展是非常缓慢的,但从无意注意到有意注意的方向性趋势是不会改变的。

（2）定向性注意的发生早于选择性注意

定向性注意的源头也是外来的新异刺激，这种行为不用通过学习便与生俱来，甚至很多人直到成年后还会如此，当然成年的这种反应不会有幼儿那样明显和夸张。

选择性注意却逐渐成为学习者注意发展的主要表现。所谓的注意选择性，主要表现为学习者对注意对象选择的偏好上，这种选择的偏好主要为刺激物的物理特点转向刺激物对学习者的意义；选择性注意的对象逐渐扩大；刺激物从简单到复杂的转变等。

（3）学习者注意的发展与认识、情感和意志的发展相联系

有许多研究已经表明了学习者注意的发展关乎到他们认知、情感和意志等水平的提升。这里再度需要明确的一点是，注意的发展本身就是认知发展的一部分，在认知层面中的其他层面的发展都可以认为是注意发展的结果，也是注意发展的原因。为了探索周边诸多陌生的事物，学习者或是无意注意某些外界刺激，或是在成人的引导下完成某项注意训练，然而不管怎样，学习者所能注意到的事物普遍带有更能影响他们情绪的色彩。就拿语言课堂的教师授课行为来说，如果教师的讲授语言风趣、语气抑扬顿挫、身体姿态丰富，自然更能获得学习者的注意，因为这些语言教学技巧调动了学习者的兴奋情绪色彩。反观那些语言枯涩、语气平直的教学则难以获得学习者的注意。这种由学习者注意情绪决定的注意力分配方式会随着年龄的增长而逐渐减弱。意志具有引发行为的动机作用，但比一般动机更具有选择和坚持性，意志力的进步能够让学习者在认知过程中进一步保持注意集中性。

第二节　影响二语习得的外在因素

一、教师

在所有的客观因素中，教师因素是非常重要的影响二语习得的因素。对于教师来说，语言教学的责任不仅仅在于讲授语言知识，也不仅仅在于传授语言技能，而在于教会学习者语言学习的策略。教师的教学手段、教学理念、教学态度等都会对学习者二语习得的使用产生影响。

就教学理念上来说，不同的教师，其理念必然不同，因此会从自身的教学结构出发展开语言教学。一般来说，现代的语言教学仍旧是以教师

作为中心,其实这不利于学习者二语习得的形成与使用。在教学中,教师应该以学习者为中心。

就教学方式来说,教师为了能够调整好学习氛围,往往会采取一些教学管理活动,但是这些管理对于学习者学习策略的使用是非常不利的。在教学中,师生之间的活动有助于学习者学习策略的形成与发展。

当然,除了这些与教师相关的因素外,教师本身也是一个影响学习者学习策略使用的因素,包含教师在教学中扮演的角色、教师自身的素质等,这些因素都会对学习者二语习得的使用产生影响。具体来说,教师在教学中应该扮演如下角色。

(一)教师的角色

1. 传统角色

(1)知识的复制者

在传统的语言教学中,教师的工作就是将知识原封不动地传授给学习者,在教师的眼中,书本知识就是金科玉律,教材就是真理,因此教师往往将书本知识视作教授学习者的来源,并且根据书本来设计教案。对教师教学好坏进行评价主要看教师能否把书本知识传达到位、准确。显然,基于这样的观念,大多数教师从书本内容出发展开教学,教师很自然地就成了课本的复制者。

在传统的语言教学中,学校往往为教师配备了一整套教材等,并且为教师设计了教材上要求的每一堂课的活动,甚至对教师说的话都进行了明确的规定。教师如同批量生产的工人一般,千篇一律地展开教学,将大纲内容复制给学习者。

但在新环境下,教学过程被看作师生互动的过程。就建构主义学派的观点来说,这一过程是师生对客观事物的意义加以构建的过程,并且是合作性的构建,并不是单纯地对客观知识加以传递。

在语言教学中,教材是重要的资源,师生需要对这些资源进行开发,尤其对教师来说,他们需要对这些资源加以分割与整合,之后通过与学习者的互动,将固有内容转化成丰富的、可供学习者理解与接受的知识。之所以将教材静态的知识转换成动态的资源,将课堂上单一的知识转变成生动的课堂,最终目的都在于帮助学习者获得知识。就这一角度而言,学习者固然是知识的构建者与参与者,而教师更应该将自己置身于开放的环境中,成为资源的积极构建者。也就是说,教师的角色应该发生改变。

第二章　二语习得的影响因素

（2）知识的传授者

传统的语言教育观依然在教师的心中存在,很多教师的理念中仍旧存在"教书匠"的意识,他们侧重以书本作为经验与教学方式,采用灌输的手段进行教学。一些教师将学习者看作被动接收知识的容器,认为教材是学习者获取知识的对象,教师是将这些知识灌输给学习者的人。显然,教师充当了一个"传话筒"的角色,学习者是接收器,将教学简单地视作知识传递的过程。这种对知识过于重视而忽视具体能力的教学方法,势必会造成教学过程的重复、单一,也会制约教师的创新意识与研究精神,让教师的教学思想与观念更加保守、陈旧。

在新形势下,信息技术迅猛发展,教师在技术、知识上所具备的权威性受到极大的挑战。在新环境下,教师对于知识传授者的角色是否有新的理解？是否对教师新的角色进行重新定位？教师自身的教学手段、角色观念是否感到不适？教师如何转变自我并适应这一环境？这些问题都说明,教师作为知识传授者的角色应该改变。

2. 新的角色

说到角色,一般人会觉得其与身份、地位有关,认为角色是对人们身份、地位的诠释。在当今社会,教师扮演着十分重要的角色,他们以各种方式调动与引导学习者参与活动,并引导学习者在自己设定的环境中展开探索。传统的教师所扮演的角色已经很难适应当今社会的需要。在这个多元化的社会,教育具有多样性,他们需要适应不同层次、不同族群人的需求。也就是说,教师不再是知识的传授者与复制者这些简单的角色,而是被赋予了新的多样角色。

（1）语言知识的诠释者

教师是语言知识的诠释者,他们在开展课程教学之前,首先必须具备渊博的知识。简单来说,教师需要对语言知识有系统的、全面的把握,并能够从这些知识中分析出语言现象。一般来说,教师需要掌握的专业知识包括理论知识、语境知识、实践知识等,这些知识中囊括了语音、词汇、语法、语篇、文化等知识,教师只有掌握了这些知识,他们才能解决学习者学习中遇到的实际问题,帮助学习者提升自我,实现更好地语言输出。

（2）语言技能的传授者

当然除了语言知识,教师还需要掌握语言技能,并且将这些技能传授给学习者。在学习者学习语言的过程中,掌握语言知识是基本条件,而最终目的是为了提升自身的语言技能。一般来说,语言技能包含听、说、读、写、译五项。就语言的发展规律而言,听说居于重要地位,读写译其次,但就语言教育的角度而言,读写译居于重要地位,听说其次。这就说明语言教学的目标是让学习者具备一定的读写译能力,而听说能力是实现读写译能力的前提与基础。教师要想能够提高教学质量,熟练地驾驭语言课程,就必须掌握这五项技能,并且保证五项技能的有机结合,从而提升学习者的语言综合技能。

（3）课堂活动的组织者

无论是语言教学还是其他教学,课堂活动都是必不可少的一部分。在语言教学中,课堂教学是其重要的载体与媒介。教师要想提升自身的教学质量,必须要设计出合理的课堂活动,如辩论、对话、对话表演等,这些都是能够让学习者参与其中的活动,让学习者有真实的语言训练机会,提升自身的语言表达能力。在这之中,学习者也不会不断加深对语言知识与技能的印象,巩固自身的知识体系。

（4）教学方法的探求者

教师在语言教学中不能仅使用一种教学方法,应该承担起教学方法开发者与设计者的角色,创新教学方法,使教学课堂更多样有趣。与其他学科相比,语言教学具有极强的实践性,因此其与教学方法的关系更为密切,甚至教师对语言知识的分析、学习者语言技能的掌握、教师课堂活动的组织等都需要考虑相应的教学方法。

随着很多学者对语言教学进行深入的研究,探索出了很多教学方法,如语法—翻译法、交际法、任务法、情境法等,这些教学方法各有利有弊,教师需要考虑教学的实际情况以及学习者的实际水平,选择适合自己的教学方法组织教学,有时候甚至需要多种方法并用,从而传达出最佳的教学效果。

（5）多元文化环境的创设者

学校的文化环境会对学习者的学习产生影响。作为一种社会化机构,学校的目标、功能、管理等都属于主流文化,如果教师不知道如何对学校的教学环境进行塑造,就很难在家庭—社区—学校之间构建一个平衡点,很难让学习者予以适应。因此,教师要努力创建多元文化教育环境。具体来说,可以从如下几点着手。

首先,师生之间要构建信任关系。师生间的人际关系对学习者的成绩产生重要影响,文化差异的存在、教师的偏见容易造成师生之间的隔阂与误解。如果师生之间存在这种隔阂与误解,就会对学习者的自我观念产生负面影响,让学习者受到挫折,甚至孤立无援。

其次,教师要努力构建一种积极的家庭式氛围。教师要为学习者提供一个尊重与关怀的环境,让学习者领略到家庭语言与文化。教师要对学习者的文化背景有充分的了解,不断搜寻相关的信息,并将这些相关信息自然地融入教学之中。

总之,教师只有充当一名多元文化者,才能对学习者所处的文化环境有清楚的了解,对学习者的文化价值观有清楚的把握。同时,教师只有从多种角度对文化加以理解,才能为每一位学习者创造合适的教学策略与内容。

(6)中西文化差异的解释者

在多元文化背景下,教师充当了中西文化差异的解释者的角色。由于中西方文化传统不同,二者在价值观、思维模式上存在明显差异,而这些差异逐渐成为学习者跨文化交际的障碍。

就社会文化角度而言,语言属于一种应用系统,具有独特的规范,是文化要素中的一项重要组成部分。因此,在语言教学中,教师除了要教授语言知识与技能,还需要掌握文化背景知识,实现语言知识、语言技能、文化背景知识三者的融合与补充。

就语言文化知识的内容而言,除了要教授本土文化知识,还需要讲授西方文化背景知识。中西方语言文化的差异性主要体现在风俗习惯、思维模式、价值观念等层面,而这些差异性在语言上有明显的呈现,无论是词汇中,还是篇章中,因此教师应该充当中西方语言文化的解释者这一角色,将中西方语言的差异性解释给学习者,让学习者在了解这些差异的基础上,掌握好语言。

需要指出的是,教师在充当中西方语言文化的解释者这一角色的时候,对中西方文化要保持中立态度。文化没有优劣之分,因此教师在选取素材时,应该尽量选择那些不会对其他文化造成伤害的素材,避免引导学习者对某些文化产生偏见,从而使学习者对不同的文化有清楚的认识。

(7)本土文化知识的传授者

教师应该对西方文化背景知识有清楚的了解,除此之外,他们还应该对本土文化有清楚的了解与认识,甚至需要成为本土文化的专家,挖掘本土文化所蕴含的特色与思维形式。教师既是知识的引导者,也是文化的传承者,他们应该以一个真诚的面孔展现在学习者面前,将本土文化知识融入自己的课堂之中,与学习者展开平等的交流,从而为语言教学提供更为广阔的空间,同时构建和谐的师生关系。

教师要比其他人对本土文化知识有更敏锐的直觉,对本土文化知识的价值更注重保护与发展,并且懂得如何对学校所处社区的本土文化知识进行挖掘。在语言教学过程中,教师应该对学习者在本土社会中获取的知识予以尊重,而不是一味地否定或者贬低。教师可以引导学习者对本土文化知识与书本知识进行比较,培养学习者将本土文化知识与书本知识紧密融合,从而创造出新的知识体系。

(8)语言单元任务的设计者

要想实现单元主题目标,就必然需要对单元任务进行设计,这是教师的一项重要任务。学习者通过教师设计的这些真实的任务,可以拓宽自己的语言知识面,还能够提升自身解决具体问题的能力。因此,在语言学习中,语言单元训练任务的设计是非常重要的。这要求教师应该在网上设计相应的单元任务,让学习者在规定的时间内完成,最后提交完成任务的结果。通过这种方式,学习者可以降低自身的压力,让他们愿意参与其中。

另外,通过网络,学习者可以根据自身的实际情况选择教师设计的任务,遇到问题时也可以与教师或其他同学进行网上交流,最后呈现自己的作品或观点。显然,这种方式不仅锻炼了学习者的语言水平,还有助于提升学习者的兴趣和积极性,加强人与人之间的交往与合作。

(9)有效主题教学模式的设计者

在新形势下,语言教学要求教师不断探求新的教学模式与方法。具体来说,教师不仅需要发挥网络的优势,还需要提升学习者学习的效率。对此,教师在设计主题教学模式时,应该选择学习者感兴趣的话题,并且整个教学模式都围绕这一主题开展,以小组合作讨论的形式完成任务,最后提交讨论结果。

当然,由于处于网络环境下,教师设计的每一个主题应该能让学习者在网络上找到丰富的资料,包含这一主题的文化背景与发展动态,然后由学习者进行总结与归纳,进而学习者在网上进行讨论,这样的设计模式实际上帮助学习者摆脱了课本的限制。

另外,在设计有效主题教学模式时,教师要尽量链接一些有效网址,帮助学习者接触更多的国内外文化知识。教师还可以下载一些前沿性的资料,以吸引学习者,提升他们的求知欲。当然,对于一些敏感性的话题,教师要进行正确指导,避免学习者出现文化偏见。

(10)学习者网络学习的帮助者

在语言教学中,网络能够起到监控的作用。通过网络监控,教师可以对学习者的学习过程有所了解与把握,从而帮助学习者实现自己的学习需要。教师是学习者进行网络学习的帮助者,尤其对于差生而言,教师更是要发挥不可磨灭的作用,他们通过记录学习者浏览网页的情况,了解学习者是否参与其中,从而清楚学习者在学习中遇到的困难,之后帮助学习者解决实际的问题。

第二章 二语习得的影响因素

另外,由于不同的学习者遇到的困难不同,因此教师应该给予分别指导,促进不同层次学习者各自的进步。显然,教师对学习者网络学习的帮助更具有人情味,不仅有助于提升优等生的水平,还有助于避免差生的畏惧心理,帮助不同层次的学习者解决不同的问题,真正帮助他们实现有效的自主学习。

(11)在线学习系统的建立者

网络为学习者的语言学习提供了便利,而教师在其间充当了调控学习者学习、提供个别指导的作用,但在这之前,首先就需要建构一个完善的在线学习系统。在这一系统中,有教师与学习者两个端口。学习者通过填写自己的信息,向教师端提出申请,教师负责审核,使学习者加入到这一系统中。

根据在线学习系统的导航提示,学习者可以获取自身所需的资料,也可以下载下来。例如,某一在线学习系统可能包含"单元测试"与"家庭作业"两个项目,在"单元测试"中学习者可以进行训练与测试,在"家庭作业"中学习者可以提交自己的作业。之后,学习者可以通过论坛、QQ等与教师进行讨论,实现网上交互。

(二)教师的素质

1. 广博的知识素养

(1)专业的知识素养

对于教师来说,具备专业的知识素养是极为重要的。它不仅决定着教师能否成为一名合格的教师,而且对教师的工作有直接的、至关重要的指导意义。因此,教师在平时的学习与教学过程中,必须重视丰富自己的专业知识。

(2)教育学与心理学方面的知识素养

教育学与心理学方面的基础知识是教师必须要具备的知识素养,这有助于教师在全面、客观地了解学习者身心发展与教育基本规律的基础上,使教育教学工作顺利开展并取得良好的成效。

(3)个体性知识

个体性知识指的是教师作为一个社会人所必须具备的知识,具体涉及以下几个方面。

对于教师来说,学会生存和生活是其开展教育教学活动的重要前提。因此,生存生活知识也是教师必须要具备的知识素养,如何在突发事件中求得生存、如何促进自己的生活质量不断提高等。

现代社会是信息社会,也是人际交流的社会。因此,为人处世知识也是教师必须要具备的基础知识,如何对师生关系、同事关系等进行协调,如何在职业中扮好角色等。

不懂得道德规范的人是卑劣的人,不了解法律的人可能成为社会的罪人。因此,一定的道德法律知识也是教师必须要具备的。事实上,教师具备了良好的道德法律知识,能够有效引导学习者成长为有道德、懂法律的人,这对于学习者的健康成长以及社会的稳定等都有重要的作用。

在当前的时代,科技迅速发展,更新换代的速度也不断加快。同时,科技在人们生活中的渗透日益广泛,人们的生活、学习与工作都越来越离不开科技。因此,对于教师来说,掌握一定的科技知识也是十分重要的。

2. 完备的专业能力素养

完备的专业能力素养是教师成功完成教学活动所需的个性心理特征。具体而言,教师必须要具备的专业能力素养有以下几个。

(1)教学设计能力

所谓教学设计能力,就是教师在课前以学习者的身心发展特点、学习水平等为依据,组织加工教学内容、选择恰当的教学方法与教学模式等,促使教学获得最优效果的能力。教师只有具备良好的教学设计能力,才能确保教学活动顺利开展,并推动教学取得良好的成果。

(2)钻研教材的能力

新课程理念下的教材,不仅仅指的是教科书,还包括各种各样的音像材料、广阔的社会生活以及师生的经验与体验等。由于教材是教学设计的重要影响因素之一,因而教师要想提高自己的语言教学设计能力,必须重视提高自己钻研教材的能力,即能够正确地分析、把握和运用教材的能力。

(3)了解学习者的能力

教师在进行教学设计时,学习者是不容忽视的一个影响因素。也就是说,教师只有全面、深入、客观地了解学习者,并以此为基础进行教学设计,才能确保教学取得良好的成效。因此,了解学习者的能力也是教师必须要具备的一项重要能力。具体而言,教师在对学习者进行了解时,应特别注意以下几个方面。

第一,要了解学习者的学习。

第二,要了解学习者已有的知识和心理发展水平。

第三,要了解学习者学习的方式与方法。

第四,要了解学习者对教学的反馈。

（4）利用教学资源的能力

教师围绕教学需要的各种统计数据、声音、视频和动画、站点资源、实物等，便是教学资源。丰富的教学资源是有效开展教学活动的重要条件，因此教师在开展教学活动之前，必须要围绕学习者的学习、问题的解决设计和搜集整理教学资源，并明确如何对所掌握的教学资源进行合理利用。因此，教师所具备的利用教学资源的能力，也会对其教学设计能力产生重要的影响。

（5）课堂组织与调控能力

在开展语言教学活动时，教师需要发挥主导的作用，有效地对教学过程中的各种因素和变量进行调控，从而确保教学取得良好效果。因此，课堂组织与调控能力也是教师必须要具备的一项专业能力素养。

（6）语言表达能力

教师在实施语言教学活动时，能够取得良好的教学效果在很大程度上依赖于其语言表达这一手段的运用是否恰当、合理。即使在现代化多媒体技术广泛应用于语言教学领域的今天，课堂教学中教师语言的功能仍不可替代。因此，良好的语言表达能力也是教师必须要具备的一项专业能力素养。

（7）教学科研能力

当代的教师不仅仅是教育的实践者，还应该是集教学、科研和管理等多种功能于一身的复合型教师。这决定了教师在日常的学习与工作过程中，也要重视提高自己的教学科研能力。

（9）教育教学交往能力

这里所说的教育教学交往能力，就是教师在教育教学过程中与他人交流信息、沟通情感、相互知觉和相互作用的能力。只有具备了这一能力，教师才能有效实现与学习者的双向沟通，也才能与其他的教师形成教育合力，共同推进教育不断取得良好的成效。

（10）信息处理能力

当前的社会是一个信息化社会，新知识层出不穷，信息的数量也不断增多。由于新知识和不断增多的信息会对教学以及学习者发展都产生重要的影响，因此对于教师来说，具备一定的信息处理能力也是十分必要的，具体涉及以下几个方面。

第一，对信息具有高度的敏感性，能够广泛地接受各种信息，迅速而准确地发现和掌握所从事学科专业新的研究成果、新的论点。

第二，对接收到的信息能够进行整理加工、分析研究、转化。

第三，能科学地表达和发现自己的信息需求，掌握获取信息的基本方法和现代化工具检索,获取自己需要的信息。

3. 高尚的道德素养

所谓教师的道德素养,就是在教师身上所表现出来的与某种政治主张、思想观点、道德标准相符合的稳固特征和倾向水平。

教师的道德素养,能够对学习者的身心发展产生极其重要的影响。因此,教师一定要重视自己道德素养的培养,切实使自己形成高尚的道德素养。

4. 良好的心理素养

从本质上来说,教学活动就是教师和学习者及教学内容之间进行多向交流的过程。在这一过程中,教师的心理活动会发挥重要的作用,继而对学习者的个性发展产生重要的影响。因此,教师要想促进教育教学效果的不断提高、与学习者进行良好的交流与合作、促进学习者的个性发展,就必须要具备良好的心理素养。具体而言,教师良好的心理素养需要包括以下几个方面。

(1) 良好的自我意识

自我意识是人格的核心,其主要是通过个体对自己的身体、活动和心理等方面的认识和态度表现出来的。对于教师来说,只有具备良好的自我意识,才能切实以自身的实际条件为依据,设计恰当的教育教学计划,并确保教育教学计划顺利实施,并取得良好的成效。

(2) 完备的智能品质

完备的智能品质就是教师必须要具备的智能条件,其在很大程度上影响着教师能否顺利地完成教育教学工作。

(3) 积极稳定的情绪

教师只有具备积极稳定的情绪,才能在教育教学过程中营造积极主动的氛围和适宜的学习情境、与学习者形成融洽的关系,并有效激发学习者的积极主动精神。

在与这些人接触的过程中,教师只有切实与其形成良好的人际关系,才能确保教育教学取得良好的效果。因此,构建良好人际关系的能力也是教师必须要具备的一个良好心理素质。

二、社会环境

语言是社会的产物,是随着社会文化的形成而不断形成的。因此,社会环境对语言有着非常重要的影响。语言教学中的社会环境主要涉及国

第二章 二语习得的影响因素

际大环境、社区环境、家庭环境等。下面做具体分析。

（一）国内及国际社会环境

当代社会，随着一体化进程的加快，文化、科技等各个领域在不断融合，世界成为一个"地球村"，这就导致了需要大量的外语人才。外语不仅在学校里面学习，还是以后工作的一种必需语言。这种共识也推动着很多人开始学习英语，也推动了我国语言教学的发展。同时，我国教育部对语言教学也格外重视，在教材编写、设备革新层面，不断更新语言教学的环境，促进我国语言教学的进步。

（二）家庭环境与社区环境

家庭环境与社区环境也对语言教学有着重要影响。著名学者苏安华曾经对两个班级进行比较，A班的学习者大多来自干部家庭，B班的学习者大多来自工人与普通职员家庭，然后在家庭的影响下，A班的学习者显然具有明确的竞争意识，而B班的很多学习者认为语言学习是无用的。正因为如此，在新一轮的教育改革上，要明确实行国家、地方和学校三级课程管理体制，地方可以根据本区域语言教学的实际合理开发语言社区，为学习者提高课外语言实践的机会。

三、学习环境

学生使用二语习得就必然会在一定的学习环境中进行，它是影响二语习得的重要客观因素之一。学习环境是否良好也会影响着学习策略的使用效果。现如今，学生的学习环境除了教室、宿舍等外，还增加了网络环境。

（一）多媒体教室

多媒体教室是以教育教学的需要为依据，通过整合多种现代教学媒体如多媒体计算机、录音、录像、投影等而建立的一个综合教学系统。教师通过多媒体教室系统，能够将多媒体教学手段利用起来进行信息化教学，教学更方便、灵活，教学形式与学习者的认知、理解和记忆特点更符合，从而有助于促进教学效果和效率的提高。

多功能教室的教学功能如下。

（1）与校园网络连接，为网络联机教学和教师对丰富网络资源的调用提供方便。

（2）与闭路电视系统连接，使电视媒体的作用充分发挥到教学中。

（3）对实物、文字、图片、模型等教学资料的形象展示。

（4）对视频教学节目的播放。

（5）采用多媒体辅助教学手段，将多媒体教学课件演示给学习者。

（6）使各种声音信号从先进的音响系统中播放出来。

（7）使计算机信息、视频信号显示在大屏幕投影仪上。

（二）网络教学机房

网络教学机房也称"网络教室"，是集普通的计算机机房、语音室、视听室、多媒体演示室等功能于一体，利用网络和多媒体技术将多台计算机及相关网络设备互联而成的小型教学网络。

网络机房主要有以下功能。

（1）教学功能。将多媒体课件、教师音视频、外部音视频等多种信息利用起来对学习者进行集体性或个别性的广播教学。

（2）监视功能。教师可对学习者的计算机屏幕进行实时监视，观察学习者如何操作计算机。可多画面监视多个学习者，也可以单一循环监视每个学习者。

（3）示范功能。教师可通过广播的形式将选定学习者的屏幕、声音传递给学习者，主要起到示范的效果。

（4）文件传输功能。教师可以将教学课件、资料发送给学习者供学习者自学；学习者可在线提交自己的学习作品。

（5）交互控制功能。教师将键盘、鼠标等利用起来遥控操作选定的学习者；学习者也可按同样的方式遥控操作老师或同学。

（6）远程管理功能。教师可以对学习者计算机的桌面设置进行远程修改，如屏幕尺寸、声卡音量等。

（7）学习者控制功能。教师可以控制操作学习者学习，如锁键、重启、黑屏等。

（8）快速抢答功能。教师将快速抢答功能开启后，学习者按键抢答，最后会显示出按键最快的学习者。

（9）电子举手功能。学习者按功能键来完成电子举手，然后提出自己的问题。

（10）自动辅导功能。教师按照学习者的举手顺序一一辅导学习者。

（11）媒体控制功能。可在控制界面或控制台直接控制媒体设备，如VCD/DVD等。

（12）分组讨论功能。教师划分学习者小组，小组成员间进行讨论，教师可参与任一小组的讨论。

（13）网络联机考试功能。统一发卷、收卷，自动阅卷。

很多教学任务都可以利用网络教学机房来完成，常见的几种应用形式如下。

（1）电子备课。教师在网络机房备课可以解决电子课件制作中资料不足、文件较大、不易移动等常见问题。网络机房有包含大量资源的资源库，教师可在课上灵活调用资源。资源库的资源可以被共享，如学校在服务器中存入购买的教学资源，教师可共同享用。

（2）课堂教学。网络机房可有机整合多媒体教学信息，为多媒体课堂教学提供方便。在课堂教学过程中，通过多媒体形式（文本、动画、声音、视频等）对教学信息进行传播，调动学习者的积极性，也可在课堂上引入其他直播课堂或教学资源。教师还能利用多媒体课堂教学针对个别学习者进行辅导。

（3）学习者自学。网络机房和电子阅览室有相似之处，学习者能够利用网络机房的学习资源独立完成学习，这个学习环境对学习者来说更加开放，更自由，学习者可以利用共享资源来学习很多新知识。

（4）网络测试。教师可通过网络机房组织网络考试，实时了解学习者的答题情况，然后利用相应功能来自动阅卷，给学习者及时反馈测试成绩，帮助学习者分析与处理回答错误的问题，从而大大提高教学效率。

第三章 二语习得过程中的语言系统变异研究

按照 Selinker（1972）对中介语理论的阐释，学习者的语言系统是高度结构化的。也就是说，学习者的中介语具有高度的系统性，这一点是学者们普遍承认的。但是，学习者的中介语常常出现一些变异现象。比如，学习者课上的目的语表达中规中矩，出错较少，课下的目的语表达则偏离目的语规则，出错较多。初学新规则的学习者言语表达似乎无系统性而言，即使在同一言语情境中，一会儿说"我学习一个年"，一会儿说"我学习一年"，"一年""一个年"混着用。这些变异现象提出了第二语言习得研究必须回答的两个问题：一是如何收集这些看起来毫无系统性可言的语言材料，用什么方法对这些变异现象进行描写；二是如何从理论上阐释学习者语言系统的变异性和系统性。本章将针对二语习得过程中的语言系统变异展开研究。

第一节 语言变异的基本概念

一、语言变异的含义

语言变异并不是第二语言学习者语言系统独有的现象，母语者也经常出现一些变异现象。

什么是语言变异？

语言变异有哪些种类？

第二语言学习者有哪些语言变异现象？

这是我们首先要回答的问题。

通常所说的"语言变异"是指说话者的语言表达系统由于社会因素（社会等级、职业等）、社会心理因素、心理语言因素而产生的语言形式变

第三章 二语习得过程中的语言系统变异研究

化。也就是说,说话者语言表达系统出现的语言变异可能是社会因素造成的,也可能是由社会心理因素和心理语言因素造成的。

关于社会因素造成的语言变异,最著名的例子是拉波夫(Labov)从社会语言学角度考察社会因素对说话者语言变异影响的语言调查。拉波夫(1972)认为,母语者的言语表达与说话者的社会阶层及交际目的相关。为此,他对美国3个社会等级(工人阶层、中低阶层、中高阶层)的商店服务员发紧接在元音后的卷舌音 -r(floor)的变异情况进行了调查。调查人员为了考察这一变异现象,以询问的方式诱导被调查者发英语 -r。例如:

——Where are women's shoes?
——Fourth floor.

调查人员从服务员的回答中发现,工人阶层的商店服务员发英语 -r 的比例要少于中低阶层商店服务员;中低阶层的服务员发 -r 的比例要少于中高阶层商店的服务员。拉波夫认为,这三个商店的服务员代表了在三个商店购物的社会经济群体。

调查结果表明,语言变体 -r 的隐现与不同社会等级群体密切相关。换句话说,这些语言变异是由不同社会等级和职业因素造成的。

为了进一步调查语言风格的变异,调查人员假装重听,在商店服务员第一次说 fourth floor 之后重复询问,迫使服务员重说一遍 fourth floor。调查人员发现,三个商店的服务员重复说 fourth floor 时,发英语 -r 的比例普遍增加。由此,拉波夫认为,商店服务员前后两次回答代表了不同的言语风格转换。第一次回答是"随便体"(casual style),即非正式的言语风格,第二次的回答则是"严谨体"(careful style),比较正式的言语风格。这前后两种语言风格的变异则是由于"言语环境"(context)的变化造成的。

商店服务员在非正式的言语情境下,由于对语言输出的注意程度比较低,便会采用随便体的言语风格。在正式的言语情境下,对语言输出注意的程度比较高,便会采取严谨体的言语风格。这种言语风格变异并不是由社会因素造成的,而是由言语情境造成的。

拉波夫将上述语言变异现象称作"语体变换"(style shifting),即说话人在注意程度比较高的语体形式中,更频繁地使用享有声望的语音;而在注意程度比较低的语体形式中,更频繁地使用不那么有声望的语音。

母语者的语言变异研究很快影响到了第二语言习得的变异研究。第二语言学习者的语言在不断发展的过程中不仅伴随着语言的变异,而且这种语言变异远比母语使用者的语言变异更加剧烈,更加频繁。有很多学者都认识到了中介语连续体中存在着大量的变异现象,但并没有对变异进行系统的研究。

二、第二语言学习者语言变异的分类

第二语言学习者的语言变异,简单地说,可以分成系统变异和非系统变异。但是,第二语言学习者的语言变异是一个比较复杂的系统。因此,Ellis(1994:134)根据众多语言变异研究的分类,对自然语言,包括第二语言学习者的语言,在语言形式上的变异类型进行了系统的归纳,如图3-1所示。

```
                                        ┌ 上下文语境
                              ┌ 系统变异 ┤ 情景语境
              ┌ 学习者自身的变异 ┤        └ 心理语言语境
              │               └ 非系统(自由)变异
共时变异 ┤
              └ 学习者之间的变异
历时变异
```

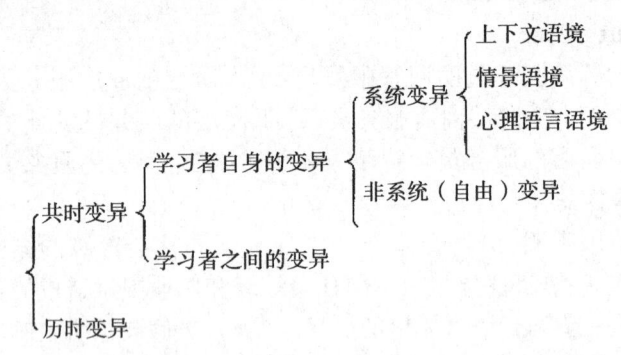

图 3-1　语言学习者在语言形式选择上表现的变异类型

(资料来源:王建勤,2009)

由图 3-1 可以看出,Ellis 首先区分了"共时变异"(horizontal variation)和"历时变异"(vertical variation)。共时变异指学习者的语言在任何一个特定时间点上存在的变异。历时变异指随着时间推移发生的变异,与"发展顺序"相关。也有学者认为,共时变异可以反映历时变异,因为"变化只是当前变异的一个暂时性结果"。

共时变异可进一步分为学习者之间的变异和学习者自身的变异。学习者之间的变异既包括学习者的个体差异(如动机和个性),也包括一些社会因素(如社会阶层和种族区分)。由于这些相同的社会因素也属于学习者自身变异的研究范畴,所以学习者个体因素(如性别和社会阶层)和情景因素之间会产生相互影响。

第二语言学习者自身的语言变异分为系统变异和非系统变异(也称自由变异)两大类。系统变异是外部因素与上下文语境、情景语境及心理语言语境相互作用的结果。上下文语境涉及位于可变的目标结构前后左右的成分。情景语境包括很多因素。Brown and Fraser(1979)把"情景"

分为"场面"和"参与者"。场面涉及"环境"和"效果",参与者方面应考虑他们的个体特征、社会属性以及他们之间的关系。

Ellis(1994)认为,至今而言,第二语言习得的研究仅检验了一小部分情景因素。心理语言语境指学习者言语产出计划的时间,即学习者有多少时间来准备和监控自己的语言产出。有足够时间准备的语言产出,如发言前打腹稿,与即席发言的语言产出类型是不同的。这是由于心理语言语境造成的语言变异。此外,非系统变异的研究在第二语言学习者语言变异的研究中占有重要的地位。第二语言学习者的语言表达,常常给人杂乱无章的感觉,实际上,这些表面看起来杂乱无章的语言表达仍然是有规律可循的。自由变异的研究通过动态的描写手段便可以捕捉到学习者语言变异的规律。

第二节 语言变异的描写方法

在语言变异的三种研究范式中,拉波夫的社会语言学研究范式对第二语言习得研究领域的语言变异研究影响最大。Tarone 的"中介语风格连续体"理论假设就是在拉波夫的"语体变换"(style shifting)理论的基础上建立起来的。为了捕捉和描写第二语言学习者的语言变异现象,研究者们希望通过系统的方法来观察和描写语言变异,然而,系统的观察和描写方法又难以捕捉到自然的语体风格,这就是拉波夫所说的"观察者的悖论"。因此,语言变异研究需要采取恰当的方法来收集和描写学习者的语言变异现象。在此,我们介绍几种基本的语言变异研究描写方法。

一、分类规则的描写方法

按照拉波夫的语体变换理论,语体变换是系统的,因此是可以预测的。比如说话者总是在一种语体中使用一个特定的特征,如英语的 thing 的开头音 /θ/,而在另一种语体中使用另一个特征,即将 /θ/ 发成 /t/。那么,在这种情况下,我们就可以用"分类规则"(categorical rules)来描写学习者的语体变异现象。这一规则可以作如下描述:

X——>Y/____A

在这个规则中,X 表示分类变量,Y 代表在特定语体中的变体,A 则表示语境或语体。按照这一规则,我们可以描写学习者的系统变异现象。

如拉波夫做过的一个调查,他发现,如果说话者对语言输出注意的程度比较高,就更多地使用 /θ/ 这一变体,当说话者对语言输出注意的程度比较低的时候,则更多地使用 /t/ 这个变体。这种变异现象,按照分类规则可以作如下描述:

Thing → /θ/＿＿＿（style A）
Thing → /t/＿＿＿（style B）

同样,我们可以利用这一分类规则来描写第二语言学习者语言的系统变异现象。这种描写不仅适于语体变换的描写,而且也适于情景语境和上下文语境变异的描写。例如:

He plays basketball.（situation A）
He play_ basketball.（situation B）
我吃饭在五道口。（情境 A）
我在五道口吃饭。（情境 B）

从上面这些例证可以看出,分类规则的描写方法是一种非此即彼的描写方法。而学习者的语言变异实际上并不完全是简单的分类变化。拉波夫发现,他所调查的被试的语言变异往往是基于概率变化的。因此,他又提出了"变量规则"的描写方法。

二、变量规则的描写方法

所谓"变量规则"（variable rules）,是指两个或多个变体在不同情景语境和上下文语境中出现的可能性。在拉波夫(1972)理论的基础上,Fisiak（1980）对"变量规则"做了以下描述。

Y（变体）0.6————语境/语体 A（随便体）
Z（变体）0.4————语境/语体 A
X（变量）
Y（变体）0.9————语境/语体 B（严谨体）
Z（变体）0.1————语境/语体 B

这一规则的含义是,在语境/语体 A 中(随便体),X 作为考察和描写的变量,其变体 Y 出现的概率为 60%,X 的变体 Z 出现的概率为 40%;在语境/语体 B 中(严谨体),X 的变体 Y 出现的概率为 90%,X 的变体 Z 出现的概率为 10%。这就是说,变量规则的描写方法对语言变异现象的描写是建立在概率的基础上的。如果用这一描写规则来解释纽约人在 thing 的发音上产生的变异,那就是说,纽约人在严谨体中(语境/语体 B)发具有社会声誉 /θ/ 音的概率(90%)要高于随便体中(语境/语体 A)

第三章 二语习得过程中的语言系统变异研究

发这个音的概率(60%)。相反,纽约人在严谨体中发享有较少社会声誉的 /t/ 这个音的概率(10%)要低于随便体中发这个音的概率(40%)。

同样,拉波夫提出的变量规则的描写方法也可以描写第二语言学习者语言的系统变异。当然也不限于语音层面。变量规则能够动态地反映第二语言学习者语言特征的发展变化,在发展的每个阶段一旦出现了新的变化形式,就可用新的变量规则去描写和解释。

然而,有学者认为,变量规则描写的是学习者的语言表达而不是语言能力。拉波夫否定了这种看法。他承认变量规则是关于语言产出的规则而不是语言理解的规则,但是他认为,变量规则反映的是学习者语言产出的能力(competence),由于学习者不具备这些规则的直觉意识,所以这种能力只能通过语言运用的方式来考察。

主张语言变异研究的学者认为,任何第二语言习得理论必须对学习者的"能力"(capability)即运用特定规则的实际能力,而不仅仅是对是否合语法的语言知识作出解释。因为,支配实际语言运用的是这种实际能力,不是狭义的"语言能力"(competence)。

Ellis(1990)指出,"即使狭义的语言能力是不变的,但是学习者的'语言水平'(proficiency)是可变的。"这就是说,学习者实际运用语言的能力比狭义的语言能力更重要。因此,Ellis 和 Tarone 都一致认为,第二语言学习者的语言变异研究有助于解释第二语言学习者是怎样组织第二语言的。

反对语言变异研究的学者认为,第二语言学习者的语言变异特征属于例外,不是学习者语言系统中的规则。因此,语言变异研究是毫无意义的。因为按照乔姆斯基学派的观点,第二语言习得研究的基本目标是建立关于第二语言学习者的语言能力,变异与语言能力无关。正如 Gregg(1990)指出的那样,"变异学派致力于收集与原则无关的、毫无控制的大量数据,实际上是在冒险,他们的研究目的是与认知相排斥的"。

Ellis(1994:155)认为,在这个方面,Gregg 的观点肯定是误解了。因为在学习者的语言中存在大量的语言变异,这是无可争辩的事实。Gregg 认为,尽管语言变异研究可能对语言运用理论有所贡献,但是,语言变异研究对"语言能力"(competence)没有做出任何解释。

总之,关于语言变异研究的争论是一个老话题,而且在将来还会继续争论下去。但无论怎样,第二语言学习者的语言变异是客观存在的,无论哪种理论都应对这一现象做出解释。从第二语言习得研究的角度讲,语言变异研究至少可以从社会语言学角度和心理语言学角度对学习者语言变异产生的原因做出一定的解释,尽管这种解释并非全面的、综合的解释。

第四章 二语习得研究的基本模式

随着二语研究的深入,学者们逐渐探索出了很多模式,包含文化模式、多元模式与认知模式等,这些模式为二语习得研究注入了新的活力,并且指导着二语教学的实践。基于此,本章就对这几大模式展开探究。

第一节 二语习得研究的文化模式

一、文化适应模式

1970年,美国学者舒曼(Schumann)通过实验发现,在第二语言学习者中,有的学习者语言习得速度非常缓慢,甚至停滞不前。这是什么原因导致的呢?舒曼试图通过纵向研究来对影响二语习得的因素进行探索。

与之前的一些研究不同,舒曼并未从语言本身的不同寻找答案,也没有从人类大脑的语言机制入手,而是从社会文化角度提出了"文化适应"理论假设。

(一)文化适应模式的提出

1973年,舒曼和他的同事们进行了一项纵向研究,通过记录自然产出以及诱导的语言材料,考察6位移民到美国的西班牙学习者在自然状态下习得英语的情况。[1] 在研究中,舒曼和他的同事们发现,在着重考察的三个具有代表性的语言项目中,33岁的Alberto的英语水平和其他5位学习者相比,几乎没有提高。舒曼等学者开始探究Alberto习得缓慢的原因。

---

[1] Schumann, J. Second Language Acquisition: The Pidginization Hypothesis[J]. *Language Learning*, 1976a, (26): 391-408.

第四章　二语习得研究的基本模式

舒曼从智力、生理、社会心理三个角度出发,提出三种可能:一种是认知能力问题,一种是年龄问题,还有一种是学习者与目的语群体之间的社会距离和心理距离问题。首先,舒曼对 Alberto 的认知能力进行了测试,测试结果将第一种可能排除;接着,他又从理论上说明了第二种可能在二语习得中并不起到关键的作用,将第二种可能进行推翻;为了对第三种可能进行检验,舒曼对 Alberto 的语言进行了详细的分析。

通过研究,舒曼发现在 Alberto 的语言中具有明显的洋泾浜语特征,这是一种第二语言学习者为了与目的语群体交际,采用的简化了的目的语。对洋泾浜语的研究曾指出,这种简化了的目的语形成的原因在于,说洋泾浜语的人和说标准目的语的群体之间缺乏紧密的社会联系,这与舒曼提出的第三种可能相近。

同时,舒曼将 Alberto 与其他另外 5 位被试者进行了比较,结果显示从社会距离上看,与其他另外 5 位来自技术移民群体的被试者相比,Alberto 所在的工人移民群体和美国社会十分疏远;从心理距离上看,Alberto 不愿意与美国人、美国社会接触,甚至采取逃避的态度。这些比较结果为舒曼的第三种可能提供了更多的证据。

1976 年,舒曼以 Alberto 习得缓慢的现象作为研究的起点,将第二语言学习者的语言特征以及前人的理论视作基础,以对学习者所处的社会地位及其心理状态为证据,他又提出了"洋泾浜假设"(Pidginization Hypothesis),目的在于说明文化适应是受到社会距离、心理距离两个因素制约的,文化适应的程度对二语习得的进程起着决定性的作用。1978 年,舒曼赋予这一假设新的名称,即"文化适应模式"(Acculturation Model)。

(二)文化适应模式的主要内容

对于"文化适应模式",舒曼进行了多次的描述。但是核心内容相同,下面就具体介绍文化适应模式的内容。

其核心内容是:二语习得只是文化适应的一部分,学习者始终处于从不适应过渡到适应的连续系统中,学习者对目的语群体的文化适应程度将决定其习得目的语的水平[①]。

舒曼认为,假定文化适应的程度与二语习得水平之间存在着理想的对应关系,即文化适应程度的每一个等级都与二语习得的某个水平相对

---

① Schumann, J. *The Pidginization Process: a Model for Second Language Acquisition*[M]. Rowley Mass: Newbury House, 1978b: 34.

应。当然,在舒曼看来,在现实的习得过程中,二者之间的对应关系不可能像图 4-1 中那样严整。

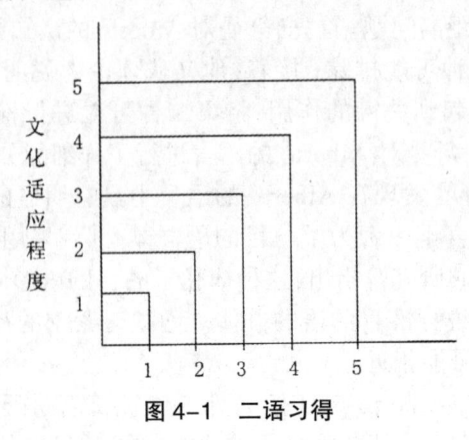

图 4-1 二语习得

(资料来源:王建勤,2009)

从图 4-1 可以看出,其纵轴是文化适应程度,横轴是二语习得水平。舒曼利用图 4-1 主要是为了说明,在理想状态下,第二语言学习者适应目的语文化的程度越高,其二语习得水平越高。相反,第二语言学习者文化适应的程度越低,二语习得的水平就越低。

在研究中,舒曼试图证明这种对应关系,尽管这种对应关系在实际的二语习得过程中不是整齐划一的。由于文化适应程度是抽象的概念,在研究中需要更为具体的概念来分析。

在文化适应模式中,舒曼通过"社会距离"和"心理距离"两个概念来分析和阐述文化适应程度。

1. 社会距离

所谓社会距离,指第二语言学习者群体和目的语群体之间的关系,它影响着第二语言学习者与目的语群体接触的程度,因而也对第二语言学习者语言习得水平的提高产生影响。具体来说,两个群体之间的社会距离越远,接触越少,也越对二语习得不利;相反,两个群体之间的社会距离越近,接触越多,越对二语习得有利。

舒曼认为,在社会距离与心理距离之间,社会距离要比心理距离的地位更为重要。他所说的"社会距离"主要包括以下八项因素。

(1)"社会主导模式"。
(2)"融入策略"。
(3)"封闭程度"。
(4)"凝聚程度"。

（5）"群体大小"。
（6）"文化相似性"。
（7）"态度"。
（8）"打算居住的时间"。

通过对上述八种要素的运用,舒曼对 Alberto 与目的语群体的社会距离进行了进一步的论述。并认为,Alberto 与其他另外 5 位被试者最大的不同在于他们的移民群体所属是不同的,Alberto 所属的移民群体由来自拉美的工人组成,而其他另外 5 位来自拉美技术移民群体。正是因为这些不同,导致如下几种差异的存在。

（1）从社会主导模式来说,工人移民因为缺乏技术,社会经济地位低于一般美国人,而技术移民因为他们良好的教育背景可以与美国人平起平坐。

（2）从融入策略来说,工人移民更愿意保留自己的传统,会采取保留与适应策略,而技术移民通常采取适应策略。

（3）从封闭程度来说,工人移民虽然被美国社会所接受,但他们常常住在自己的社区,愿意与和自己身份相同的人一起学习、工作、娱乐,相反,技术移民则因为工作需要完全生活在美国人之中。

（4）从凝聚程度和群体大小来说,工人移民的群体虽然比技术移民的群体大,但在紧密程度上远高于技术移民。

（5）从文化相似性来说,工人移民和技术移民来自同一个国家,在相似性上应该一样,但因为两个群体的地位不同,所以技术移民群体文化与美国文化的相似度更高。

（6）态度和打算居住的时间由于很难进行测量,因此没有做具体论述。

2. 心理距离

如果说社会距离主要考察的是二语习得群体和目的语群体之间的社会关系,那么心理距离是从个人与群体间的关系出发,考察作为个体的学习者由于情感因素造成的与目的语群体的距离。心理距离的大小将影响语言的输入,心理距离越近,语言输入量越大,越有利于习得。

一般情况下,社会距离对二语习得效果的影响比心理距离更大。但是,当社会距离对二语习得的影响很难说是有利还是不利的时候,个体心理因素对语言习得效果的影响更大。具体来说,心理因素由以下四项因素构成。

（1）"语言休克"。
（2）"文化休克"。

（3）"学习动机"。
（4）"语言疆界渗透性"。

（三）文化适应模式与二语习得

虽然文化适应模式是针对自然语言习得提出的，但舒曼在对文化适应模式进行讨论时，也涉及文化适应与正规语言教学的关系。舒曼把正规语言教学分为两种：一种是强化语言教学，一种是普通语言教学，在这两种教学中，文化适应程度在某种程度上不能决定语言习得水平的高低，文化适应程度低的学习者同样可以拥有很高的习得水平，这可能是语言教学的作用。但是，虽然文化适应程度在语言教学中并不起到决定作用，舒曼仍然认为文化适应在二语习得过程中不可或缺。

强化语言教学专门面向语言能力水平很高的学习者，通过高强度的教学在短时间内提高第二语言水平。强化教学的典型实例是美国外交学院和美国军方语言学校。在教学上，强化教学有特殊的要求：学习者在一年内每天学习5小时以上，5到6名学习者组成一个小班，语言教师受过特殊训练，语言课程经过特殊筹划，成绩不够优秀的学习者将被淘汰。在这种情况下，自然语言习得只是语言教学的附属品。

但是，即便在这样的高强度教学中，文化适应仍不可忽视，美国外交学院要求学习者每隔一段时间要与目的语群体的人一起吃饭、活动，美国军方语言学校把学习者带到目的语群体中生活，以催化他们的文化适应过程，更快地提高语言水平。

舒曼认为，与强化语言教学不同，普通教学无法控制学习者的语言能力、学习强度、学习时间，可以控制的因素只有老师、教学方法和课本，而目前这三项因素已经发展到了很高的水平，不可能再提高了。在这样的情况下，在舒曼看来，唯有通过提高学习者的文化适应程度才有可能进一步提高他们的语言水平，因为语言学习的实质不是教学而是文化适应的过程，在普通教学的情况下，没有文化适应不可能有成功的二语习得。

二、社会文化模式

"社会文化理论"是一种心理学理论，由苏联著名心理学家维果茨基（Lev. Vygotsky, 1896-1934）创立，1980年开始被引入到二语习得研究中。

维果茨基主要是对儿童的心理发展进行研究。维果茨基从20世纪20年代开始探究人类心理的社会起源，提出了人的高级心理机能是社会

第四章 二语习得研究的基本模式

历史的产物等观点。从1925年到1934年,维果茨基和他的同事们通过一系列的研究,将维果茨基的思想提炼为关于认知发展的"社会文化理论"。

(一)社会文化理论的提出

"社会文化理论"是对人类认知发展进行研究的理论,强调社会文化因素在人类独特的认知功能发展中的核心作用。在社会文化理论被引入到二语习得研究领域之前,学者们已经意识到语言习得不只是个人行为,而具有社会属性,但随着20世纪90年代二语习得领域对社会文化理论兴趣的增加,学者们更加关注语言习得与社会因素的关系。

在引入社会文化理论到二语习得领域的过程中,詹姆斯·兰道夫(James Lantolf)做出了突出贡献。2006年,兰道夫出版了《社会文化理论和第二语言发展的起源》(*Sociocultural Theory and the Genesis of Second Language Development*)一书,系统介绍了以维果茨基的理论为基础的研究,以及该理论在二语习得中的应用。[①]

(二)社会文化理论的主要内容

社会文化理论的主要内容包括如下四个部分。

1. 最近发展区

维果茨基认为,儿童的发展水平有两个层面:一个层面是实际发展水平,指儿童已经具备的独立解决问题的能力;另一个层面是潜在发展水平,指还没有形成的,但可以在成人的帮助下解决问题的能力。最近发展区是实际发展水平和潜在发展水平之间的距离。按照维果茨基的观点,这些处于最近发展区内的知识最容易被习得,所以教学应该走在实际发展水平的前面,激活位于最近发展区内的语言知识,而最好的激活方法是社会互动。

维果茨基认为,通过以语言为调节工具的社会互动,学习者不断接触到知识,并在指引下把外在的知识转化为自己的知识,从社会层面内化为个人心理层面。社会文化理论在以上思想的基础上提出了"支架"式教学法,支架式教学法源自维果茨基的"最近发展区"理论,在维果茨基看来,儿童智力活动所需要解决的问题与原本能力之间是可能存在差异性

---

① Lantolf, J. P. *Sociocultural Theory and Second Language Learning*[M]. Oxford: Oxford University Press, 2000: 201.

的。儿童基于教师的帮助与指导,可以将这些差异予以消除。支架式教学应该为学生对知识的理解建构一个概念框架,这一框架是为学生理解问题准备的。

对于二语习得,最近发展区和"支架"教学法同样存在。最近发展区指一些语言知识或技能学习者还不能独立运用,但是在别人的帮助下可以掌握。"支架"学习法,指教师等有经验的母语者可以通过与学习者的交流互动,引导学习者关注语言的特征,并在交流中促进学习者把语言特征内化到自己的语言体系中,对语言实现从他人调控到自我调控。

2. 个体话语和内在言语

在介绍调节论时提到高级认知功能的形成过程,即由客体调控到他人调控,再到自我调控。在这个过程中,起到调节作用的语言也从社会言语发展到个体话语,又进一步发展为内在言语。用维果茨基的观点来解释,言语发展在开始阶段是社会性的,接着经历了以自我为中心的阶段,再接下来是内部言语阶段。

例如,关于第二语言,按照社会文化理论,在第二语言形成的初级阶段,使用第二语言只是为了实现和他人的交流,带有明显的社会性,这时的语言是社会言语;随着学习者与他人互动的增多,学习者能慢慢感悟到语言的特征,但还不能完全掌握,这时会出现个体话语,也就是学习者的自言自语,个体话语是学习者自我调节的表现,引导着学习过程,标志着语言已经从社会层面向个人层面过渡,学习者掌握语言的能力正在提高;最后,当学习者能完全掌握语言时,个体话语会自动消失,内化为内在言语,成为学习者语言体系的一部分,也成为学习者思维的工具。

(三)社会文化理论与二语习得

社会文化理论是维果茨基创立的认知发展理论,从 20 世纪 80 年代开始,一批学者逐渐把社会文化理论引入到二语习得领域,研究者们通过实证研究验证了社会文化理论在二语习得中的作用,同时也进一步发展了社会文化理论。

1. "支架"学习法和最近发展区

社会文化理论的重要思想是社会互动。社会文化理论认为,学习者是在社会互动中习得了新的语言,互动促进学习者达到潜在发展水平,"支架"也在互动中搭建。

学者们还进一步考察了"支架"教学法在二语习得中的作用。研究有两个发现。

第一,当语言知识位于最近发展区内时,更容易被激活。

第二,维果茨基(Vygotsky)在提出最近发展区时,是通过"新手"和"专家",如学生和老师的互动达到潜在发展水平。

二语习得研究发现,互动的作用还存在于同伴之间的合作中,两个人的学习或者小组学习同样能通过互动促进习得进程。

对于最近发展区,还有学者探讨了与克拉申(Krashen)"i+1"的异同。两者的习得目标相似,都是让学习者尽可能地发展潜能,加快发展习得步伐,但两者在方法上不同,克拉申的"i+1"是被动的输入,最近发展区突出的是在他人的指引下学习者主动地自我调节。

2. 个体话语和内在言语

二语习得研究在个体话语和内在言语方面主要涉及三个问题。

第一,个体话语是否存在。

第二,个体话语能否起到自我调节的作用,从而促进任务的完成。

第三,个体话语能否转化为内在言语。

1985年,兰道夫等人让被试者根据一组图片表述图片中的故事。在描述过程中,被试者的语言前后不连贯,杂乱无章,而且出现了一些和图片无关的语言,如"你们希望我描述他们在做什么,这对我来说是个问题"等,这些语言在母语者描述时是没有的。研究者对这一现象的解释是,这些语言属于个体话语,是学习者在遇到困难时希望通过个体话语来引导自己完成任务的表现,起到了自我调节的作用,标志着学习者努力由客体调控向自我调控发展。

第二节 二语习得研究的多元模式

一、多元发展模式的提出

"多元发展模式"最初是在1970年由ZISA小组的几位学者提出来的,后来发展成为一种二语习得的理论模式。

20世纪70年代末,以汉堡大学为主的"ZISA研究小组"进行了一项关于德语语序的习得研究。ZISA研究小组的主要成员有梅塞(Meisel)、Clahsen和Pienemann。在梅塞的带领下,ZISA研究小组对德语作为第二语言(GSL)的习得顺序进行了调查研究。该项目既包括对45名成人

（他们都是母语为西班牙语和意大利语的外籍工人，其中20名来自意大利、19名来自西班牙、6名来自葡萄牙）的横向研究，又包括对12名成人的纵向研究（进行为期两年的跟踪调查），研究者通过访谈的方法收集数据，对不同母语者习得德语语序的情况进行了考察和详尽的分析，在此基础上提出了多元发展模式理论。

多元发展模式是关于第二语言学习者语言发展模式研究的理论模式，但是它与20世纪70年代的第二语言学习者语言发展模式研究在理论导向上有本质的不同。换句话说，二者研究的问题相同，但研究的理论基础不同。

二、多元发展模式的主要内容

ZISA小组进行了大量的实证研究，这些实证研究为多元发展模式奠定了坚实的理论基础。埃利斯（Ellis, 1994）在多元发展模式实证研究结论的基础上，将多元发展模式的理论观点概括为以下几个方面。[①]

（1）学习者在一些语法结构（如语序和一些语素）的习得上呈现出一定的发展顺序（developmental sequences）。

（2）学习者之间存在个体差异，这种差异不仅表现在发展性语言规则（发展性语言特征）的习得和运用程度上，还表现在那些不受发展限制的语法结构（差异性语言特征）的习得和使用程度上。

（3）发展顺序反映了学习者克服言语加工限制的系统方式。从本质上说，这些言语加工的限制属于一般的认知加工限制，它制约着言语的产出。

三、多元发展模式与二语习得

多元发展模式不仅体现在它能够充分地解释学习者语言的发展，而且还在于它构建了一个预测学习者语言发展的框架（Ellis, 1994）。通过确定潜在的言语加工策略和心理操作过程，我们就能够预测学习者会在语言发展的哪个阶段习得哪些语法结构，而且这种预测是可以接受检验的，较之于克拉申（Krashen）的"i+1"概念的不确定性，多元发展模式的预测框架是一个较大的进步。[②]

作为一种理论，多元发展模式不仅具有很强的解释力和预测力，而且

[①] Ellis, R. *The Study of Second Language Acquisition*[M]. Oxford: Oxford University Press, 1994: 382.
[②] 同上，第387页．

也可以运用到实践中来。拉森·弗里曼与朗(Larsen Freeman and Long, 1991)指出多元发展模式可以运用到以下几个方面。[①]

首先,我们可以根据语言发展阶段来制定教学大纲。就某一具体语言的习得(二语习得)来说,知道了第二语言学习者在语言习得过程中所经历的发展阶段,我们就可以据此制订相应的教学大纲,作为进行第二语言教学的根据。由于发展阶段指明了教师可以在语言发展的哪个阶段教给学习者哪些规则,因此,在制订教学大纲的时候,我们就可以根据发展阶段对语言项目进行排序,确定哪些项目必须先教、哪些项目必须后教(对发展性语言特征而言),以及哪些项目(差异性语言特征)不受这些限制。

其次,我们还可以把它运用到教学法中去。了解了学习者的语言发展阶段,知道哪些是发展性语言特征,哪些是差异性语言特征之后,我们就可以据此对学习者的语言表现进行评估,发现学习者偏误的类型,知道哪些偏误属于受发展制约的,哪些属于个体差异,进而确定是否可以予以纠正,对于那些发展性语言特征上出现的偏误,教师不必刻意纠正(也纠正不过来),因为这些偏误会随着学习者语言发展阶段的提高而逐渐消失,对于那些差异性语言特征上出现的偏误,教师可以采取相应的手段予以纠正。

最后,多元发展模式还可以运用到分级测试和成绩测试中去。以往的语言测试基本上集中在学习者使用目的语的准确度的测试上,我们真正需要的是中介语敏感度测试,就是充分利用二语习得研究中关于发展顺序的研究成果进行语言测试,从而了解学习者所处的语言发展阶段。

第三节 二语习得研究的认知模式

一、思维适应性控制模型

1983年,安德森(John R.Anderson)提出了思维适应性控制模型(简称ACT模型)。在早期的ACT模型里只包含命题网络,安德森(Anderson)又进行了修正,在这个网络模型中,包含了物件图像、次序关系、瞬时信息(Sternberg,1999)。1998年,安德森把ACT模型发展到

[①] Larsen Freeman, D. & M. *Long. An Introduction to Second Language Acquisition Research*[M]. London: Longman, 1991: 287.

ACT-R 模型,ACT-R 模型由多个模块组成,如知觉—运动模块、目标模块和陈述性记忆模块等。这些模块被整合在一起产出关联的认知。本节关注的是这些 ACT 模型的共同点,统称为 ACT 模型。

ACT 模型是关于人的认知结构的模型,用以理解个体在进行认知活动时的知识结构内部的运作过程。该模型强调高级思维的控制过程,试图揭示思维定向与思维转移的控制机制和控制原则。ACT 模型假设复杂的认知由相对简单的知识单位组成,这些知识单位根据相对简单的原则被习得。虽然人类的认知是非常复杂的,但是这种复杂性类似于计算机根据简单的计算原理所产出的复杂的聚合行为。ACT 模型为发展不同认知任务的计算模型提供了框架。

(一)ACT 模型的提出

1. 陈述性知识和程序性知识

所谓"陈述性知识",是关于事实的信息,人们可以了解并报告出来,比如:3+4=7、华盛顿是美国总统、由词汇语素构成的语言知识(单词"树")。陈述性知识是用由许多初始知识的小单位组成的网络来表现的,这些小单位被称作"陈述性知识块",所有的陈述性知识块都被存储在公用的陈述性记忆里。

所谓"程序性知识",是关于如何完成不同认知任务的知识,比如:解决数学问题的技能、由建构句子的方式组成的语言知识(功能词 the)。程序性知识通过大量的类规则的单位来表现,这些单位被称为"产出规则"。产出规则是根据条件起作用的单位,根据不同的认知活动提出不同问题的解决方案。产出系统里的思维步骤与产出规则的序列相对应。理解一种语言既要涉及陈述性知识又要涉及程序性知识。

2. 学习假设和行为假设

学习假设是关于新的知识如何被习得的假设,行为假设是关于如何用习得的知识完成认知任务的假设。

3. 符号层和子符号层

符号层涉及离散知识结构,子符号层涉及类神经的激活过程,子符号层决定了符号层的可用性。

第四章　二语习得研究的基本模式

(二)ACT 模型与二语习得

1. 第一阶段——陈述性阶段

陈述性阶段有时也称为认知阶段。很多事例作为陈述性事实被存储在记忆当中。当学习者开始学习一个新的产出规则时,因为没有现成的激活程序,就完全依赖于陈述性知识。比如初学驾车的人要记住换挡这条规则,就要学习压离合器、转动点火器钥匙和放开手闸等陈述性知识。学习者要学习动词过去式这条规则,刚开始能意识到 drowned 是由 drown+ed 构成的,但是不能在说话时正确地产出 drowned。只具备陈述性知识,如果不激活程序性知识,就无法正确地产出。

2. 第二阶段——联合阶段

联合阶段实际上是知识编辑阶段,即以两种方式对记忆所存储的陈述性知识进行编辑。一种是合成,把几个产出合成为一个产出;另一种是程序化,把普遍的规则运用于特例。比如,第二语言学习者在第一阶段已学习了 drown+ed 构成 drowned 和 save+d 构成 saved,他就认为动词过去式是由动词 +ed 构成,于是就把动词 +ed 运用到所有的环境里,于是产出了像 go+ed 这类的形式。另外,母语为非汉语的学习者学习汉语"了"时,会在某一阶段认为过去发生的事情都应带"了",因此就会造出诸如"我很早就打算了来中国"等类似的病句。

3. 第三个阶段——自动化阶段

语言产出的自动化阶段,即语言的产出调整阶段,使产出程序变得更加自动化,产出规则才能得以浮现。思维不但继续归纳产出,而且更明确区分特定的产出所应用的环境。比如,学习者修正了在第二阶段所形成的过去时态的产出设置(把动词 +ed 运用到所有的环境里),针对不同的动词类产出相应的过去式。在这个阶段学习者意识不到自己的程序性能力,说不出自己究竟运用了哪些产出规则。这是因为学习者运用的是隐含的程序性知识。

二、节奏变量

1950 年,节奏变量被运用于母语的发展过程以及停顿的心理语言过程的研究。托厄尔(Towell)等用节奏变量考察第二语言言语的发展过程,和勒韦(Levelt)的产出模型结合在了一起。根据目前的研究来看,节奏变量是衡量第二语言言语流利性的一个重要标准。

(一)言语流利性

列侬(Lennon,1990)认为,流利性是纯粹的言语表现行为。如果说话人的言语计划和言语产生的心理语言过程的运作有效且毫不费力,就能给听话人造成表达流利的印象。从某种程度上讲,流利性反映的是说话人通过言语使听话人的注意力集中于信息的能力,而不是让听话人的注意力集中到说话人言语产生机制的运作当中。广义的流利性是口语水平的总称;狭义的流利性强调说话时的语速,通常与准确性相对立存在。但是很难将流利性从口语能力的其他部分中完全分离出来。

施密特(Schmidt,1992)基本赞同列侬的观点,认为流利性是一种"自动化程序性技能",是使用语言时对语言的加工能力,这要和程序性知识区分开。也就是说,流利性首先是一种时间性现象。他把流利性的研究限定在产出性过程,即言语计划和言语表达。要考察口语的流利性,首先要考察节奏变量,节奏变量是第二语言学习者程序性技能的体现。

有趣的是托厄尔提出语言知识的习得和对语言的控制(程序性技能)是可以相互独立发展的。埃利斯为了考察语言控制的发展(测量节奏变量)和语言知识的发展(测量语序规则的习得和标准化水平测试)之间的关系,考察了39个学习德语的成人课堂学习者,发现他们语速的提高和语序规则习得呈显著的负相关,而且语言控制和语言发展之间的相关性很低。这说明只注重语言知识学习的人,在程序化技能上可能不会提高,甚至会下降。反过来,只注重流利性的学习者,不一定完全掌握了语言知识。

(二)节奏变量与二语习得

勒韦的模型本来是用于表示成人母语说话者的言语产出模型,言语产出模型里的知识部分有两种:陈述性知识和程序性知识。这两种知识在图 4-2 中分别用圆圈和方块表示。

如图 4-2 所示,陈述性知识是关于是什么的知识,包括百科知识、情境知识、会话知识以及言语产出所需的概念和词汇知识;程序性知识是关于怎么做的知识,程序性知识是流利表达等熟练行为的基础。

勒韦认为,由于受大脑的工作记忆容量小、时间短等特点的制约,而且由于正常的言语产出速度较快,言语产出越流利就越需要程序性知识。概念器、语形器和发音器都包含了程序性知识,每一种功能都要通过使用

第四章　二语习得研究的基本模式

不同的陈述性知识来实现。

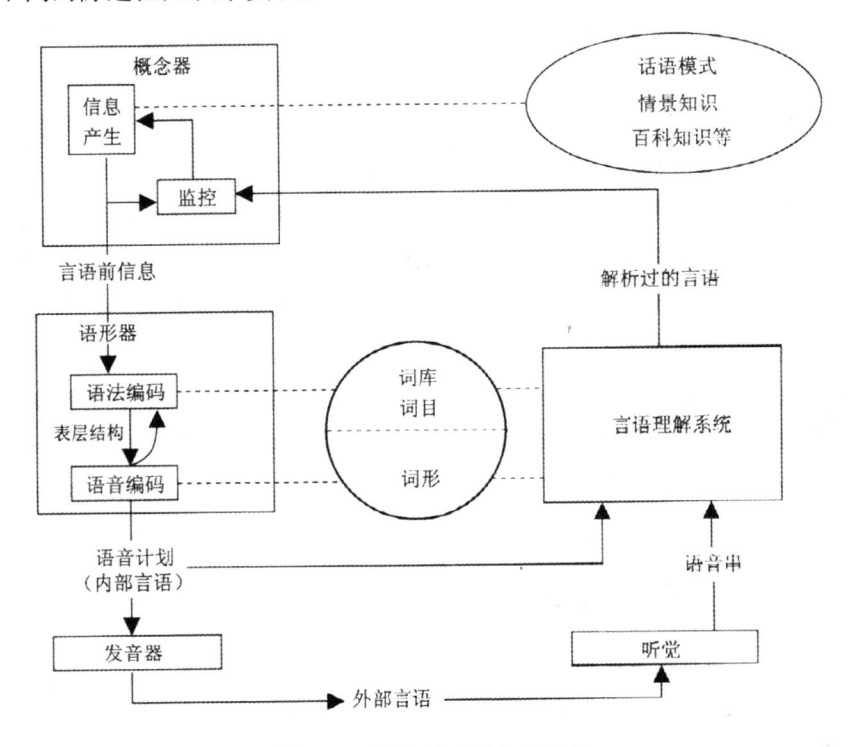

图 4-2　勒韦的言语产出模型

（资料来源：王建勤，2009）

在概念器里，程序性知识体现为以成对出现的条件—行动为表征的产生式，形成命题内容。说话人选择与所要表达意图相关的陈述性知识，然后按一定次序将这些陈述性知识组织为"言语前信息"。言语前信息表现为命题内容，被输出到形式合成机制中。

语形器利用言语前信息的语义和语用意义，从心理词库里搜寻用于表达命题内容的可接受的语法形式。词库所包含的形式和意义对应的是词条。词条一经选择，与其相关的语法信息马上被提取。语法编码形成言语的一套表层结构形式，并对表层结构进行语音编码。音形编码也在此进行。语形器把表层结构信息和语音形式编码信息转化为言语计划，言语计划被输出到发音器，发音器通过调动各类言语肌动系统执行语音计划，从而实现外部言语。

整个言语产出过程都是连续的，在言语前信息和语音计划之间没有反馈。这是因为为了满足言语产出速度的要求，程序性知识必须自动化。

勒韦的产出模型是基于信息加工的理论,主要特点是信息加工以序列的方式进行,低层次加工较之高层次加工更加自动化。

三、信息加工模型

(一)信息加工模型的提出

信息加工理论兴起于20世纪50年代,它将人脑和计算机进行类比,把人脑看成类似计算机的信息加工系统。信息加工系统是现实的物理符号系统;符号的功能是代表、标志或指明外部世界的事物;符号和符号结构是外部事物的内部表征;信息加工系统都是由感受器、效应器、记忆和处理器组成的。感受器接受外界信号,效应器做出反应,处理器对符号进行处理,建立符号结构,决定基本信息过程的序列。

麦克劳夫林(McLaughlin)首先把信息加工模型运用于二语习得研究。二语习得的信息加工模型有两个中心理论原则。

(1)信息加工的限制性。

(2)信息重构(restructuring)的必要性。

信息加工模型把人的心理看作一个容量有限的处理器,心理的结构和资源都存在局限性。第二语言学习者在信息加工的容量上,受到两个条件的制约。

(1)任务所需注意力的多少。

(2)个人信息加工的能力。

学习者不可能同时关注语言输入里的所有信息,有些信息成为注意的焦点,有些信息只受到选择性的注意,有些信息没被注意。为了使信息加工的能力最大化,学习者就要使自己的语言技能程序化。

(二)信息加工模型与二语习得

信息加工模型认为,针对儿童的第二语言教学,应该给儿童提供可接受的输入,不能太简单,也不能太难。这就需要让儿童在有意义的交际中学习,从而获得具体易懂的语言输入,儿童主要直接受刺激输入的影响,即用自下而上的加工来处理这种输入。针对成人的第二语言教学,不仅要提供有意义的交际练习,还要给成人提供抽象的语言规则的教学。成人需要较高层次的语言知识辅助新信息的处理,即用自上而下和自下而上的加工来处理这种规则性知识的输入。

第四章 二语习得研究的基本模式

由于有些学习者善于学习规则,有些学习者善于从语言材料中进行归纳,所以教师最好根据学习者个人的学习风格来选择对学习者最适合的语言输入。

第五章　二语习得与外语教学

经过长期的发展以及学者的研究,二语习得形成了系统的理论体系,其理论经常被应用到外语教学中,指导外语教学顺利展开。本章主要研究二语习得与外语教学,涉及第一语言与二语习得过程的异同、二语习得的教学法、二语习得对外语教学的启示。

第一节　第一语言与二语习得过程的异同

一、第一语言教学的过程

第一语言教学(first language teaching)通常指的是本族语教学或母语教学,第一语言教学指的是儿童在习得第一语言之后有意识地继续学习第一语言而进行的正规的学校课堂教学活动。

中国儿童出生之后首先习得汉语,汉语就成了他的第一语言,然后进入学校再进行汉语的学习,在学校进行的一系列汉语教学活动都属于第一语言教学。第一语言教学一般比较正式,儿童第一语言的学习有教师的指导,有固定课程安排以及教学大纲以及教材等对其具体教学内容进行规定等,第一语言教学是一种有目的、有计划的教学活动。第一语言教学不仅包括对学生的语言教学,还包括对学生进行本民族的风俗习惯以及传统文化的教授以提高儿童对客观世界的认识。第一语言教学具有以下特点。

(1)学习者都有一定的语言基础,可以利用该语言进行交际。

(2)学习者学习第一语言的时间很充足,具有第一语言学习的良好的语言环境,人们日常交流一般使用该语言,有利于学习者进行实践练习。

(3)学生和教师在教学过程中都使用该语言,两者之间的交流不存在障碍。

(4)教学更注重语言的形式。

(5)文化知识主要靠习得,在我国语文教学就起着很重要的作用,学生通过学习语文,既可以掌握丰富的语言知识,又可以提高语言运用能力,还可以学习相应的文化。

二、第二语言教学与习得的过程

(一)第二语言教学的过程

第二语言教学(second language teaching)是针对第一语言教学而言的,通常指人们在习得并掌握了第一语言之后,又在学校环境里进行的正规的学习其他语言的教学活动。对于外国学生或者本国的其他民族的学习者来说,汉语教学就属于他们的第二语言教学。我们通常称对外国人进行的汉语教学为"对外汉语教学"。

第二语言教学包括外国学生在目的语国家的学校里进行语言学习的教学活动,也包括学习者在本国的外语院校进行第二语言学习的教学活动,还包括本国某一民族的学生在本国学校里学习本国其他民族语言的教学活动。

第二语言教学包括"教"和"学"两个方面。因此,对于第二语言教学的研究既包括对"教"的研究,也包括对"学"的研究。"教"主要指的是教师的责任,包括组织课堂教学活动、使用课堂教学技巧、编写教材、测试成绩等;"学"是针对学习者而言的,"学"主要指学校学习者的心理和学习的规律等。

第二语言教学具有如下特点。

(1)第二语言教学的主要目标是培养学习者利用目的语进行交际的能力。

(2)第二语言教学通过训练、大量练习和反复实践将语言知识转化为实际的语言技能。

(3)因为第二语言教学的对象大多是成年人,因此其课程设置与普通的语言教学有所不同,一般课程设置比较集中,内容密集,教学进度比较快且班级规模比较小,这样更加有利于学习者在较短时间内掌握目的语。

(4)第二语言教学的基础阶段尤为重要,它是进一步学习目的语的基础。初级阶段的基础打好将大大提高学习者对目的语的接受能力。

(5)第二语言教学通过将第二语言和目的语进行对比,找出两者的共同点和差异性,确定教学的重点和难点,以便于在以后的教学中有的放矢。

(6)第二语言教学重视母语对目的语的迁移。

(7)第二语言教学更加注重文化教学。语言教学离不开文化教学,要熟练地掌握并运用目的语进行交际就必须学习该语言的文化,特别是与语言交际相关的文化。

(二)第二语言习得的过程

从语言习得机制(LAD)的运行过程与语言系统的形成过程来说,外语学习与第二语言习得在本质上没有什么差异性,其主要区别在于:外语学习对于课堂教学的依赖性较强,而第二语言习得侧重自然的语言环境。需要指明的是,外语学习与第二语言习得所形成的语言能力在动机、语言输入的质量层面是存在明显区别的,因此会引起语言能力发展的不平衡。因此,学生在掌握母语后,习得第二门语言或另一门语言被称为"第二语言习得"。

三、第一语言与第二语言教学的异同

通过上面的内容我们可以总结出第一语言教学与第二语言教学既存在相同点,又存在较大的差异性。其相同点主要表现为以下两点。

首先,从教的方面来看,第二语言教学和第一语言教学都讲授基本的语言规律,都要培养学生听、说、读、写的能力和对语言规律的概括能力;教学内容都包括语音、词汇、语法三个语言要素和语用规则、言语技能以及相关的文化知识;教学步骤都有预习、讲解、答疑、练习和巩固等几个环节;教学过程都是由易到难、由浅到深、循序渐进;教学方式上都会有实物展示、课堂提问、课堂讨论等;课堂上都比较注重趣味性和情感性,以提高学生的学习兴趣,增强学生的自信心。

其次,从学的方面来看,第二语言教学和第一语言教学对于学习者来说,其目的都是为了获得语言的交际能力;使用相同的学习策略;学习都要经历感知、理解、模仿、记忆、巩固和应用等阶段;第二语言学习和第一语言学习都是针对语言的意义学习,并不是机械地操练。

第二语言教学与第一语言教学也存在一定的差异。例如,第一语言的学习者大多是儿童,而第二语言学习者多是成年人;第一语言的学习是在自然的环境中进行的,家庭、社会为学习者提供了丰富的语言练习和

使用环境,而第二语言学习则缺少目的语的使用环境;第一语言的学习者语言能力和思维能力同时发展,第二语言学习者学习过程中一般要经过第一语言的思维过程,有时也会受到第一语言的负迁移影响等。

第二节 二语习得的教学法

一、翻译法

翻译法(Translation Method)又叫"语法翻译法",在我国最早叫"译授法",是教文字的方法。翻译法是中世纪欧洲人学习希腊文和拉丁文所采用的方法。[①] 到18、19世纪,欧洲学校开设现代外语课,现代外语教学就自然地沿用了当时教古典语的方法,它是外语教学里历史最久的教学法。

(一)翻译法的特点

翻译法分为语法翻译法和词汇翻译法。翻译教学法的共有特点如下所示。
(1)用母语组织教学。讲到一个词就用母语解释,讲到一个句子就用母语翻译。
(2)以传统的语法和词汇教学为中心。讲语法先讲解语法规则,然后用例句进行操练,加深理解。讲解词汇就用母语解释其用法,课文的讲解就是由这些语法和词汇讲解所构成。

(二)翻译法的优点

翻译法是外语教学中最悠久的教学法,它有以下优点。
(1)用翻译法解释语法和词汇,能使学生更好地理解抽象词的应用和较为复杂的句子。
(2)在教学运用方面不需要特别的设备,只要一本教科书就行了。

(三)翻译法的缺点

翻译法最大的缺点就是不利于语言的应用和交流。学生虽然掌握了

---

① 詹丽芹,曹少卿.外语课程与教学论[M].北京:北京大学出版社,2012:36.

不少的语法知识和词汇,却不能进行口语交流,连起码的听力都成问题,因为翻译法不注重语音、语调的学习,教学中只是简单地罗列规则。另外,翻译法强调背诵,课堂气氛单调,不利于调动学生学习的积极性。

二、直接法

直接法产生于19世纪工业和科技迅速发展的欧洲。欧洲各国争相寻找市场,开拓殖民地,于是对学习外语口语提出了新的要求。传统的翻译法不能满足需要,在外语教学要求改革呼声中,直接法应运而生。直接法(Direct Method),顾名思义,就是直接教外语的方法。"直接"包含三个方面的意思:直接学习;直接理解;直接应用。它通过外语本身进行的会话、交谈和阅读来教外语,基本不用母语,不用翻译和形式语法。[①]第一批词的词义是通过指示实物、图画或演示动作等来讲解的。

(一)直接法的特点

(1)学习外语和学习母语是完全一样的,是在自然环境中习得的。
(2)在外语和客观事物间直接建立联系。不用或少用母语,避免母语的干扰。
(3)学习外语就是通过不断地模仿和机械练习,最后达到熟能生巧的程度。
(4)不注重语法学习,把它放在次要位置,讲语法主要是通过归纳法,不用演绎法。
(5)句子是教学的基础,只是背诵现成句子,不求分析句子和词与词的关系。
(6)强调语音和口语教学,外语教学从口语着手,在听说基础上再学读写,最后达到听、说、读、写的全面发展。

(二)直接法的优点

(1)重视语音、语调和口语教学,有利于学生听说能力的培养。
(2)注重模仿、朗读和熟记等实践练习,有助于培养学生的语言技巧,有助于培养正确的语言习惯。
(3)重视使用直观教具,有助于吸引学生的注意力,激发他们学习

[①] 詹丽芹,曹少卿.外语课程与教学论[M].北京:北京大学出版社,2012:37.

外语的兴趣和积极性,帮助他们组织思维,加速外语和客观事物的直接联系。

（4）重视以句子为单位的外语教学,有利于培养学生直接运用外语的能力。

（三）直接法的缺点

（1）把外语学习与母语学习混为一谈,忽视了在母语环境中学习外语的客观事实,把外语学习过于简单化,完全否认了母语在学习外语中的作用。

（2）把幼儿学习母语与学生学习外语等同,忽视了不同年龄的认知差别。

（3）忽略了语法作用,过分强调模仿和记忆,不能达到活学活用的目的。

三、听说法

听说法（Aural-Oral Method）也叫"句型教学法",产生于"二战"时的美国。"二战"爆发后,美国派出大量士兵出国作战,需要士兵掌握所去国的语言,因此成立外语训练中心,研究外语教学方法,编写外语课本。[1] 由于他们要求的是听和说,训练方法也是听和说,听说法就这样产生了。

（一）听说法的特点

听说法的特点,概括起来有以下几点。

（1）听说领先,读写在其后。语言的学习起初要强调听说,在听说的基础上再进行读写的训练。

（2）教学中以句型教学为中心。语言技能的培养是以熟练掌握句型为基础的,在教学中要让学生通过反复操练,达到自动运用每一个句型的能力。

（3）反复实践,形成习惯。听说法认为语言习得的过程犹如动物的行为一样,是一种刺激—反应的过程,学习外语同学习母语一样,要靠大量的练习和反复实践,养成一套新的习惯。语言知识和理解能力在这里

---

[1] 黎茂昌,潘景丽.新课程外语教学理论与实践[M].成都:四川大学出版社,2011:19.

起不了多大的作用。

（4）少用母语。只有在不得已的情况下使用母语，通常情况下是利用上下文、所学外语、直观教具等方法释义。

（5）广泛使用现代电化教学方法，如语音室、多媒体等。

（6）对比两种语言结构，确定外语教学难点。把外语和母语进行对比，找出它们在结构上的异同之处，以确定外语教学的难点。

（7）及时纠正错误，培养正确的语言习惯。强调学生从学习外语的第一天起，无论是语音、词汇还是句型，都要理解得确切、模仿得准确、表达得正确，不放过任何性质的错误。一旦发现错误，就要及时纠正，以便使学生养成正确运用外语的习惯。

（二）听说法的优点

（1）重视听说，有利于培养学生的语言应用能力。

（2）以句型为中心，使学生能掌握正确的表达方式，有利于语言习惯的养成。

（3）有利于学生形成正确地道的语音、语调。

（4）比较两种语言，有利于学生确定学习难点，做到有的放矢。

（三）听说法的缺点

（1）机械练习语言的形式，不利于学生在具体的环境下正确使用语言，语言学习显得僵化。

（2）重形式轻内容，学生不能正确了解句子的含义。

（3）练习形式过于单调，容易使学生对学习产生厌倦。

四、自然法

自然法（The Natural Approach）是美国爱尔温加州大学特雷尔（T Terrel）和美国南加州大学应用语言学家克拉申在20世纪70年代末到80年代初提出的一种教学方法。[①]

（一）自然教学法的基本步骤

在外语教学中，自然教学法具有四大特点：真实舒适的环境、积极的

---

① 王月环.自然教学法在外语教学中的应用[J].名师在线,2017,(12):31-32.

学习状态、以学生为主体的课堂管理、以需求为定向的教学设计。因此,教师在实施自然教学法时,可以从如下几个步骤着手。

(1)表达前阶段。在这一阶段,教师要自然地与学生展开谈话,使用基本词汇、句型,并且对重点词汇、句型等进行突出与重复。通过身体动作、视觉提示等,教师帮助学生进行理解,学生只需要能够听懂,并执行简短指令、做出非语言性反应即可。很多时候,学生在开口之前需要一个沉默的过程,在这个时候,教师需要有耐心。对学生来说,教师通过身体动作、图片等帮助学生来理解,可以让他们加深印象,学到知识。

(2)早期表达阶段。在这一阶段,教师与学生展开自然的对话,选择使用简单的词汇、句子结构,注意学生能否根据指令做出正确的反应。这时候,学生已经掌握了一定数量的词汇与句型,教师可以设置一些有趣的问题来吸引学生,激发学生的学习积极性。

(3)表达阶段。在这一阶段,教师运用简单、自然的语言与学生进行谈话,用以 How 为首的疑问句展开提问,要求学生用短语或者完整句子加以解释,呈现自己的观点与意见。在生活中,教师应该鼓励学生多与他人交流。当然,教师可以设计一些能够提升表达欲望的问题。例如:

How are you?

How is the weather today?

How to get to the cinema?

(二)自然法的主要特点

自然法的特点主要体现在如下几个方面。

(1)最大限度地扩大学生的语言输入,语言输入必须是自然的、可理解的。[1]

(2)听先于说,理解先于表达。在起始阶段有一个以听力理解为主要活动的沉默阶段,不要求学生过早地进行表达活动。

(3)课堂主要活动形式为习得活动,即以内容为中心的语言活动。

(4)课堂教学尽量创造一种轻松愉快的学习气氛,以增强学生的信心,消除学生的焦虑。

(5)教师尽量使用外语,但学生可以用母语;在口头活动中不纠错,在笔头作业中纠错。

---

[1] 缪旻丹. 分析外语教学中自然教学法的应用[J]. 才智,2012,(28):220.

(三)自然法的优点

(1)自然法建立在系统的、得到一大批个案研究与实验验证等实证研究支持的第二语言习得理论基础之上,在语言习得理论上有突破性贡献。

(2)自然法在形成之初和发展过程中,都一直立足于中学和大学的外语课堂教学实际,在不同层次的学校,用不同的外语语种进行许多实验,所以它对普通学校的外语教学具有特殊意义,受到世界各国的重视。

(四)自然法的缺点

自然法也存在着以下一些问题。
(1)自然法过分低估语言规则的作用。
(2)忽视有意学得对外语能力发展的作用。
(3)习得和学得的概念有待进一步明确。在某种情况下,很难判定是习得还是学得在起作用。

五、全身反应教学法

全身反应教学法是20世纪60年代由美国心理学家詹姆士·阿歇尔创立的,这一教学法将语言与行为相关联,通过身体动作对外语进行教授。全身反应教学法的特点在于教师发出具体指令,学生通过身体的行为与动作做出反应。教师的指令可能是一个简单的词,也可能是一个较长的句子。

(一)全身反应教学法的基本步骤

全身反应教学法对语言学习中的互动是非常注重的。因此,教师在教学中,应该让学生一边听、一边看、一边模仿。一般来说,这一教学法主要包含如下四个步骤。

(1)呈现阶段。呈现阶段即教师说出具体的指令,并对动作加以示范,学生一边听一边观察。例如,人教版外语(实验教科书)五年级下册 Unit Four *What Are You Doing?* Part A, Let's learn 主要要求学生掌握五个动词词组:drawing pictures, doing the dishes, cooking dinner, reading a book, answering the phone。呈现这些词组时,教师在说出这些语言信息的同时,将辅助的动作呈现出来,让学生一边听就可以了解其基本的含义。再如,在呈现 reading a book 这一词组时,教师一边清晰地说出来,一边配上"看书"这一动作,这样学生就很容易了解与明确其发音与意义了。

众所周知,母语学习是在轻松的环境中习得的,但是在外语学习的过程中,学生往往比较焦虑,因此教师在实施全身反应教学法时,应该从初期阶段就对学生的情感予以关注,为学生创设轻松、自由的氛围。

(2)模仿阶段。模仿阶段是根据教师的示范,学生跟着做。当学生听懂发音、明确词汇意义的时候,教师就可以要求个别学生一边跟着说一边做。就儿童语言学习的特点来说,听的能力是首先发展的,然后基于听的能力来进一步发展说的能力,最后发展读写的能力。因此,在模仿阶段,教师应该保证先听后说这一条原则,即先锻炼学生听的能力,当他们积累到一定阶段后再锻炼他们说的能力。这样才能保证学生在对语言材料加以理解和熟悉的基础上进行恰当的语言输出。

(3)理解阶段。理解阶段是教师说出指令,不对动作加以示范,直接要求学生按照指令去做。儿童习得语言的过程需要成人的指导,成人首先以口头的形式发出命令,然后儿童去模仿,当儿童理解之后,再转换成语言代码,从而真正地习得该语言。因此,在理解阶段,教师一定要注意语言与行为的结合,让学生做出多样的动作,在反复的练习中学习外语。

(4)运用阶段。运用阶段是学生发出指令,让其他同学来做出动作。当学生对听到的语言材料加以吸收与内化时,自然就会形成语感,也敢于开口说了,最后做出动作。例如,一个学生到前面说 answering the phone,其他同学做出"打电话"的动作,然后再由其他学生发出指令,连续做下去。图 5-1 呈现了全身反应教学的步骤与要点。

这四个阶段是从模仿到运用的过程,逐层推进,呈现的目的是为模仿做准备,模仿能够帮助学生对语言结构与词汇加以更好的运用,理解的重点在于对学生语言知识与技能的训练,运用的目的在于培养学生的交际能力,是一种着重意义表达的训练。

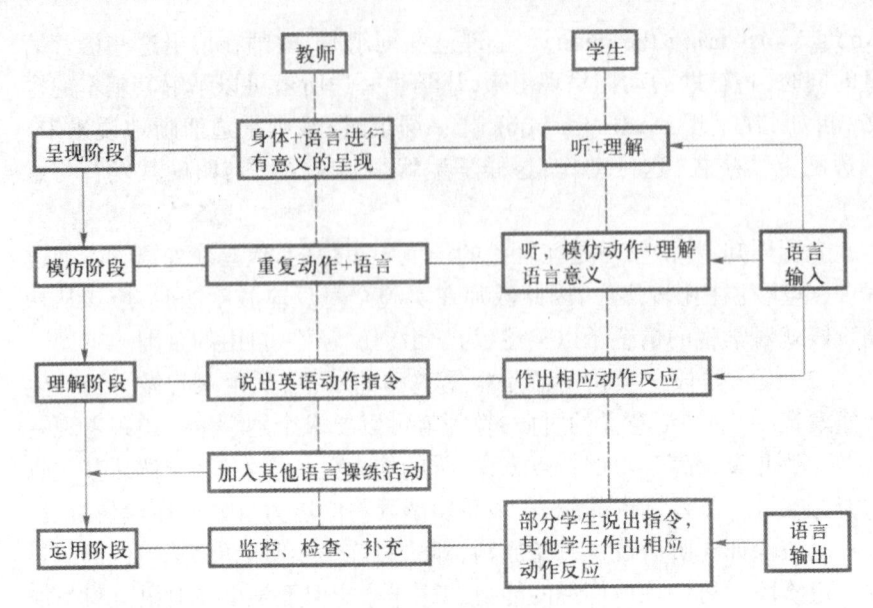

```
         教师              学生
        ┌─────────┐    ┌─────────┐
呈现阶段─│身体+语言进行│    │  听+理解 │
        │有意义的呈现 │    │         │
        └─────────┘    └─────────┘
        ┌─────────┐    ┌─────────┐   ┌────┐
模仿阶段─│重复动作+语言│    │听,模仿动作+理解│─│语言│
        │         │    │语言意义     │  │输入│
        └─────────┘    └─────────┘   └────┘
        ┌─────────┐    ┌─────────┐
理解阶段─│说出英语动作指令│  │作出相应动作反应│
        └─────────┘    └─────────┘
        ┌─────────┐
        │加入其他语言操练活动│
        └─────────┘
        ┌─────────┐    ┌─────────┐   ┌────┐
运用阶段─│监控、检查、补充│  │部分学生说出指令,│─│语言│
        │         │    │其他学生作出相应│  │输出│
        │         │    │动作反应     │  └────┘
        └─────────┘    └─────────┘
```

图 5-1　全身反应教学法的具体实施步骤

(资料来源:陈冬花,2015 年)

(二)全身反应教学法的设计方式

学生的语言学习是有规律的,一般认为理解能力要居于表达能力之前,即理解能力是表达能力的基础。因此,教师在设计全身反应教学法时,对语言的意义要多加注意,让学生能够理解与表达。全身反应法操作较为简单且直观,能够让学生在听中学、说中学、做中学,从而激发学生的学习兴趣与积极性。具体来说,全身反应法的设计形式主要有如下几种。

(1)设计表现形式的操练。例如,在讲解基本的知识之后,通过 *Head And Shoulder*, *Knees And Toes* 的歌曲,学生一边唱歌,一边用手对对应的身体部位进行触摸,当这首歌播放完了之后,所学的知识也会得到相应的巩固,大脑呈现的也是放松的状态。

再如,当学习 *Two Fat Gentlemen* 这首歌曲时,让学生与教师一起表演 fat gentlemen 与 thin ladies 等人走路的模样,这样不仅能够使课堂更为活跃,还能激发学生的求知欲,对歌曲内容加以巩固。

(2)设计模仿形式的操练。学生往往对于具体直观的事物是非常专注的,这是他们的认知特点,事物越具体,给人的形象就会越直观,学生对其也就更感兴趣。因此,学习、生活中一些常用、常见的事物,它们的名字往往能够被学生们轻易记住。这也为教师的教学提供了方向,即教师的课堂语言展示得越形象,学生越能够轻易地理解与把握。例如,在学习 We Love Animals 这一单元的动物词汇时,教师可以对各种动物的叫声、形态加以模仿,并对词汇进行发音与讲解,之后教师说单词、学生来模仿,经过反复的过程,学生自然也就记住了这些单词。

(3)设计绘画形式的操练。学生往往对绘画是非常有兴趣的,如果教师的外语教学能够与绘画关联起来,那么枯燥的课堂就会变得更有乐趣了。例如,在学习人教版外语(义务教育教科书)三年级上册 Unit Five We Love Animals, Part A, Let's learn 时,教师可以将第二单元学过的颜色词汇与本课要讲授的动物词汇结合起来,让学生根据指令为动物画上对应的颜色。这样将学生的耳朵、眼睛、手等都锻炼起来,便于学生理解知识,加深记忆。

(4)采用竞赛形式的操练。学生一般都有好胜心,竞赛的形式能够激发他们的斗志,振奋他们的精神。教师可以充分利用这一特点,组织学生在竞赛中进行语言技能的训练。例如,在小组竞赛中,可以将小组分别取名为 rabbit, tiger, monkey 等,还可以进行其他团体竞赛,如在 boys 与 girls 之间展开竞赛,这样会让外语学习变得更为真实、有趣。

(三)全身反应教学法设计的基本要求

全身反应教学法与学生的学习特点相符合,能够让学生愿意学、乐意学,在学习中感受到快乐。但是,如果教师在设计中把握得不够准确,也很难取得相应的效果。因此,教师在运用全身反应教学法时,应该注意如下几个层面。

(1)处理好课堂中的各个角色。在外语课堂教学中,应该处理好以下几种角色。

学生的角色是教学的主体,是表演者与听者的角色,因此教学中应该将学生的主体意识激发出来。在全身反应教学中,学生的主要任务就在于听指令,并根据指令来表现。

教师的角色是课程的设计者与导演。全身反应教学的一个特点在于教师处于直接的地位。因此,在全身反应教学中,教师应该让每一位学生展示自身的才能,并对学生的表现进行评价与鼓励。

在全身反应教学法中,教材是没有特定形式的,教师的行为、语言等可以为课堂提供良好的基础。因此,在全身反应教学中,教师可以将书本、笔、课桌椅等结合起来展开教学。

外语教学的最终目的是让学生能够使用外语进行交流,传达自己的思想与情感。全身反应教学是在语言与行为之间构建关联,并通过"呈现—模仿—理解—运用"这四个阶段,逐渐由教师示范向学生展示行为过渡。在很多的外语教学中,学生的模仿都与教师示范是一样的,当然在初始时期,教师的示范是为了打开学生的思维,但是如果一味地让学生对教师的示范进行模仿,那么也会降低学生的创造性思维能力。因此,在运用全身反应教学法时,教师应该在学生理解之后鼓励他们发散自己的思维,创造性地进行模仿。

（2）做好课堂管理。全身反应教学法中包含很多的角色表演、游戏活动,而学生一旦活跃起来就很难进行控制,因此教师在开展教学的过程中还应该做好控制,这样才能收获预期的效果。也就是说,在实施全身反应教学法时,教师应该将活动目的、活动规则、班级任务等因素考虑进去,进行认真的监控,对问题进行恰当的处理,这样才能防止出现混乱情况。

总之,由于全身反应教学法在外语学习与动作、行为之间建立了关联性,而且与学生的学习特点、认知特点相符合,因此是当前一种广泛应用的教学法。当然,教师在使用全身反应教学法时,应该提升自身的素养,能够恰当找到一些句子与肢体动作之间的关联,并注意协调性,适当对学生进行引导,从而强化外语教学。

六、分级教学法

分级教学也称为"分组教学""分班教学"或"分层教学"。国外的分层教学诞生于1868年,包括班内分层和走班式分层两种形式,前者是指在一个班级范围内对不同能力的学生进行不同的教学,后者是指根据知识水平、兴趣等将学生分到不同的班级,表现为"不变的教室、变化的学生"。分级教学就是根据学生不同的认知水平、性格、兴趣、志向等,进行不同层次的教学,给予不同的教学评估,使每个学生都能最大限度地完成学习目标。大学英语分级教学根据学生不同的英语水平,制订不同的英语学习方案,从而满足了不同层次的学生的英语学习需求。

（一）分级教学法的发展

1. 国内分级教学法的发展

我国分级教学的雏形最早出现在古代。孔子首次强调,教育要尊重学生的个体差异,这样才能提高学习质量。20世纪初,现代分级教育理念进入我国,我国对此也进行了许多试验,这些试验后因战争以及国内政治形势等原因暂停。改革开放后,分级教学回归人们的视野。一直以来,教育界一直在寻找先进的英语教学法,然而没有哪一种教学方法是放之四海而皆准的。因此,分级教学法的提出就有着重要的理论和现实意义。

大学英语分级教学的理论依据包括国内的教育思想以及国外的教育理论,国内比较典型的理论依据是孔子提出的"因材施教"理念,国外的理论依据是认知迁移理论、建构主义理论、掌握学习理论、人本主义理论、需要层次理论、多元智能理论以及二语习得理论等。

就课程设置而言,有的院校为所有级别的学生开设相同的英语课程,也有的院校在不同时期为不同级别的学生分别设置完全不同的英语课程。相对应地,在教材方面,有的院校的所有级别的学生均使用同一套教材,低级班的同学可能从第一册学起,而高级班的同学可能从第三册学起;有的院校的不同级别的学生则使用完全不同的教材。从分级教学的实施效果来看,大部分高等学校的各个级别的学生都获得了相应的进步。

2. 国外分级教学法的发展

在西方,分级教学大致经历了以下四个阶段。

(1) 起步阶段

从19世纪后半世纪至20世纪30年代初,正是资本主义义务教育盛行的时期,学生的水平参差不齐。美国和德国开始重视"弹性进度制"和能力分班(组)分级教学形式。1920年左右,美国掀起了一场进步主义教育运动,要求重视学生的个性差异,使得个别化分级教学形式得以产生,较有影响的是文纳特卡制、道尔顿制。文纳特卡制、道尔顿制的共性在于倡导自主学习。二者的差异性主要体现在具体操作上,文纳特卡制将课程分成两部分,一部分通过个别教学按学科进行,如读、写、算和历史、地理等,另一部分通过团体活动进行,如艺术、运动等;道尔顿制则将每一学科的全部学习内容,分月安排,然后学生按照自己的兴趣自由支配时间进行学习,完全是一种"个人独进"的教学方式。

(2) 衰落阶段

从20世纪30年代中后期至二战期间,由于世界经济危机以及二战的爆发,各国无暇顾及教育。文纳特卡制和道尔顿制由于走向极端,彻底否定了课堂教学和教师的价值,因此以失败告终。美国尝试的一些特殊班或特殊学校也归于失败。

(3) 复苏阶段

从二战后至20世纪50年代中后期,各国大力发展科技和经济,因此也开始酝酿新的分级教学实验。尤其是美国,对分级教学极为重视,极力批判"平庸"而追求"优异"。1958年,《国防教育法》的颁布就证明了这一点。美国不但恢复了小学阶段的普遍的能力分班(组)分级教学形式,而且将其扩展到了中学,同时研制出了许多新的分级教学形式,如"不分级制""分科选修制""学科分层"等。

（4）繁荣阶段

20世纪六七十年代以来,各种教育理论纷纷出现,进一步促进了分级教学的盛行。美国经过几个阶段的探索和研究后,涌现了一批有国际影响的个别化分级教学理论与模式。"掌握学习"这种分级教学法是目前美国中小学里最常用的一种分级教学方法之一。受美国影响,英、法、德、韩、澳等国家在分级教学实践上也呈现繁荣与多样化态势。

（二）分级教学法的构建

1.A级班教学

A级班的学生具有较高的英语水平,掌握了一定的英语学习方法,学习能力较强,能顺利地和教师进行英语交流。基于A级班学生的这一特点,教师应该将大一的两个学期定位为基础入门阶段,旨在引导学生形成良好的英语学习习惯,将大二的两个学期定位为拓展深化阶段,致力于提高学生的英语综合应用能力。具体来讲,在大一第一学期英语课开展课前演讲活动,侧重于口语训练,充分调动学生的英语学习兴趣,使得学生慢慢形成英语思维。在大一第二学期,教学重点是提高学生的阅读理解力和听力能力,扩大词汇量,培养学生的自主学习能力。大二第一学期以英语语言的输出为主,教学重点在于培养学生的语言交际能力和综合运用能力,要为学生提供更多的口语表达机会。

2.B级班教学

学生主要集中在B级班,所以B级班通常是大班授课。B级班学生的英语水平一般,对英语学习方法有一些浅显的认识,学习效率和学习兴趣有待提高,理解能力也一般。基于B级班的这一特点,班级教学仍然依托于教材,遵循循序渐进的教学原则,注重以学习小组为单位的合作学习,将课内知识与课外知识、应试技巧与素质技能有效结合起来。

3.C级班教学

C级班学生的英语功底较为薄弱,理解能力不足,学习兴趣和学习效率低,听力和口语水平低,词汇量少,对英语学习缺少自信。鉴于此,C级班教学仍然需要由浅到深进行,保持每个学期之间的连贯,将巩固高中英语基础知识与提高大学英语学习能力有效结合,注重师生之间的感情交流以及师生之间友好关系的建立,调动学生学习英语的积极性。俗话说"冰冻三尺非一日之寒",教师必须从学生的英语基础抓起,要有耐心。

七、交际教学法

(一)交际教学法的含义

形成于20世纪六七十年代的交际教学法,目前在教学领域使用频率较高。语言是人们进行交际的工具,因此人们只有掌握了一门语言才能顺利地进行交际。A.P.R.豪厄特(A.P.R. Howatt)认为,交际教学法有强弱之分。有"弱"当然就有"强"。"弱"的说法将交际视为教学的重点,"强"的说法侧重于把教学的重点放在交际过程的需要上面。假设把"弱"的说法定义为"为学习而学习英语",那么与之相反的"强"的说法就是为运用而学习英语。

语言的获得与语言的教学不是一回事。语言的获得指的是学习者在自然状态下通过交际活动而间接掌握语言;而语言的教学则是教师直接向学生传授语言知识,然后学生通过在生活中运用知识而最终掌握它。这两者的共性在于学生最终都掌握了语言结构,但差异性在于交际能力所达到的程度是不一样的。假设一个学习者是通过语言的教学来掌握英语,那么他的语言交际能力就比不上那些在交际活动中获得知识的人。

(二)交际教学法的特点

1. 以交际为目的

教学是一个师生之间双向互动的过程。在这个过程中,教师和学生之间进行思想、感情、信息的交流。为了师生能够更好地交流,课堂气氛和活跃度应该达到一定的要求。教师应该为学生创造更多与教师互动的机会,充分调动学生的积极性,从而提高他们的口语交际能力。在师生课堂交际的过程中,教师只是课堂中的引导者,学生是课堂的主导者。要衡量英语课堂教学的质量,首先应该看师生之间口语交际的双向互动,注重学生在课堂中用英语进行交际的次数和频率。只有在课堂中加入双向互动的环节,交际教学法才实现了原有的价值。

2. 发挥学生的主体性

在交际教学法的课堂中,教师应该突出学生的主体地位,围绕学生来进行教学设计,尽量把教学任务和学生的生活实际结合在一起,提高学生参与学习的热情和积极性,从而获得更多口语交际的机会。

学生一旦成为知识的主体,就会在学习过程中掌握主动权,积极地学习英语知识。只有学生处于这一状态,他们才能在大量的口语交际中获得知识,提高能力,从而在未来阶段的学习中不断达到更高的要求。

3. 照顾学生的个体差异

由于基因遗传以及后天的影响,学生在性格、兴趣、思维、记忆等方面都表现出很大的差异,因此在学习一门非母语的语言时难免会有不一样的学习效果。所以,教师应该根据不同学生的不同特征对教学方法和内容进行适当的调整。在交际教学法中,教师就可以较好地照顾到每个学生的水平和特征,从而给予每个学生适合的教学。

(三)交际教学法的实施

1. 创设良好的课堂气氛

传统的教学方法比较单一、机械,教学过程枯燥乏味,学生学起来没有任何兴趣可言。交际教学法要求教师把知识的讲解和激发学生的兴趣有机结合。一方面,教师可以准备更加丰富多彩的词汇教学资源,有利于吸引学生的注意力;另一方面,教师可以利用信息技术使教学资源的呈现方式更加有趣,如和图片、视频、动画等结合起来,这样就大大提高了教学效率。

在教学过程中教师一定要让他们学会用英语思维去表达自我,从而进一步激发他们学习英语的热情。英语教学最终的目的也是为了使学习者能够学以致用,在之后日常交际中能够充分的表达自己,所以在课堂中,教师应该尽可能的为学生提供这样的机会,从英语听、说、读、写几个方面同时入手,达到全面提高的目的。

随着学生语言输出能力的提高,他们运用英语进行日常交际的信心就增加了,从而增加了学习英语的兴趣。教师也可以通过词汇抢答游戏和PK比赛等来检测学生的课前学习情况,这也同时帮助学生记忆了词汇知识,从而既避免了学生"浑水摸鱼"又活跃了课堂气氛,最后提高学生的学习兴趣。

2. 呈现交际多样性

在课内,教师可以通过在英语课堂教学中融入角色扮演、情景模拟等方式,为学生创造更多口语交际的机会,充分尊重学生,让他们在亲身参与中不断提高口语交际能力和英语运用水平。情境创设是教师将教学目标加以外化,形成一个学生能够接受的情境。但是,很多教师在创设情境时,往往忽视了其基本的教学目标,导致教学中很多情境与教学目标无关,让学生对教学目标难以把握,因此教师在创设情境的时候,必须对教材进行认真研究,理解每一单元教学的重难点,然后紧扣教学目标,创设情境。简单来说,创设的情境要与教材的特点相符,凸显重难点,从而促进大学生的英语学习。

在课外,教师可以通过在学习管理系统中开辟一个专门的讨论区,或借助专门的在线交流工具,和学生以课外学习内容为主题展开交流和讨论。讨论主题既可以是教师预设的,也可以由学生创设。这样,一种师生在线辅导和生生自组织学习的学习模式就形成了。借助这种学习模式,学生和教师之间可以进行深度的交流,从而提高自己的口语交际能力以及参与课堂的积极性。

八、个性化教学法

(一)个性的内涵

"个性"一词源于希腊文 persona,是指演员演戏时所用的面具。从不同的角度,可以对"个性"给予不同的界定。

从心理学的视角看,个性是指"个体精神面貌的总体概括,是个体基于自身的生活经历而形成的稳定特征"。换句话说,心理学将个性界定为个体特有的行为倾向和心理内部表征。可见,个性是一种心理现象,同时也外显为一定的言行。

从哲学的角度来看,个性首先侧重于人的世界观,进而反映人的本质以及在社会体系中的地位。

从教育学的角度来看,个性是个体多种素质的综合体,包括尊严、人格、价值观和创造性思维等。个性表现为整体性与个别性。从整体性的角度来看,个性是个体许多素质的总和;从个别性的角度来看,个性是区别于他人的本质所在。

(二)个性化教学的内涵

学生具有个性和需要的差异,个性化教学就是教师在个性化的教学中满足学生个性化的学的需要,使学生的知识、能力、情感得以健康的发展。个性化教学要求教师在教学中尊重每一个个体的尊严和个别差异。

除了学生,教师也是教学中的主体,所以个性化教学不仅要满足学生的需要,也要满足教师的精神和物质需求。总结起来,个性化教学可以从以下两个方面来理解。

1. 旨在彰显师生个性

个性化教学的目的在于彰显师生个性,这包括以下三个方面的内涵。

(1)个性化教学不等于个别化教学。个别化强调少数的、单独的,因此个别化教学的对象是少数学生。而个性化教学强调的是学生的个性需求。显然,个性化教学不同于个别化教学。

(2)个性化教学不等于个体化教学。个体化强调的是事物的单一性、独立性,因此个体化教学更强调的是一对一的教学。

(3)个性化教学不反对集体教学。个性化教学强调的是所有学生的个性化发展,因此和集体教学并非背道而驰。只要教学满足了学生的个性需求,无论是个体化教学还是集体教学,都可以称为个性化教学。

2. 个性化的教和个性化的学

教师和学生都是教学的主体,因此个性化教学就是个性化的教和个性化的学的统一。这可以从以下三个方面来解读。

(1)个性化教学是教师教和学生学的统一活动。个性化教学可能因为教学条件的变化而产生一些形式上的变化,但在个性化教学中,教师和学生仍是互相依存的必要主体。个性化教学的终极目标依然是学生的健康发展。特别是对于学生的个性培养,个性化教学发挥着重要作用。在世界课程改革的潮流下,教学开始指向人的自由与解放,注重凸显出每个学生的个性发展以及创造性表现。个性化教学不仅可以帮助学生实现在童年期、青春期个性的发展,更可以帮助学生形成以利于其终身学习的稳定的个性。

(2)教师的个性是教师的个性化教学的基础。个性化教学如何实现,是每个学校都在思考的问题。有学者明确指出,教师的个性解放是实现个性化教学的前提和基础。而教师教育观念的更新、教师科研的促进和个性品质的引导又是解放教师个性的条件。个性化教学要求教师具备全面和系统的教学观念,并且随着时代的发展更新自身的教学观念。教师的个性品质对学生的精神世界产生着巨大的影响,它是由认知、思维、价值观、兴趣、情感、态度和需要等构成的复合体,是教师教学效果出现差异的重要原因之一。

(3)学生的学建立在学生自身个性的基础上。个性化学习要求学生具有一定的个性品质,从而发挥学习者的最大潜能。在个性化学习中,学生自定学习目标,自选学习内容,自己安排学习进度。总之,个性化学习的实现需要学生"会学""乐学"和"创造性地学",而这些都要求学生具备独特的个性、创造性的思维,敢于迎接挑战。

(三)大学英语个性化教学的内涵

大学英语个性化教学就是基于学生不同的英语水平和个性,提高学生学习英语的积极性,培养学生独立思考和学习的能力,提高学生的英语交际能力。在大学英语个性化教学中,教师需要尊重每一位学生的价值,使学生最大限度地发挥自己的潜力,让学生能够顺利地用英语进行交流。大学英语是必修课程,修大学英语课程的学生来自各个专业,这就给大学英语教师把握学生的整体英语水平带来了障碍。因此,大学英语教学需要掌握一定的教育理论和方法。英语教学是一种语言文化的素质教育,与其他教学有着不同的特征。大学英语个性化教学大致具有以下四种特征。

1. 差异性

不同学生本身就存在很大的差异,教师不能忽视这些差异,而要根据不同学生的特点施教,要尽可能地使学生发挥内在的潜力,使教学形成差异,这就是个性化教学。个性化教学应该是理解差异、形成差异和解决差异的教学。大学英语个性化教学的差异性主要表现为三个方面。

(1)教学所针对的教学对象具有鲜明差异特点。众所周知,每一名学生自身的英语基础与其他学生是不一样的,对英语的学习期望也是不同的,这就导致不同学生对英语所产生的最近发展区是不同的。另外,大学英语的教学对象不仅包括本专业的学生,而且还包括其他专业的学生,不同的专业特性导致学生所接触的英语学习内容也是存在差异的。

(2)英语教师的教学风格存在鲜明差异。教师个人的经历、教育、年龄、生活、习惯等不同,导致了他们会形成不同的教学风格,而这一点往往是个性化教学得以实现的基本条件。

(3)师生的人格平等。师生在人格上的平等,是学生发展独立人格的基础,也是教师开展教学活动的根本性前提。师生的人格平等还体现在教师充分尊重学生的个性差异,让每个学生都能得到应有的个性发展。

2. 多样性

大学英语个性化教学的多样性主要体现在两个方面。

(1)教和学的多样性。既然大学英语个性化教学尊重每个学生的个体差异,那么大学英语教学就不能仅仅遵循某一种教学法,不能仅仅使用某一种教学方法、测试方式,不能仅仅追求一种规范的教学大纲,而应该按照不同学生的不同需求进行多样化设计。

（2）英语技能的多样性。大学英语教学不仅要求学生获得一定的英语知识,更要培养大学生的跨文化交际能力,如听、说、读、写、译等方面的能力。值得强调的是,每个大学生在每一种能力的发展程度上也是不均等的,而是在特长方面具有不同的侧重点。

3. 针对性

在大学英语个性化教学中,教师需要根据学生的个性化需求进行针对性的指导和帮助,这不仅反映了大学英语教学在满足学生个性化需求方面的基本事实,能更好地发挥这部分学生的个性特长,也能整体提高教学质量。具体来讲,大学英语教师应该善于通过教学诊断发现学生的个性化需求,在备课和上课时充分发挥教学机智,从而进行有针对性的教学。大学英语个性化教学的针对性具体包括以下几个方面的内涵。

（1）大学英语个性化教学的针对性源于受教育者的差异性。学生具有不同的学习起点、智力水平和需求。大学英语个性化教学的针对性是指教学目标、内容、手段等都要符合学生的需求,能够深入学生的内心。

（2）大学英语个性化教学的针对性否定一刀切原则。教师要根据学生的能力、个性、文化背景选择适合的教学内容、教学方法和评估方式,把学生和教学活动进行细致的划分。

（3）大学英语个性化教学的针对性还要求教师根据不同学习风格学生的特点进行施教。学生的生理因素、情感和社会环境都会影响着学习风格。学生不同的学习风格体现在学生对信息的采集和加工上。教师要根据不同学生的不同学习风格制定个性化的教学方案,以提高学生的学习效率。另外,教师还需要协助学生剖析自身的风格特征,引导他们利用自己的特长来开拓学习方式,补充以往的缺陷。

4. 交际性

人们交往的关键工具就是语言,语言最根本的性质就在于交际性。语言承载着文化,文化体现在语言上。在大学英语教学当中,语言和文化是不可分的。因此,大学英语课堂教学富含浓厚的文化韵味。大学英语课程不单单是语言基础知识课,更是熟悉世界文化的素质教育课。大学英语教学的重点内容是跨文化交际,教师需要思考对学生文化素养的培育以及世界文化知识的传输。文化知识和适应能力是交往能力的关键构成,语言交往能力本质上是更深层次地获取文化知识的基础。

(四)大学英语个性化教学的系统设计

1. 大学英语个性化教学的目标设计

教学目标是教学主体事先计划所要达到的教学结果。教学目标是教师和学生共同的目标。大学英语教学的主要目标就是提高学生的英语综合应用能力,使其在社会中利用英语顺利地交流,并让学生具备一定的文化视野。随着高等教育从精英化走向大众化,高等教育的理念、功能、目标和模式都会发生变化。

2. 大学英语个性化教学的方法设计

个性化的教学方法,要注重实现以往传授为主的教学向以指导为主的教学转变,注重学生在职业和生活中英语综合应用能力的培养。教学方法要灵活多样,适应不同学生的个体差异。

(1)情景教学法

情境教学法要求教师从学生的特点、教学内容出发,将具体情境融入教学,以帮助学生更好地发现与解决问题。情境教学法主要分为三个步骤,如表 5-1 所示。

表 5-1 情境教学法的具体实施步骤

主要步骤	目的	要点
情境创设	将问题加以呈现	教师通过运用多种媒体与手段,对特定情境加以创设,向学生提出问题
语言训练	对问题进行分析与准备	通过图片、动画等,教师将问题所需要的语言知识呈现出来,并设计与特定情境相关的语言训练,为学生完成学习目标做准备
情境运用	对问题加以解决	教师重新呈现开始的情境,而学生在具体的情境中运用语言,对问题加以解决;教师对学生的表现予以观察,并给予评价

(资料来源:陈冬花,2015 年)

如何创设与运用情境,也是决定教师的情境教学法运用能否成功的关键。

首先,紧扣教学目标,创设情境。情境创设是教师将教学目标加以外化,形成一个学生能够接受的情境。但是,很多教师在创设情境时,往往忽视了其基本的教学目标,导致教学中很多情境与教学目标无关,让学生对教学目标难以把握，因此教师在创设情境的时候，必须对教材进行认真研究，理解每一单元教学的重难点，然后紧扣教学目标，创设情境。简单来说，创设的情境要与教材的特点相符，凸显重难点。

其次，建立情境之间的联系。教师设计的情境要能够在大学英语教学中自由伸缩，即随着教学活动的展开，情境之间必然是需要具有关联性的，不能是孤立的。因此，教师需要对整节课的重点加以把握，设计一个大的情境，然后将各个小情境加以串联，从而各个环节紧密结合。可见，教师在创设情境时，需要把握情境之间的连续性，使教学过程随着学生的情感活动不断变化与推进，从而进一步得到深化。

（2）多媒体教学法

多媒体是信息的多种媒体的综合，也就是声音、文字、图形、视频、动画、影像等的结合体。将多媒体技术引入教学中，就产生了多媒体教学，是一种先进的教学模式。运用多媒体展开教学，并不是简单地将各种多媒体资料加以拼凑，而是教师根据教学目标、教学内容、教学对象等将声音、文本、图像、动画等不同形式的信息有机结合在一起，并与传统的教学手段相结合参与教学过程，从而使教学效果达到最优化。教师在运用多媒体教学法时，需要把握以下几点。

第一，选择恰当的教学媒体。即便教学媒体相同，但作用于不同的教学内容时，教学效果也是不一样的。反过来，不同的教学媒体作用于同一教学内容，教学效果也是不同的。所以，在教学中要讲究多种教学媒体的协调使用。具体而言，在教学过程中，教师要将教学挂图、课堂板书、模型、演示等教学媒体协调穿插在教学过程中，这样才能让它们发挥它们各自的作用，从而提高教学效果。安德森的教学媒体选择流程图为教师选择合适的媒体提供了思路，如图5-2所示。

第二，抓住最佳展示作用点和作用时间。多媒体技术在教学中的运用，可以将教学内容中的声、像、色、光完美整合，形成令人印象深刻的视听效果，使枯燥的教学变得直观生动。但是教师在设计多媒体课件时，过于注重吸引学生的视听注意力，而忽视了教学内容，进而偏离教材，喧宾夺主。对此，在多媒体教学中应抓住多媒体的最佳作用点和作用时间，从而将多媒体教学独有的魅力彻底释放出来。

第三，善于利用故事。好的故事可以成为教师和学生良好的话题切入点。在选择故事时，教师要充分考虑学生的生活实际。故事教学可以使复杂的语言教学变得简单易懂。在开展故事教学时，教师要对故事的背景进行简要讲解，减少学生学习的障碍。在具体讲解时，教师可以利用多媒体进行播放，通过画面的展示让学生了解其中的时间、地点等因素，帮助学生更好的理解故事,并强化学生的听力能力。此外,教师可以向学生提问,让学生讨论和猜测某些情节,充分发挥学生的主体作用。教师还可以鼓励学生对故事进行复述和翻译,从而厘清故事的脉络,掌握其中的知识点。要想知道学生对故事教学的接受程度如何,可以通过故事表演来加以检测。对于学习有困难的学生,教师可以让他们富有感情的朗读故事;对于学习能力较强的学生,教师可以让他们背诵并表演。此外,教师还可以让学生改编故事,学生可以大胆的想象,并通过多媒体进行展示,这能有效提高学生的表达能力和创造能力。

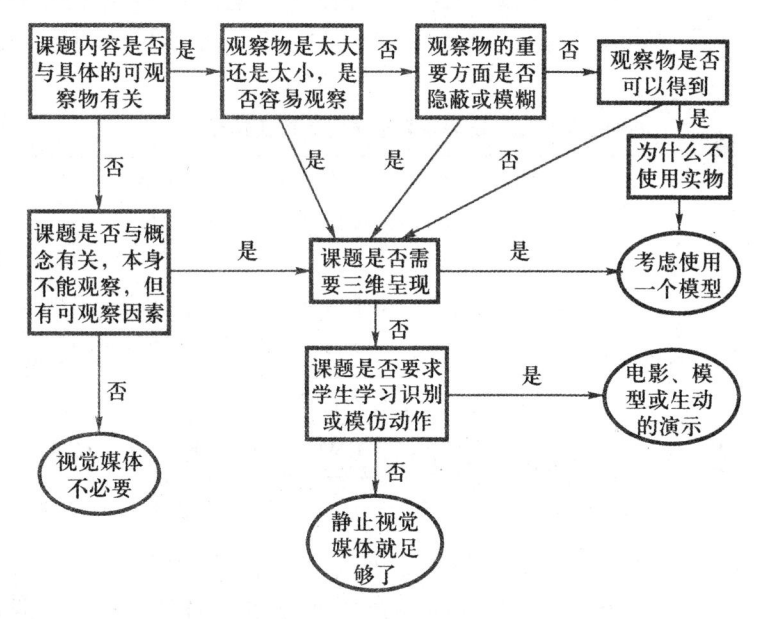

图 5-2 教学媒体选择流程

(资料来源:陈冬花,2105 年)

九、任务型教学法

任务型教学法又称作"任务型教学途径",是一种基于任务展开的教学方法与形态。在大学英语课堂教学中,任务型教学法非常常见,是教师预设任务并引导学生用所学对任务进行完成的一种教学形态,是提升学生语言运用能力的一种重要手段。从学生学习英语的目的与特点出发,我国大学英语课堂教学倡导采用任务型教学法,让学生基于教师的指导,通过体验、感知、参与、实践等,实现任务的目标,在做中学。

(一)任务型教学法的基本步骤

任务教学法将任务的完成作为主要教学活动,让学生通过完成任务来习得语言。一般来说,任务型教学法具有如下几个特点。

其一,任务主要包含的是真实的语言运用过程。

其二,学生要自主地完成教师要求的任务,并对任务的交际性结果予以明确。

其三,强调学生要通过自主学习、合作学习等途径来完成任务。

在实际的操作中,任务型教学法一般包含三个步骤,具体如表5-2所示。

表5-2 任务型教学法的具体实施步骤

主要步骤	目的	要点
任务前	任务呈现与准备	教师将任务情境引入,对任务要求向学生明确,为学生提供完成任务的基本语言知识
执行任务	任务完成的整个过程	学生运用语言对问题加以解决,这些问题涉及对计划的制订、实施与完成;教师在其中扮演着监督、组织、促进与伙伴等角色,辅助学生对任务加以完成
任务后	任务展示、评价与提升	学生将结果进行展示与汇报;教师对任务完成情况进行评价,并指出优劣之处

(资料来源:陈冬花,2015年)

三个步骤给予了明确的任务,教师首先为学生布置任务,并提供具体的条件;指导任务执行任务,并辅助学生解决在任务执行过程中遇到的一系列问题;组织学生对任务加以展示与汇报,最后给予评价,并布置新的任务。通过这些任务的完成,学生可以不断体验到语言学习的快乐,并真正地习得语言知识与技能。

(二)任务型教学法的设计方式

任务型教学法将语言任务作为学生学习的目标,完成任务的过程就是学生学习语言的过程。任务型教学法设计的核心在于:将人们在生活中运用语言来从事的各项活动,引入具体的课堂中,进而帮助学生实现语言学习与日常生活的结合。因此,如何对任务进行设计是任务教学法能否实施的关键层面。

简单来说,教师在设计任务时应该着重考虑学生的"学",让学生具有明确、清晰的学习目标。具体来说,主要从如下几个层面着眼。

1. 设计真实意义的任务

所谓真实意义的任务,即与现实生活贴近的任务。在教学中,教师所设计的任务应该是对现实生活的演练与模拟,学生通过对这些任务加以完成,不仅能够掌握具体的语言知识与技能,还能够将这些能力运用于具体的生活中。

2. 设计符合学生兴趣的任务

大学阶段是学生发挥兴趣与特长的重要阶段与关键时期,因此教师在设计具体的教学任务时,应该从他们的心理与年龄特征出发,设计出与他们的兴趣相符的任务,内容也要具有新颖性。例如,以师生互动、生生互动的形式进行角色扮演或开展演讲等都是比较好的活动。

3. 设计能够输出的任务

教师设计的任务应该是真实的,与学生的语言水平相符的输出活动。也就是说,任务需要以"说、写、译"这些"语言输出"的形式进行呈现。

教师在设计任务时,最重要的一点是需要考虑学生在任务完成的整个过程中能否自然地运用英语。当然,完成任务并不是任务型教学法的主要目的,而是要求学生在完成任务的过程中习得英语。英语课程就是要让学生逐步在运用中内化知识,这就需要教师在设计任务时,应该让学生通过完成任务,自然地掌握英语知识,内化英语知识,习得英语技能。

(三)任务型教学法设计的基本要求

当然,任务型教学法在设计时应该注重以学生为中心,以学生为主体。一般来说,需要做到如下三点。

1. 分清"任务"与"练习"的区别

当前,很多教师在设计任务型教学课程时,由于未分清楚"任务"与"练习"的区别,导致很多任务型教学课程还是课堂练习。事实上,任务型教学活动与课堂练习有着本质上的区别,任务型教学活动不是对语言进行机械的训练,而是侧重于学生在完成任务的过程中对其自主能力与学习策略的培养,重视学生在任务完成过程中获得的经验。表5-3对二者的区别进行了总结。

表 5-3 "任务"与"练习"的区别

区分项目	任务	练习
侧重点	侧重于意义	侧重于形式
活动目的	实现交际目的,解决问题,传达信息	对知识的掌握情况进行检验,对英语知识加以操练巩固
活动情境	创设现实生活情境	不需要情境
活动内容	有语境的语言材料,需要综合运用多项英语知识与技能	脱离语境的语言材料,需要的也是单个英语知识与技能
活动方式	分析、讨论,很多时候需要小组完成	选择、填空、翻译等往往自己独立完成
语言控制	自由	严格控制
教师纠错	通过对学生进行观察,然后分析产生这些错误的原因再纠错	立即纠错
信息流向	双向或者多向流动	单向流动
活动结果	语言形式者非语言形式结果	一般都是语言形式的结果
结果评估	评估学生是否完成了任务	评估语言形式是否使用正确

(资料来源:陈冬花,2015 年)

从表 5-3 中可知,只有通过真实的任务,才能保证学生获得有意义的语言输出,才能让学生真正地学会获取、使用信息,用英语与他人展开交流与合作。

2. 准确把握任务的度与量

任务的难易度与数量要与学生的英语水平相符合,因此教师在设计任务时,应该根据"最近发展区"的原理,既不能对教学要求予以降低,也不能超过学生的英语能力与水平。

教师在进行教学活动之前必须要确定学生发展的"两种水平"。第一种水平是学生现有的发展水平,是学生通过先天性或者偶然性自然成长所形成的稳定的内部心理机能,在独立解决问题时会表现出来。第二种水平是学生潜在的发展水平,是还在发展的内部心理机能,也是儿童在成人的指导下或与同伴合作的情况下所表现出来的解决问题的能力。最近发展区就是这两个水平之间的差距,是学生可能的发展区域。

该理论指出,教育从事者必须要准确了解学习者目前的能力水平,并且为学生找到潜在发展水平,确定最近发展区,设计教学过程,引导学生走向更高的潜在发展区。该理论确立了教学在学生成长过程中不可替代的先导性作用。学生的最近发展区是一个动态变化的区域,向第三个区域——未来发展区不断移动,如图 5-3 所示。

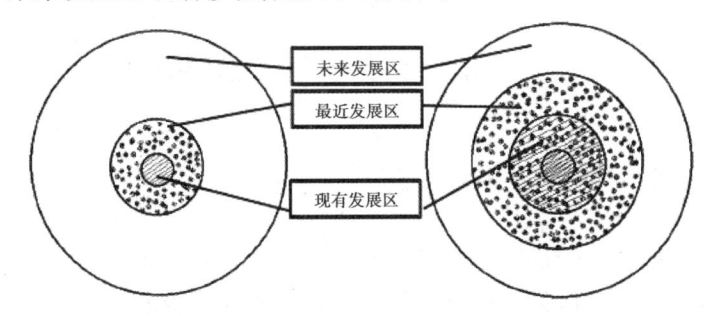

图 5-3 学生发展水平转化生成的动态性

(资料来源:张炬,2018 年)

3. 注重教师的多重任务

虽然英语课堂强调以学生作为主体,但是在实施中,教师的作用也不能忽视。也就是说,教师在教学中也需要发挥主导作用。一般来说,在任务型教学法中,教师需要承担如下几项任务。

其一,设计与学生水平相符合的真实的任务。

其二,为学生提供完成任务的材料,并从旁辅助学生。

其三,对学生的输出提供帮助。

其四,对学生的输出结果给予反馈意见。

任务型教学以学生使用英语完成任务作为中心,学生是任务的沟通者,也是语言的交际者。教师不仅是组织者、参与者、帮助者,参与到学生的任务之中,还需要对课堂加以控制,并对结果给予评价。如果教师将任务交给学生之后,就作为一个旁观者,那么这样的教学效果是不容乐观的。总而言之,教师在任务型教学中要发挥好自己的多重责任。

需要指出的是,任务型教学在当前的大学英语教学中广泛应用,但是由于受各个因素的影响,如任务难度难以把握、英语环境常常缺失、大班教学现象、师资力量不足等情况,导致当前的任务型教学仍旧存在明显的问题。因此,在以后的大学英语教学中,教师应该不断积极学习与研究,认真开发与利用,争取让任务型教学法在大学英语教学中发挥出更大的作用。

第三节　二语习得对外语教学的启示

一、从他主学习转变为自主学习

教育的最终目的是让学生成为独立的学习者,当然外语课程教学也不例外。近些年,自主学习越来越成为教育界研究的重点。就当前大学生的外语学习效果来看,他们虽然花费了大量的时间在外语学习上,但是收到的效果并不理想,归结原因主要在于学生缺乏自主学习的能力。因此,学生有必要转变自己的学习方式,从他主学习转向自主学习。下面就对自主学习进行分析。

对于自主学习,国内外很多学者进行过研究和探讨,并发表了关于自主学习的一些文献与书籍。下面就重点来介绍几位有代表性的学者。

国外有两位权威的学者对自主学习进行过论述。一位是亨利·霍里克(Henri Holec),一位是齐莫曼(Zimmerman)。

亨利·霍里克在他的《自主性与外语学习》一书中指出,自主学习能力应该包含对学习目标与内容的确立、对学习技巧与方法的选择、对学习过程的监控与评估这几大层面,并且指出学生只有做到了这几点,他们才能真正地对自己的学习负责。[1]亨利·霍里克认为,学生的自主学习能力并不是与生俱来的,往往是后天形成的,甚至需要专门的训练而成。显然,从亨利·霍里克的论述中可以看出,他的自主学习观实际上挑战了传统的学习模式,因此受到了很多学者的认可与支持。

齐莫曼是一位著名的心理学家,因此他对自主学习的论述主要是从心理层面考虑的。齐莫曼基于前人的研究,指出学生只要在动机、元认知、行为三个层面做到积极参与,那么就可以认为他们的学习是自主学习。[2]换句话说,齐莫曼指出了自主学习的三个影响因素,即动机、元认知与行为,其中动机指学生从被动学习转向主动求知;元认知指学生能够对不同阶段的学习进行反思;行为指学生能够从自己的意愿出发选择与创设学习环境。

---

[1]　严明.大学外语自主学习能力培养模式研究:体验的视角[M].哈尔滨:黑龙江大学出版社,2009:42.
[2]　严明.大学外语自主学习能力培养模式研究:体验的视角[M].哈尔滨:黑龙江大学出版社,2009:42.

第五章 二语习得与外语教学

除了国外学者对自主学习进行研究,我国学者也对自主学习进行了激烈的探讨。他们基于国外的研究成果,并且考虑我国的实际情况,对自主学习进行初步的研究。我国学者主要围绕自主学习中师生的角色、自主学习的原因与意义、自主学习的实施等层面展开研究。

我国学者庞维国在他的《自主学习——学与教的原理和策略》一书中,对自主学习的概念进行了明确的界定。在庞维国看来,自主学习是基于能学、想学、会学、坚持学这四个层面基础上的一种学习方式。庞维国还从横向与纵向两个视角来阐释自主学习的概念。就横向角度而言,如果学生能够对自己学习的各个层面进行自觉选择与控制,那么就可以说他们的学习是自主学习;就纵向角度而言,如果学生能够在整个学习过程中挖掘与把握自主学习的实质,那么也可以说他们的学习是自主学习。

虽然国内外学者对于自主学习的界定存在差异,但是大多数学者已经基本达成共识,即自主学习是将学生作为中心,根据学生自身需求进行自主学习规划、自主学习管理、自主学习监控、自主学习评价等。具体而言,自主学习可以划分为如下五个步骤。

(1)学生基于不同需求,分清学习主次,对自己的学习目标进行规划。

(2)学生基于需求选择学习材料,并制订与自己学习风格相符的学习策略。

(3)学生对自己的学习进度、学习时间要合理把控。

(4)学生在学习中要不断反思与调整。

(5)学生要对评价标准有明确的把握,从而对自己的学习效果进行衡量。

(一)自主学习的意义

1. 满足信息化社会发展的需要

当今社会是一个科技迅猛发展的社会,信息化时代使人们越来越认识到,学校教育已经远远不能满足学生的知识储备,因此学生需要适应不断变化的环境,满足自身不断变化的职业要求,这仅仅依靠学校获得的知识是远远不够的。也就是说,学生要想适应信息化社会发展的需要,除了要接受学校教师传授的知识,还需要从各种途径、各种渠道挖掘知识,以便充实自己,这就是自主学习的力量。

2. 体现终身教育体系的需要

随着科技、社会的发展,人们认识到需要建立终身教育体系,这一教育体系打破了传统教育体系的封闭性与终极性,使教育成为一个伴随终身、持续不断的过程。未来的社会是一个持续学习的社会,为了与社会的发展相适应,人们就需要不断学习、不断发展。因此,这也是对学生的要求,通过自主学习,学生能够适应不断变化的社会、不断变化的职业要求,从而不断提升自我质量与自我价值。

3. 符合学生自我发展的需要

相较于其他国家,我国对外语课程教学的投入是巨大的,但不得不说,虽然投入巨大,但效果不甚理想。出现这种情况的主要原因就在于我国的外语课程教学模式过于单一,即只注重教,而不注重学,简单来说就是严重忽视了学生的主体地位。

众所周知,不同学生的学习存在明显差异,这些差异的形成有先天原因,也有后天原因。而在这些原因中,先天原因无法改变,但后天原因是可以弥补与改变的,如学习风格、学习动机等,这恰好是自主学习的要求。

(二)自主学习的实施

1. 营造自主学习的氛围

现在信息技术在外语课程教学中迅速普及,并且为学生的自主学习提供了便利。教师可以运用网络为学生创造自主学习的氛围,激发学生外语学习的欲望与积极性,增强学生学习的效果。例如,学生可以利用电脑进行语言专项训练、与他人交流、浏览外语文献资料等。当然,教师可以为学生介绍一些优秀的学习网站,让学生自主学习,以扩充自己的知识储备。

2. 训练学生自主学习的技能

自主学习需要一定的技能,这些技能并不是先天的,而是经过一定的训练和实践获得的。因此,在外语课程教学中,教师应该注意训练学生自主学习的技能,从学生个体的需求出发,制订符合学生的自主学习计划,帮助他们掌握适合自己的自主学习技能。

在学生的自主学习过程中,教师的责任就是指导学生掌握学习策略,并且学会运用学习策略。教师可以为学生推荐一些阅读材料,并且给学生介绍一些阅读技巧,指导学生写读书笔记,从而不断提高学生的自主学习能力。

3. 激发学生自主学习的兴趣

兴趣是学生学习的动力与源泉。设计出与学生学习兴趣相符的活动有助于开发学生潜能,促进学生的自主学习。在传统的外语课程教学中,学生是被动的接受者,教师常常忽视学生的兴趣,但在自主学习中,学生是学习的主体,是主动的学习者,因此学生学习的兴趣也会被激发出来。为了激发学生的自主学习兴趣,外语教师可以从如下几点着眼。

(1) 对学生展开需求分析。外语教师要首先对学生进行需求分析,然后从不同学生的需求出发,帮助学生制订学习计划。当然,为了更好地与学生的学习计划相适应,教师要不断调整与改进自己的教学策略。

(2) 尊重学生的个性差异。不同学生,他们的学习风格、学习水平等必然存在差异,因此外语教师要考虑学生的这些差异,让学生对学习内容、学习步骤进行自主学习,以提高不同学生的自主学习能力。

(3) 关注学生的反应。在学生的自主学习中,外语教师要观察学生的反应,包含自主学习目标的建立、自主学习的适应情况等,从而根据学生的反应调整与改进教学计划,并帮助学生解释自主学习过程中遇到的问题。

4. 培养学生自主学习的习惯

良好的学习习惯对于学生的自主学习是非常重要的。在自主学习中,外语教师应该努力培养学生的自主学习习惯,使学生努力克服自主学习中的不适感,发挥自身优势,从而完成学习目标。

二、从被动学习转变为探究性学习

美国国家科学教育标准中对探究的定义是:探究是多层面的活动,包括:观察;提出问题;通过浏览书籍和其他信息资源发现什么是已经知道的结论;制订调查研究计划;根据实验证据对已有的结论做出评价;用工具收集、分析、解释数据;提出解答、解释和预测;交流结果;探究要求确定假设,进行批判的和逻辑的思考,并且考虑其他可以替代的解释。

相对于学生而言,探究作为一种学习方式,是指学生在学习情景中观察、阅读、发现问题,收集数据,形成解释,获得答案,并进行交流,研究学习。

探究性学习等同于"探究学习"。作为一种学习方式,课堂中的探究,即探究学习与探究教学,具有开放性、探究性、实践性的特点,体现了以下四种关系。

（1）参与、探索。在探究学习的过程中，所有学生都需要积极参与，将自己视作"科学家"，通过各种探索来得出结论，这可以有效培养学生的钻研以及实践能力。在教学过程中，教师不可将结论直接告诉学生，尽量让学生通过探究自己得出结论。

（2）平等、合作。在探究学习的过程中，学生取得成功的机会是均等的，而且还需要彼此合作，取得最终的学习成果。另外，师生之间的关系同样是平等的，教师可以作为学生的朋友参与其中。换言之，探究学习其实是一种学生彼此之间通力合作的过程，并不是竞争或者对立的关系。

（3）鼓励创新。在探究学习的过程中，教师应该尽可能鼓励学生通过想象提出自己的看法、预见、假设等，教师应该充分尊重学生的观点，让学生大胆去创新，从而培养他们的创新精神。

（4）自主和能动的关系。探究学习的另一重要特点是自主性。在整个学习活动中，学生自选课题、自定工作方案，整个过程教师不能直接干预，虽然最后评鉴是经教师提议进行的，但怎么做还是由学生自己来决定的。

（一）情景引导式

探究式教学法的展开离不开课程中的知识点。教师通过一定情景引入某一个知识点，这个知识点不是由学生来选择和确定的，也不是由社会生活中的某个现实问题而产生的。这个知识点是教师根据教学目标、教学进度来合理选取的。一旦确定了教学知识点，教师就可以针对这个知识点扩展开来，设置一系列问题、任务等，利用合适的教学手段创设相关的学习情景，引导学生进入这个目标中展开学习。

（二）启迪切入式

确定了学习对象之后，教师在布置给学生之前需要向他们提出一系列富有启发性的问题，让学生进行深入思考，同时结合需要学习的对象，让学生带着这些问题切入到学习对象上，这一个环节十分重要，是确保探究式学习取得成效的关键环节。教师所提出的问题是否具有启发性，是否能够引起学生的深入思考，是探究性学习的关键要点。

（三）自主探究式

教师在教学时一定要注意调动学生对自主学习、探究学习的积极性，进而安排学生进行小组合作学习。在课堂上,教学目标的实现主要依赖于学生的自主学习、合作学习、探究学习来完成,因此这一环节对于教学效果的好坏而言同样至关重要。

在具体的操作过程中,教师需要处理好学生之间、师生之间、技术之间的关系。其中,教师的作用主要是支持与引导,学生则需要充分发挥主动性、积极性,利用网络、多媒体等技术来达到自主探究的目的。

(四)交流协作式

交流协作与上述几个环节是紧密相关的。学生在自主探究、积极思考之后,就可以进入更高质量的协作交流阶段。换言之,协作交流的进行必须要建立在自主探究的基础上,如此学生的交流思路、观点碰撞、成果分享才能顺利进行。在这一过程中,教师需要起到合理的组织、引导、协调的作用。

三、从单纯语言学习转变为语言文化学习

(一)语言与文化关系密切

1. 文化与语言相互依存

语言是文化传承的载体。反过来,文化对语言发展有着巨大的推动作用。语言的发展对文化各个部分起着推动作用,如法律、政治、风俗、艺术创造、教育、思维等。相反,只有文化不断发展,语言才能发展。

语言是文化的一部分,并且是属于最初始的文化,是文化的一个重要组成部分,是精神文化的基础。但是,语言是不可以超越文化而存在的,不可脱离一个民族所流传下来的对这个民族风俗习惯与生活面貌起着决定作用的信念体系。同时,文化又对语言的形式起着制约的作用,其是语言赖以存在的基础,其不断将自己的精髓注入到语言中,是语言能够再生与发展的生命力量,其成为语言的文化内涵与语言表现形式,因此文化的发展将会对语言的发展起着促进作用。反过来说,语言的发展也对文化的发展有着巨大的意义。

2. 语言与文化相互包容

语言是文化的基础与重要部分。从这一意义上而言,语言是文化系统中的一个子系统,然而这一子系统有着自身的特殊性,其提供了对概念世界起着决定作用的分类系统。简单来说,语言是文化系统的一种典型

形式,其对整体文化系统起着决定性的作用,其包容着文化的一切,对文化的一切有着涵盖的作用。

由于语言与人类行为是融合为一体的,语言是文化产生与发展的必由之路,因此语言能够详细地从正规上对一个民族的历史文化、娱乐游戏、信仰偏见等加以反映。文化上的接触总是导致"语言货物"的交换。十字军东征时在巴勒斯坦的烈日下脱下原来穿的金属盔甲,而换上了阿拉伯人穿的一种棉布服装。于是这种服装传到了欧洲,出现了意大利语的 giubba、西班牙语的 aljuba、德语的 Joppe 等同出一源的指称男用服装的词。

语言的文化渗透力(Culture penetration)还使它在文化的历史发展中获得一种特定历史层面的心智氛围(the mental atmosphere),从而成为特定时代特定社会人类思想的典型标志。英国文学批评家 L.P. 史密斯指出,如果我们得到一份声称是中世纪手稿的抄本,而其中发现有 enlightenment(启蒙)、scepticism(怀疑主义)这样的字眼儿,我们将毫不迟疑地宣称,这是一份明显荒谬的伪造品;如果在一部假称是伊丽莎白时代(Queen Elizabethan,1558—1603)的剧本中,却看到 exciting event(激动人心的事件)、interesting personality(有趣的人格)这样的短语,或是发现剧中的角色在谈论着他们的 feelings(感情),我们也将即刻抛弃它;如果在假设由培根嵌入到莎翁和他自己作品中的著名暗记里,我们读到 secret interviews(秘密会见)、tragedies of great interest(重大悲剧)、disagreeable insinuations(令人不快的暗讽),我们开始怀疑培根对这些短语的著作权。

汉字的象形性对中国人认识世界的方式起着制约的作用,其使人在使用文字时不需要了解其读音就可以根据形态来把握其概念意义,并在一定程度上对其深层含义有所了解和把握。人们在学习汉语汉字时,对周围世界进行认知,完整地接受了这样一个致思途径与世界构图,以语言文字的形象贯通世界的形象,最终在语言文字上形成"目击道存"的思维形式,并以这种方式来容纳华夏文化。

语言统一文化各领域的功能,使语言问题在现代化进程中日益凸显出来,因为现代化的问题归根到底是人的现代化(modernization)问题。这就不能不与人及整个民族和社会的文化意识(culture consciousness)、文化素质(culture quality)、文化传统(culture tradition)、文化氛围(culture atmosphere)、文化构成(culture formulation)、文化功能(culture function)、文化发展(culture development)的态势等等发生关系。因此,现代人无疑应该具有一种崭新的文化含义(culture meaning)、文化形象(culture image)和文化精神(culture spirit),这就必然需要在其思维方式(mode of thinking)、心理意识(mental consciousness)和审美情态等方面有一个较为深刻的革命,这一革命的必要条件就是语言的解读和更新。

从本质上说,语言是对传统的阐释与理解。人类生活在语言中,而能够对传统进行保存的是语言,因此人类已经在传统中生存,就在人对语言理解与接受的同时,传统已经通过语言进入人类的生活中。人之所以成为现实与理性结合的人,就是因为他对某一文化传统的语言进行无可选择的接受,并通过语言对传统进行理解与解释。

语言的更新是思维方式革命和文化观念更新的必然要求。过去人们总是过多地强调思维而较少地谈论语言,并且往往在阐发语言和思维(形式和内容)的关系时,把语言放在一种从属的和被动的位置,从而使语言的实际作用遭到忽略,事实上语言对于人类思维的发展和社会形态的形成有着不可低估的作用。

(二)单纯学习语言的局限性

1. 割裂了语言与文化的内在关联性

众所周知,语言与文化关系密切,语言是文化的载体,文化是语言的灵魂。语言教育肩负着使不同文化得以传递、保存、发展的重要责任,因此外语教育是一种文化传播的过程与手段。

语言与文化具有同构性。从语言的形式构成来说,任何语言都是由语音、词汇、语法等要素构成的;从原因的形成来说,任何原因都是对特定价值观念、思维方式等的反映,每一种语言都与某一特定的文化相互对应,而修辞的运用、语言结构的选择、语言意义的生成等都会受到文化特性、文化价值观的规范与制约。因此,就本质而言,语言的发展与传播反映的是文化思维方式、文化价值观念等的变革。就教育层面来说,语言学习的过程就是文化理解、文化传播的过程,也是促进学生思维方式与价值观念建构的过程。如果学生的语言学习离开了文化学习,那么学生学到的仅仅是语言符号,只能导致语言学习的符号化。

也有人认为,文化学习是源自语言学习的。但是如果把文化的东西简单地视作形式化的语言符号,那么文化学习就走向纯粹的原因符号了。传统的外语教育只注重语言形式的学习与技能培养,人为地将语言教学与文化教学割裂开来。这样很多学生即便学到了语言知识,能够说一口流利的语言,但是也很容易出现语用错误。实际上,任何知识都是由三个部分组成的:符号表征、逻辑形式与意义,而逻辑形式与意义不仅在符号表征中呈现,还在语言知识特有的文化元素中呈现。如果将语言的符号知识与其隐含的文化元素割裂展开教学,便是割裂了语言知识与文化内涵之间的关系,这样的外语教育显然也会失去文化立场。

2. 不利于渗透国际理解教育

与母语相比,外语教育为学生打开了另外一扇窗户,其能够引导学生了解另外一个民族的语言文字以及背后的文化与价值挂念等,进而提升学生的文化理解力。尤其在当前经济全球化背景下,外语教育需要确立一种开放的思维方式,引导学生逐渐形成国际理解力,但是外语教育这种单一的语言学立场显然并未认识到文化的重要作用,很难让学生认识多元的世界,形成一个开放的思维。

3. 不利于提升学生文化选择力、文化判断力、文化理解力

我国社会就文化背景的构成来说,虽然不像西方国家社会具有那么大的差异,但是内部也会存在一些文化传统。基于这样的现实,如何开展与文化模式相适应的教学呢?随着我国改革开放的推进,国际合作办学不断发展,很多城市开办了国际学校,招收不同国籍、不同种族、不同文化背景的学生,这必然对多元文化教育提出更高的要求。教师如果对不同的文化模式不了解,就很难驾驭多元文化教育课题要求,很难提升学生的文化选择力、文化判断力、文化理解力。

(二)语言文化学习的意义

外语教育的文化立场作为外语教育的一种基本策略与思维方式,并不意味着在语言知识中简单嵌入文化因素,而是将语言知识与文化知识整合起来,更好地融为一体展开教学。

1. 有利于实现外语教育的文化立场转向

外语学习不仅是一种语言学习,更是一种对多元文化认识与理解的过程。单一的语言学立场容易造成语言与文化的分离。众所周知,语言与文化是并存、共生的,二者是密不可分的关系,语言是突出部分与表现形式,是文化的载体与产物。世界上没有不反映文化内容的语言,也没有与语言无关的文化。语言本身就属于一种文化现象。一个民族的文化在其民族语言中隐藏,因此语言结构具有民族文化的通约性。如果不了解语言中的社会文化,那么就很难真正地理解语言。因此,就本质上说,语言教学与文化教学有着密不可分的关系,语言教学本身应该将文化内容纳入其中来讲授。而且,学生通过对文化知识的学习,能够了解不同的思

维方式与风俗习惯,拓展他们语言学习的知识面,提高自身的文化修养。

2. 有利于克服单一的语言知识教学的局限性

外语教学不仅是一种文化教学,更是跨文化视角下的文化回应性教学。所谓文化回应性教学,即要求在教学目标上培养学生尊重其他文化的态度与意识,帮助学生形成自身文化的自豪感与认同感,使学生能够从不同视角出发对同样的事件和经验加以审视与理解,提升自身对文化差异的鉴赏力。外语学习其实属于一种跨文化学习。外语与母语有着不同的价值观、不同的文化背景,因此在外语教育中,教师需要引导学生在了解语言符号知识的基础上,对不同的文化立场与文化背景进行认识和了解。同时,回归母语文化,对不同文化因素的差异性进行判断与理解,对人类共同的核心价值观进行识别,从而有助于培养学生形成尊重其他文化的态度,并形成自身文化的自豪感。

第六章 二语习得理论下的英语基础知识教学

随着英语教学内容与要求在不断更新,教学方式也在不断变革。二语习得理论不仅为英语教学提供了广阔的空间、便利的资源,还为英语基础知识教学提供了教学途径,进一步调动了学生学习语音、词汇、语法这些基础知识的积极性与主动性,保证了语音学习、词汇学习、语法学习的质量,从而进一步提升他们的基本语言能力。本章首先分析二语习得研究对英语语音、词汇、语法教学的启示,进而探讨其教与学策略。

第一节 二语习得研究下的语音教学

一、英语语音教学基础知识

(一)语音的内涵

语音是人们发音器官发出的声音。这种声音具有目的性,是为了满足人们某些交际需求而发出的。一般来说,语言包含音、形、义三部分,而语音在其中占据第一位。因此,语音是非常重要的,是语言形成的一个重要标志。英语语音分为辅音和元音两部分。具体分析如下。

1. 辅音

辅音即气流在口腔或咽头受到阻碍而形成的音。辅音也称"子音"。换句话说,发音时气流受到发音器官的各种阻碍,声带不一定振动,不够清晰响亮的音素就是辅音。气流从肺部出来不一定振动声带,通过口腔时受到一定阻碍,其主要依靠阻碍发出的音就是辅音。

英语国际音标中共有 28 个辅音,如表 6-1 所示。

第六章　二语习得理论下的英语基础知识教学

表 6-1　28 个英语辅音音标

爆破音	清辅音	/p/	/t/	/k/			
	浊辅音	/b/	/d/	/g/			
摩擦音	清辅音	/f/	/s/	/θ/	/ʃ/	/h/	
	浊辅音	/v/	/z/	/ð/	/ʒ/	/r/	
破擦音	清辅音	/tʃ/	/tr/	/ts/			
	浊辅音	/dʒ/	/dr/	/dz/			
鼻音	浊辅音	/m/	/n/	/ŋ/			
边辅音	浊辅音	/l/					
半元音	浊辅音	/j/	/w/				

（资料来源：朱鑫茂，2003 年）

2. 元音

元音也称"母音"。通常，元音具有如下几个特点。（1）在发音时，气流在口腔、鼻腔中均不受任何阻碍，能顺畅地流出，只要利用口腔、鼻腔等造成的共鸣就能发出不同的元音；（2）发音器官均衡的紧张；（3）声带颤动，声音响亮；（4）气流弱。此外，元音均为乐音，这也是它的一个特征。

元音可以分为单元音和双元音两种。当发单元音时，唇形和舌位不变。双元音包含两个因素，发音时由一个元音向另一个元音滑动，元音之间的差异，取决于舌位的高低和前后，口腔开合的程度，唇形的大小与圆扁。

单元音可以进一步分为前元音、中元音和后元音，其区分点在于发音时舌身是在口腔的前部、中部还是后部，口腔的开合程度，决定发出的元音是开口元音、半开口元音、半合元音，还是合元音。表 6-2 是英语元音的详细分类。

表 6-2 英语元音

单元音	双元音
前元音 /i:/, /ɪ/, /e/, /æ/	/eɪ/, /aɪ/, /əʊ/, /aʊ/, /ɔɪ/, /ɪə/, /eə/, /ʊə/
中元音 /ɜ:/, /ə/, /ʌ/	
后元音 /ɑ:/, /ɔ:/, /ɒ/, /u:/, /ʊ/	

（资料来源：朱鑫茂，2003 年）

实际上，早在 1888 年，国际语音学会（International Phonetic Association, IPA）就拟订了一套记音符号，基本用的都是拉丁语的印刷体的小写字母，加上大写、草体、合体、倒排、变形、加符等方式进行补充。在国际音标中，每个符号都表示一个读音，每个民族语言均可以用它记录本民族语言中的音素，必要时可以增补音标，以便表示本民族中特有的音素。国际音标的数量庞大，直到今天还在不断增加，各个民族语言中使用的仅是其中的一部分。

截止到 1990 年，国际音标学会已经制订了如下主要元音，如图 6-1 所示。

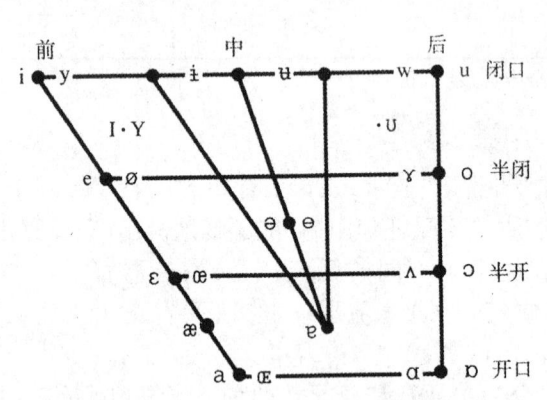

图 6-1 主要元音（截至 1990 年）

（说明：图中发音点，左边的音标代表扁唇元音；右边的为圆唇音）
（资料来源：朱鑫茂，2003 年）

为了更好地理解这些元音，请看图 6-2 至 6-9 几个示意图。

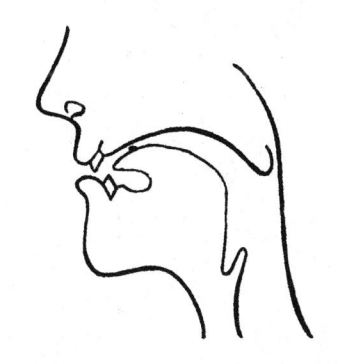

第六章 二语习得理论下的英语基础知识教学

图 6-2 音标元音 /ɪ/ 的舌位图

（资料来源：朱鑫茂，2003 年）

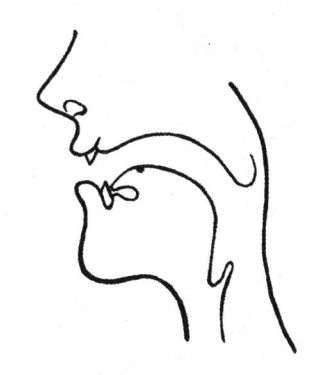

图 6-3 音标元音 /ʌ/ 的舌位图

（资料来源：朱鑫茂，2003 年）

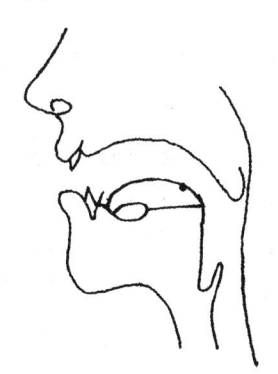

图 6-4 音标元音 /ɒ/ 的舌位图

（资料来源：朱鑫茂，2003 年）

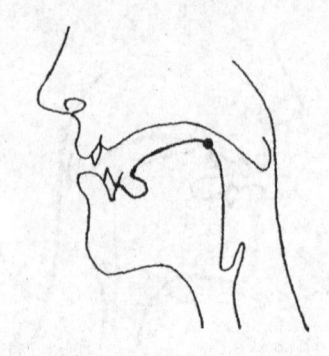

图 6-5　音标元音 /ʊ/ 的舌位图

（资料来源：朱鑫茂，2003 年）

在上述四个图中，圆点"·"分别表示四个不圆唇元音舌位最高点。这四个点可以连成一个近似菱形的图（图 6-6），其显示了人们在发音时舌位最高点所能达到的最前最高、最前最低、最后最高一级、最后最低的四个极限。为了方便起见，语音学家们将这个图样画成一个上长下短的直角梯形（图 6-7）。该梯形有着无穷的魅力，几乎所有语言的所有元音均能在其中找到适合自己的精确位置。

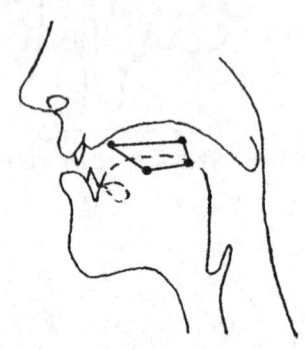

图 6-6　四个圆点连成的图

（资料来源：朱鑫茂，2003 年）

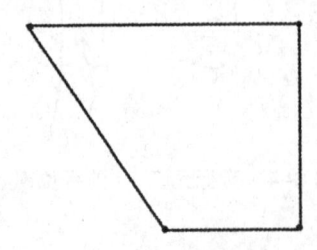

图 6-7　发音时舌位高低的四个极限

（资料来源：朱鑫茂，2003 年）

第六章　二语习得理论下的英语基础知识教学

　　为了便于语音教学与研究工作,一些语音学家将舌高点的位置分为四等,分别是闭口(即舌位高)、半闭(舌位半高)、半开(舌位半低)和开口(舌位低),如图 6-8 所示。舌位在高低上被划分为四个等级,在前后方向还分为三个等级,分别为前、中、后,如图 6-9 所示。

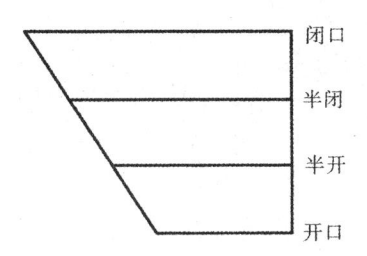

图 6-8　舌高点的四个等级

(资料来源:朱鑫茂,2003 年)

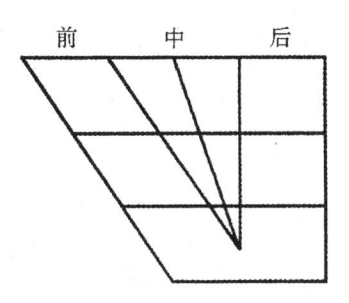

图 6-9　舌前后的三个等级

(资料来源:朱鑫茂,2003 年)

只有清楚了辅音与元音,才能更好地学好语音。

(二)语音教学的现状

1. 教师的问题

(1)教师本身发音不标准

　　学生的发音情况往往是由教师的发音情况决定的。学生学习语音无非是从两种途径获得,一种途径是对教师发音的模仿,即教师如何发音,学生就会模仿教师进行发音;另外一种途径是通过多媒体,一般情况下多媒体发出的声音都是标准的英音或者美音,学生听其发音,可以有效纠正自身的发音情况。但是,在语音课堂上,教师很少使用多媒体,因此不利于学生语音、语调的纠正,也不利于激发学生学习的兴趣和积极性。

（2）教师的语音意识淡薄

学生对语音学习的兴趣本身就薄弱,但是面对学生这一情况,很多教师并未采取有效的措施加以改进,而是认为这种状态会对教学产生影响,因此会减少语音教学的时间,甚至放弃语音教学。可见,教师的语音意识存在明显的淡薄情况。

（3）教学中严重缺乏练习环节

当前,很多的英语教学仍旧采用大班教学,因此很少有练习的机会。也就是说,在当前的英语语音教学中,练习严重匮乏,也是造成语音学习困难的关键层面。具体来说,主要表现在如下几个层面。

第一,未坚持听音领先这一原则,导致学生并未真正地听清楚,当然就很难模仿了。

第二,在对学生的语音进行纠正时,教师未告诉学生基本的语音知识,也未告诉学生练习的方法和技巧。

第三,教师未能对全班学生进行全面的发音指导,导致一些学生出现了发音难的困境。

2. 学生的问题

（1）受到母语干扰

由于英汉语属于不同的语系,加上中国地域辽阔,方言众多,导致音系差别也非常明显。具体来说,表现在如下几点。

第一,英汉语发音的音调不同,汉语是依靠声调来进行辨别的,英语是依靠语调进行辨别的。

第二,英汉语发音的节奏不同,汉语是依靠音节来发音的,英语是依靠重音来发音的。

第三,英汉语的重音不同,汉语不存在重音结构,而英语中存在。

很多学生受音调、节奏等差异的影响,导致发音非常困难,学生很难辨别相似或者相近的发音。可见,母语对英语发音的干扰是显而易见的,这不仅让学生学习遇到挫折,还让学生丧失学习的兴趣和积极性。

（2）学生对语调和节奏把握不准

一般来说,学生的语音学习往往是按照发音规律来拼读单词,对语音进行操练,而对句子、语篇的语音、语调操练很少,导致学生习惯于背诵,但是不擅长进行朗读。同时,即便进行朗读,学生的语调也是非常单一的,只能达意却很难表情,谈不上有节奏与韵律,这样就很容易让学生逐渐失去学习的兴趣。

（三）语音教学的原则

1. 准确性原则

在英语语音教学中，准确性原则是最为关键的原则。在教学过程中，教师是学生进行模仿的榜样，因此教师如果可以保证发音的准确性，那么就能够带领学生纠正自己的发音。

另外，教师还需要掌握语音理论知识，带领学生掌握科学、系统的语音知识体系。当然，教师在教学中应该采用灵活的教学方式，通过多样化的手段，将语音教材的知识传授给学生，保证学生的语音到位、准确。

2. 针对性原则

我国幅员辽阔，有着丰富的方言。很多学生由于受到本地方言的影响，在发音上存在很多问题。例如，在湖北、贵州、云南等地的方言中，/n/与/l/难以区分，会将 night[nait] 读成 light[lait]。面对这一问题，在语音教学中，教师应该坚持针对性原则，即考虑学生的发音困难，展开教学。

3. 长期性原则

语音教学这项工作是非常复杂的，并不是一蹴而就的。在教授语音时，教师在语音教学中，应做好长期计划，对单词、句子、文章等都要注意引导学生语音层面知识的学习。因此，在语音教学中，教师应该做到层层渗透，帮助学生解决语音学习障碍，让他们树立语音学习的信心。

4. 交际性原则

语言属于一种交际手段，人们进行语音学习的目的在于运用语言展开交际。因此，语音教学活动需要按照交际性原则展开教学。只有在交际活动中，语音教学才能将其自身的价值体现出来。如果教师只教授学生基础的语音知识，不让他们展开交际训练，那么学生是很难对语音加以掌握的。因此，在课堂教学中，教师要为学生创设真实的情景，以实现他们对语言的掌握。

二、英语语音教学的策略

（一）听音模仿

听和模仿是语音系统学习的主要途径。学生语音学习得好与坏主要取决于其听准教师的发音能力和准确模仿教师语音的技能。教师应充分利用学生的这一特点,先让学生认真观察教师发音时的口型,听清、听准、听完整再开口。如果必要,教师要配合讲解发音要领和方法,使学生在理解的基础上模仿。比如,在讲解英语音标时,教师可以让学生对照口腔发音部位图熟悉各发音器官后,然后教师示范发音,要求学生仔细观察教师发音时的口形,注意嘴唇的开合过程,再调动有关发音器官反复模仿练习,必要时可让学生对着镜子练习。在互联网时代下,很多时候教师没有充足的时间在课堂上传授给学生所有的发音知识,这时候教师可以录成发音视频,让学生对照教师的发音视频来进行重复学习,这样久而久之,学生就能逐渐掌握发音,当然也可以对课堂上教师教授的内容进行复习。

除让学生模仿教师的语音、语调外,在"互联网+教育"背景下,教师也可以指导学生听英文歌曲等,并且在听的过程中帮助学生解决听力理解上的困难。除单音模仿之外,教师也要注意学生语音的重音模仿、基本节奏模仿、语速模仿、情感模仿、情景模仿等,从而提高整个语音水平。

(二)拼读训练

语音拼读即要求学生掌握英文字母在单词中的发音并正确读出。通过互联网,教师在组织拼读训练时,要先从学生熟悉的开始。拼读时应从元音字母和元音音素开始。这种练习更适合元音后面发音相同的单词。拼读训练一般先从单音节词开始,之后拼读双音节词和多音节词。在拼读双音节或多音节词的时候,教师应提醒学生注意重音。学生有了拼读能力就能够根据音标正确读出单词的发音。这种能力的培养要靠长期的训练。

(三)对比训练

学生会不可避免地受到本族语的负迁移。例如,对英语中的双元音和汉语复韵母的发音,有的学生混淆不清,对此,教师要帮助学生找出英汉两种语言发音之间的联系,然后加强练习,加深理解,巩固记忆。

利用英语发音中的最小对立体,也可以较好地训练学生的发音。最小对立体指一对只有一个音位不同且意义有别的单词。在语音教学阶段这种方法能够有效地训练学生的听音、读音、辩音和辩义的能力,也有利于学生较快、较多、较牢固地掌握语音及分辨其词义。

在语音教学中,教师也应该展开对比训练,让学生通过对比来更好地掌握英语发音。

第六章　二语习得理论下的英语基础知识教学

三、英语语音学习的策略

（一）培养语音学习意识

我国英语教学的开展主要是通过课堂展开的，学生对语音知识的学习往往是通过课堂学到的。但是，这容易导致学生缺乏学习的环境，缺乏语音学习的兴趣和积极性。

在语音学习中，学生首先要端正自身的态度，了解语音在交际中的意义与作用，对自己的自主学习意识进行培养。只有学生对语音知识进行有意识的学习，才能提升自身的学习积极性，增强自身学习语音知识的效果与能力。

（二）合理设计语音学习

英语语音学习包含一系列的过程，在展开语音学习之前，学生应该对语音学习的目标、内容等有清楚的了解，这样便于他们制订自己的学习计划。另外，学生应该认识到语音学习是基于课堂知识的吸收建构起来的，只有学生具备充足的语音知识，才能展开自主学习。

通过自己的计划展开，同时需要对自身的语音学习情况进行评估。对语音教育内容进行预习与复习也是一个有效的方式。

另外，学生还可以运用其他资源展开语音知识的学习，使语音教与学联系起来，从而逐渐对语音知识进行积累。

四、二语习得研究对英语语音教学的启示

（一）明确区分英汉两种语音体系

学习者语音出现失误往往是受到母语迁移的影响。在二语习得理念下，对学习者的母语与二语展开对比，其对语言习得是非常有利的，让学习者认识到英汉两种语言的差异性。在中国，很多英语教师都是以汉语作为母语，他们对于英汉语言的差异性更清楚。因此，语音教师应该从音素、音节、节奏、重音等多个层面出发，对英汉语音体系的差异进行对比，让学生掌握英汉语音的异同。

(二)加强情感因素的作用

在二语习得中,情感因素是重要的因素。语音学习的目的在于展开交际,即培养学习者达到满意的语音水平。因此,语音教学应该不断提高学习者的交际能力,尤其是听力理解能力、自我监控能力、策略应用能力等,以培养学生说英语的自信。

在语音教学中,如果教师在运用交际手段时,需要明确必须帮助学生巧妙运用语音技巧。除了要教授给学生音素、音段等,教师还需要创设特定氛围,让学生在实际交际中学习语音知识。

在教学中,教师需要考虑学生情感的需要,争取获得教学效果的最优化。在学习语音时,学生往往具有焦虑感,语音教师的仪表仪态等都能够对学生的情绪进行缓解,激发他们语音学习的兴趣和积极性。

第二节 二语习得研究下的词汇教学

一、英语词汇教学基础知识

(一)词汇的内涵

词汇是构成语言整体的重要细胞,是语言系统赖以存在的支柱,"如果把语言结构比作语言的骨架,那么是词汇为语言提供了重要的器官和血肉"。可见,词汇对于语言以及语言学习非常重要。那么什么是词汇呢?关于这一问题,不同的学者有着不同的解释,可谓见仁见智,以下就对一些有代表性的观点进行分析。

路易斯(Lewis)对词汇进行了解释,他将词汇称为"词块"(lexical chunk),并把词块分为四种类型:单词(words)和短语(phrases);搭配(collocations);惯用话语(idioms);句子框架和引语(sentence frames and heads)。

陆国强指出,词是语音、意义和语法特点三者相统一的整体,是语句的基本单位,而词的总和构成了词汇。

总体而言,词汇是包含词和词组在内的集合概念,能够执行一个给定的句法功能,是基本的言语单位。

关于什么是英语词汇教学,王笃勤认为,英语词汇教学是一项包含教学的进程和活动的策划在内,将词汇讲解作为教学内容,以学生充分认知和熟悉应用词汇为目标的教学活动。

简单来讲,词汇教学涵盖的范围十分广泛,而且是教学中最基础、最重要,也是最困难的环节。

(二)词汇教学的现状

1. 教师的问题

(1)教学方法单一,脱离英语语境

词汇的掌握对英语语言学习的重要性是不言而喻的,但词汇的记忆和掌握的过程又是枯燥和困难的,这就需要教师来缓解这种枯燥,需要教师创新教学方法来创设教学情境,营造教学氛围,激发学生学习的积极性和动力。但是就目前英语词汇教学的现状来看,教师并没有将心思花在教学方法的创新上,而是依然采用陈旧的教学方式,既教师领读单词,讲解词汇用法,学生记忆单词。基于这种课堂教学模式,学生的主体地位被忽视,学生只能被动地学习和记忆,积极性根本无法调动起来,甚至还会产生抵触情绪。此外,教师在教学中对词汇的整体性认识不足,没能将词汇放到具体的句子或情境中,最终导致学生对一词多义理解不深,限制了学生综合能力的提升。

实际上,任何一种语言都产生于实际应用,要想掌握地道的语言,必须浸润在相应的语境中。我国的英语教育应试倾向仍十分明显,很多学生学习英语是为了通过考试,教师也将通过考试作为教学的目标,这样一来,就将英语语境的创设与英语教学割裂开来,只追求语言的外在表达方式,而不深入探究其内在的文化与逻辑,从而使得学生用汉语思维去理解应用。例如,"玫瑰"(rose)这一词语在英汉文化中都象征着爱情和美好,除此之外,在中国常用"带刺的玫瑰"形容那些性格刚烈的女子,而英语中常用 under the rose 表示要保守秘密。英语中 rose 的这一文化含义源自英国旧俗,如果在教学中不对此进行说明,学生很难理解和掌握其含义。但实际上,很多教师只从词汇处着手,而未创设语境,这样很难让学生充分体会英语这门语言的魅力,也难以让学生更好地投入学习。对此,教师在教学中应创设符合英语文化背景的语境,从而为学生营造一个英语交流环境,培养学生的英语思维,锻炼学生的词汇运用能力。

(2)教学效果不佳

词汇的学习和掌握要借助记忆来完成,但记忆是一个漫长的过程,如果学生不能在课后及时进行复习和巩固,记住的单词往往会在短时间内忘记。在海量的词汇面前,学生常常会表现出畏惧感,由于缺乏高效的学习方式,加之教学方法单一,使得学生的学习热情不高。而且教师也未能为学生提供应用的机会,这样学生通过死记硬背方式记住的词汇很快就忘记,进而导致教学效果低下,学生的交际能力也受到限制。

(3)忽视跨文化意识培养

很多英语词语意义深刻,蕴含着丰富的文化信息,这些词语称为"文化负载词"。经调查显示,很多学生对这些文化负载词完全不了解。而这种情况在很大程度上体现了教师在词汇教学中忽视了文化负载词部分,未有意识地运用跨文化意识来培养学生的词汇能力。具体而言,教师存在的问题体现在以下几个方面。

首先,对文化教学不够重视。这具体体现为以下几点:教师在备课环节的教学目标没有文化意识目标;教师消极地跟随应试教育的脚步;学校很少组织与英语相关的活动。

其次,教师自身的文化素养不够。英语教师虽然具备了扎实的英语专业知识,但英语文化素养有所欠缺。作为学生的榜样,如果教师的文化素养不高,自然也就无法提高学生的文化素养。

最后,文化教学方法不当。教师文化教学的方法比较单一,基本上是讲授法、多媒体展示法等,大部分教师只是在课堂教学中偶尔提到一些特殊词的文化背景,而很少有意识地渗透文化知识。这种教学方式就造成学生只了解词汇的表面意义,而不理解词汇的深层文化内涵。

事实上,跨文化意识和词汇教学是相辅相成的,教师在词汇教学中融入文化知识,能够提升学生的词汇能力和跨文化意识,而词汇量的增加又能进一步帮助学生更好的理解西方文化,培养自身的跨文化意识。

2. 学生的问题

(1)重知识记忆,轻思维锻炼

在词汇学习过程中,很多学生仅仅依靠死记硬背来记忆单词,这种方法并未将思维的锻炼融入进去,学生也很快忘记。实际上,每一个单词都有应用的语境,只有在具体的语境中,才能保证准确性,因此学生在对词汇加以理解时需要从具体的语境出发,这样才能实现学生词汇学习的效果。

而忽视英语思维的培养是在长久的汉语语境中熏陶下产生的惯性思维,很多学生都习惯运用汉语的语言逻辑去理解、解释和使用英语,由于英语和汉语二者背后的文化与逻辑存在差异和冲突,因此必然会影响学生对英语的有效运用。实际上,无论是英语还是其他语言,只有深入了解语言的内在逻辑,才能做到自如运用。英语思维的培养不是仅仅记忆单词或背诵句子就能做到的,还需要学生充分理解英汉语言背后的文化历史,这样才能做到掌握英语这门语言。

(2)语义内涵的理解程度差

我国学生是在汉语环境下学习英语的,所以在理解英语词汇的语义内涵时,会不同程度地受到汉语文化的影响,而英汉词汇之间的语义不对等现象会对学生的词汇理解带来困难。具体而言,一方面,学生在本民族文化传统的影响下会形成思维定式,在理解英语词汇时会出现文化语义的偏差;另一方面,中西文化观念冲突会让学生思维混乱,对英语感到束手无策。如果教师忽视词汇文化背景知识的输入,学生在理解英语词汇时就会出现偏差,甚至会在使用中产生误用问题。

(3)缺乏探究意识

一般来说,学生应该主动地学习词汇,但是在实际的英语词汇学习中,很多学生仍旧从教师那里获取,不寻找其他的获取渠道,这样的学习就是被动的学习,长此以往,词汇掌握的量也是不充足的。同时,学生不会去主动探究词汇,也无法得知词汇文化的背景知识,这样的词汇学习也会让学生逐渐缺乏兴趣和积极性。

(二)词汇教学的原则

1. 联系文化原则

语言与文化密切相关,很多词汇都蕴含着丰富的文化,而且词汇学习的最终目的也是进行跨文化交际,因此联系文化原则也应是英语词汇教学遵循的一个重要原则。遵循联系文化原则是指,在英语词汇教学过程中,词义的讲解、结构的分析都应与文化相联系。充分理解语言文化,有助于加深对词汇的理解,全面掌握词汇的演变规律,有效地运用词汇。

2. 词汇运用原则

学习词汇并非为了单纯记忆词汇,而是为了在交际过程中有效运用词汇,因此在英语词汇教学中,教师应遵循词汇运用原则。这一原则是指教学中教师不仅要讲授词汇知识,还要引导学生对词汇加以运用。具体而言,教师在教学中要设计符合学生学习特点的教学活动,让学生积极参与教学互动,进而锻炼词汇运用能力。

3. 新潮性原则

在科技迅速发展的大数据时代,学生们有着开放的思想、新潮的想法,而且无论是学习还是生活,都与信息异常密切。对此,英语词汇教学应顺应社会的发展趋势和学生的需求,与时俱进,具有新潮性。教师除了教授教材中的词语,还可以适时传授一些热门新词,如 selfie(自拍),bestie(闺蜜)等,这样学生就会切实感受到语言的鲜活性和发展性,学习词汇的积极性也会随之提高。

4. 循序渐进原则

任何教学都应循序渐进地进行,也就是遵循循序渐进原则,英语词汇教学也不例外。具体而言,在词汇教学中遵循这一原则是指教学中在数量和质量平衡的基础上对所教内容逐层加深。基于循序渐进原则,英语词汇教学不能仅仅重视学生对词汇数量的掌握,也应重视学生对词汇质量的把握,要做到在增加学生词汇数量的基础上,提升学生对词汇使用的熟练程度。

逐层加深是指英语词汇教学应由浅入深、层层递进地进行,因为课堂教学中不可能一次性教授词汇的所有语义,学生也不可能一次性掌握全部知识。总体而言,在英语词汇教学中,教师要避免急于求成,应由浅入深地推进教学,让学生一步步加深对单词意义的了解和对单词用法的掌握,进而提升学生的学习效率和英语词汇水平。

5. 情景性原则

词汇教学不应孤立进行,其应做到词不离句、句不离段,设置情景,借助情景教授词汇。学生善于模仿、记忆力好、听觉敏感,所以教师应抓住学生的这些特征,为其创设真实的语言情景。教师应根据教材的内容,努力为学生创设良好的语言环境,让学生在较为真实的语言情景中,积极开展练习活动,坚持听、说、做相结合的原则。在情景中教授英语单词,一方面有利于学生对词义的理解,加强记忆;另一方面,方便学生将所学单词应用于交际活动中。

6. 重复性原则

遗忘是伴随着记忆而行的,在学生的词汇学习中,不可避免地会产生遗忘问题,每天如果不加以复习和巩固,将很难掌握词汇,对此英语词汇教学应遵循回顾拓展原则。这一原则是指在教学中将新旧词汇结合起来,利用已教授过的词汇来教授新的词汇,以便让学生对旧的词汇加以巩固,同时有效拓展和掌握新的词汇。

7. 对比性原则

英语词汇中的大量词汇均有与其意义对应的词,通过对比、对照等方

第六章 二语习得理论下的英语基础知识教学

式将学生容易混淆的词以及内容上联系密切的成对的概念找出来,加强单词的识记。根据神经系统的对称规律,当两种性质不同的语言材料同时出现时,会促进大脑皮层的互相诱导,强化"记忆痕迹",活跃思维活动。

二、英语词汇教学的策略

(一)文化知识法

在词汇教学中,教师可以采用教授法开展文化教学,即教师直接向学生展示文化负载词的分类及内涵等,同时通过图像声音结合的方式列举生动的例子加以说明,直观地培养学生对文化的兴趣。只有熟悉了英语文化,才能让学生透彻地了解英语词汇。学习语言时不能只单纯地学习语音、词汇和语法,还要接触和探索这种语言背后的文化,在语言和文化的双重作用下,才能真正掌握英语这门语言。采用直接讲授法讲授文化,既省事又有效率。而且这些文化不受时空的限制,方便学生查找和自学。

例如,"山羊"(goat),在汉语环境中,"山羊"一般扮演的是老实巴交的角色,由"替罪羊"这一词就可以了解到;在英语环境中,goat 则表示"好色之徒""色鬼"。这类词语还有很多,如 landlord(中性)/"地主"(贬义)、capitalism(中性)/"资本主义"(贬义)、poor peasant(贬义)/"贫农"(褒义)等,这些词语代表了人们不同的态度。在词汇学习过程中,要深入了解和尊重中西方文化,这样才能更好地将词汇运用于交际。

再如,根据当下流行的垃圾分类,教师可以让学生翻译这四类垃圾:干垃圾、湿垃圾、有害垃圾、可回收垃圾。大部分学生都会将"垃圾"一词翻译为 garbage,实际上正确的翻译应是 waste。由这两个词就可以看出中西方文化差异。在英语中,garbage 主要指事物或者纸张,waste 主要是指人不再需要的物质,可以看出 waste 的范围更广,其意思是"废物"。当翻译"干垃圾"和"湿垃圾"时,学生又会翻译得五花八门,实际上"干垃圾"是 residual waste,"湿垃圾"是 household food waste。所以,学生有必要深入了解中西方文化的异同,这样才能学好词汇,才会形成英语思维,进而形成跨文化交际能力。

(二)创设情境法

语言只有在语境中才能焕发生机与活力,单独去看某个词很难在其中发现个中韵味,但是一经组合和运用,语言便有了生命力。因此,教师应创设信息丰富的环境,为学生提供真实的语言环境和大量的语言输入,使学生在逼真的语境中学习英语,给学生提供学习和运用词汇的机会。教师可以设计一些活动,如组织学生观看电影,然后指导学生进行角色扮演,让学生经历真实的跨文化交际情景,培养学生的跨文化交际能力。

除组织跨文化交际活动外,教师还可以组合一些课外活动,让学生切实感受英语文化,扩大学生的词汇文化资源,培养学生的跨文化交际能力。例如,《疯狂动物城》这部动画片深受学生的喜爱,但大部分学生并没有注意这部影片的名字 Zootopia,也没有对其进行探究,觉得这是电影中虚构的一个地方。如果学生知道乌托邦的英文是 Utopia,可能会理解这个复合词 Zootopia 是由 zoo(动物)和 Utopia(乌托邦)结合而来。实际上,很多学生连汉语文化中的"乌托邦"都不了解,更不用说英语文化了。其实,"乌托邦"就是理想国,Zootopia 就是动物理想国,动物之间没有相互杀戮的地方。如果学生在观看电影前能对其中的文化进行探索,或者教师稍微引导,那么观影的效果就会更好,而且在欣赏影片的同时能掌握文化知识。

(三)课外扩充法

词汇学习不能仅依靠教师的课堂讲授,还要依靠学生的课外自主学习,对此教师应有效引导学生充分利用课外时间来自主扩充词汇量,丰富词汇文化知识。

1. 推荐阅读

教师可以向学生推荐一些课外读本,如《英语学习文化背景》《英美概况》等,让学生利用课余时间进行阅读。通过阅读英语名著,学生不仅能充分了解西方文化背景知识,扩大文化视野,还能积累丰富的词汇,了解词汇的运用背景以及词汇的文化含义,更能培养学生良好的自主学习习惯,促使学生终身学习。可见,阅读英语书籍对学生的词汇学习而言是非常有意义的。

这不仅能培养学生的自主学习能力,还能丰富学生的文化知识,扩充学生的词汇量。

2. 观看英语电影

现在的学生对于英语电影有着浓厚的兴趣,对此教师可以借助英语电影来提高学生的词汇能力。具体而言,教师可以选取一些蕴含浓厚英美文化,并且语言地道、通俗的电影让学生观看。这样学生可以在欣赏影片的过程中,切实感受英美文化,提高文化素质和词汇能力,同时提升学习词汇的兴趣。

(四)信息技术辅助法

1. 使学生在语境中掌握词汇具体用法

在词汇学习中,将其放在具体语境中,往往能起到事半功倍的效果。在英语语料库中,有大量和语境相关的实例,具体的实例主要是通过数据的方式呈现在学生面前。在语境中,学生的注意力能够被有效吸引,使学习的词汇知识得到强化,同时也能对相关使用规律进行总结。在语料库中,学生能了解使用频率较高的一些词汇,加强对词汇具体结构的了解,深化对语言现象的认识,实现对出现频率较高的单词的巩固与理解。就 outline 这个单词来讲,在教材中只是标注其主要意思是概要、轮廓、外形的意思,而在实际教学中,教师可以在语料库中进行检索。通过检索的方式不仅能够了解具体的用法,还能了解相应的使用频率。进而学生认识到这个词不仅能够当作名词使用,也能当作动词使用。而在实际教学中,教师可以用演示的方式实施,进而使学生了解主要使用方式,使学生在学习中的自主学习能力得到加强。

2. 对近义词以及同义词进行检索

由于英语是一门非母语学科,因此学生在学习近义词的过程中存在较大难度。而语料库在高校英语词汇教学中的使用,能够使学生在检索过程中,获得相应的参考,然后在此基础之上进行细致大量的分析,例如 destroy 和 damage 是两个近义词,那么在实际教学中,就可以在检索栏中将这两个单词输入进去,然后学生会在实际阅读中进行具体分析。同时在学习完这两个词之后,也可以将自己在日常生活中遇到的近义词、同义词进行搜索,通过这种方式的使用,方便了学生在学习中进行自主对比,使学生的自主学习意识和自主学习能力都能得到增强。

3. 在检索过程中了解不同词汇搭配

词汇搭配的概念提出已久,并且随着社会的不断发展,受重视程度越来越高,词语搭配考查了相应的语法结构以及框架。有相关学者认为词的搭配、语义选择、语义韵以及类联接之间存在紧密联系,它们实现了对词汇组合以及词义的表达,而比较普遍的则是动词与名词之间的搭配。

例如,想要了解 trend 这个词时可以在语料库中进行检索,如 short term trend, development trend, trend up 等,除了这些搭配用法之外,实际上 trend 还有很多用法。这种学习方式的使用,能够使学生在学习中对词汇搭配内容有更深入的认识与了解,同时在实际学习中也可以将查找的内容和自己已知内容进行对比,找出二者之间的差异,进而在实际学习中更有针对性。

4.进行词汇的复习与巩固

英语语料库在英语词汇教学中的使用,除了能够为学生构建情境,了解近义词、同义词的相关知识,认识词汇搭配,教师也可以利用这种方式,帮助学生进行词汇知识的巩固。在巩固过程中,练习的方式可以是填空题、选择题,也可以是匹配题。而在实际教学时,教师可以将检索出来的内容进行隐藏,然后让学生根据上下文进行猜测与分析,并且在教师挡住的部分,填入适当的内容,而在选择语料库时,教师需要以不同的学习内容为依据进行选择。

在语料库中,学生可以实现对学习词汇内容的拓展。英语语料库中有大量的内容,能够成为学生学习中的素材,学生可以根据自己的实际学习能力和情况进行选择,学习的范围便不再局限在教材中,进而使学生学习到的知识能够有更强的实用性,从而实现对英语词汇的有效巩固。同时这种方式的使用在一定程度上响应国家号召,加强了对互联网技术的使用,促进对学生学习能力的培养,使学生在实际学习中能逐渐形成良好的学习习惯,实现英语综合学习水平的提升。

三、英语词汇学习的策略

(一)明确学习目标

词汇学习的目标是为学生学习进程加以指导的方向,能够避免学生盲目地学习词汇。根据阶段的不同,学生的词汇学习目标也不相同,具体来说可以分为短期目标、中期目标、长期目标。学生可以基于教师的指导,对自己的这些阶段目标加以制订,尤其是每一个阶段学生词汇学习的数量。

学生的词汇学习短期目标可以从具体的学习课程出发,与本专业相联系;长期目标是与自身的职业倾向相关,展开方向性的学习,从而为之后的语言交际奠定基础。这种明确的目标能够让学生认识到词汇学习与自身之间的关联性,从而对词汇学习的重要性加以关注,提升他们词汇学习的积极性。

第六章 二语习得理论下的英语基础知识教学

(二)掌握词汇记忆策略

在英语学习过程中,词汇学习是一个十分重要的环境,但由于英语词汇数量众多,再加上我国的英语学习缺少一定的语言环境,很多学生都认为记忆单词是一件困难的事情,"难记住,易忘记"成了学生词汇学习中无法逾越的门槛。对此,在英语词汇教学中,教师有必要向学生讲授记忆词汇的方法和策略,从而帮助学生更加高效地记忆和学习单词。

1. 归类记忆

(1)按词根、词缀归类

词汇记忆是非常枯燥的,但通过词根、前缀和后缀来记忆可有效提高记忆效率,使学生逐渐扩大词汇量,而且也能降低词汇记忆的枯燥感。

(2)按题材归类

教师可以根据话题来引导学生进行词汇归类。日常的交际中常会涉及不同的话题,将与某一话题相关的词汇进行归类,可使学生的词汇学习形成系统,有一个系统的记忆,如图6-10所示。

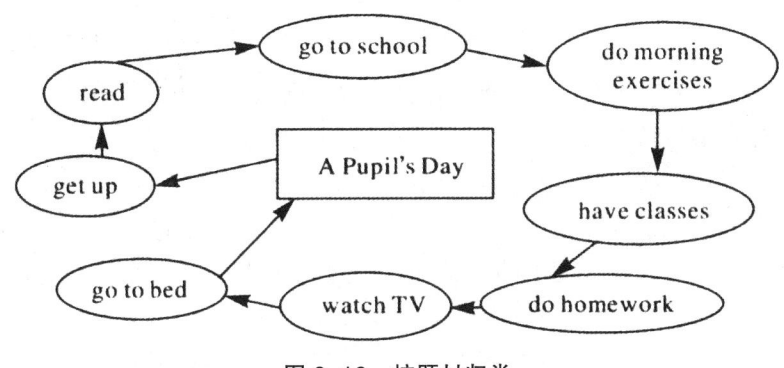

图6-10 按题材归类

(资料来源:林新事,2008)

通过图6-10可以看出,与"A Pupil's Day"这一话题相关的单词有很多,这样记忆更加系统,而且更加有效。

2. 联想记忆

联想记忆就是以某一词为中心,联想出与之相关的尽量多的词汇,这样不仅可以有效记忆词汇,而且可以培养发散思维,如图6-11所示。

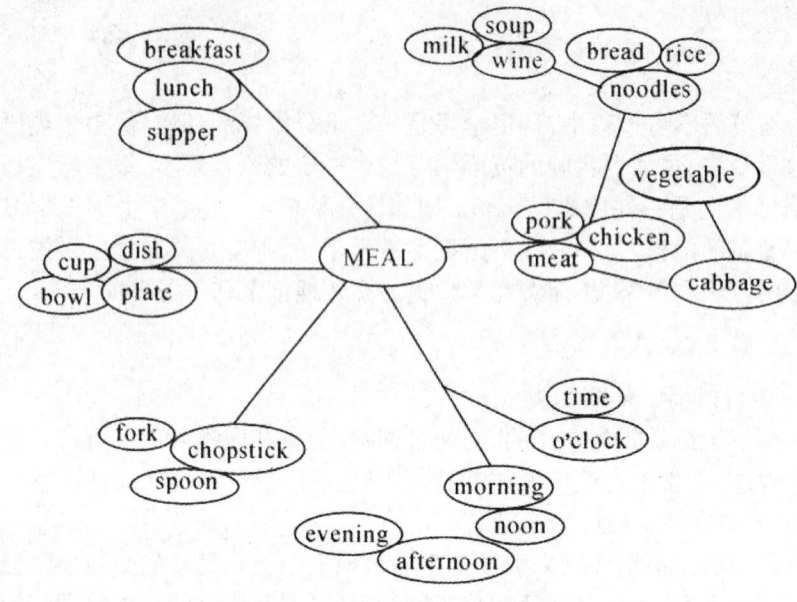

图 6-11 meal 的词汇联想

（资料来源：何少庆，2010）

通过图 6-11 可以看出，通过单词 meal 可以联想到与之相关的众多词汇，这不仅能提高记忆的效率，扩大词汇量，还能拓展思维能力。

3. 阅读记忆

词汇与其他语言技能有着密切的联系，如词汇与阅读就关系密切，因此可以通过阅读来记忆词汇。具体可以通过精读和泛读来记忆词汇，通过精读可以深入了解词汇的含义，通过泛读可以进行无意识记忆，加深对精读所学词汇的记忆。可以看出，经常进行阅读，不仅可以有效记忆词汇，还能加深对词汇的认识，了解词汇在特定语境中的运用情况。

（三）合理运用情感策略

在词汇学习中，学生会遇到很多困难与挫折，很容易产生负面情绪，这时候就要对自己的情绪加以控制，否则会不断放弃自己的词汇学习。具体来说，学生可以采用情感策略对自己的情绪加以调控。所谓情感策略，即在词汇学习中，对自己的情绪波动加以调控，减少出现消极情绪，保持一种乐观的姿态，为自己的词汇学习创造一个愉悦的氛围。

1. 树立学习词汇的自信心

心理学理论认为，在情感因素中，自信心是第一要素，其他要素是基

第六章　二语习得理论下的英语基础知识教学

于自信心建立起来的,只有建立充足的自信心,才能使其他情感因素发挥作用。有了自信心,人们的整个精神面貌才会焕然一新,充满斗志与决心。

当然,很多人的自信心不足,这可能与其他同学相比自身所储备的词汇量不足,上课很难融入进去,很难表达自己的意见等。针对这些情况,学生不能急于冒进,而应该对自己落后的原因进行分析,采取恰当的措施,对自己予以鼓励,从而不断提升自身的自信心。

2. 克服词汇学习的焦虑

在词汇学习中,很多学生也会出现焦虑的情绪,其是一种以紧张、担心为特点的心态。心理学家认为,焦虑有的具有积极的价值,其可以对人的行为加以约束,是学习的内驱力,在一定程度上焦虑能够维持学生自身的紧张度,不断集中学生的注意力,促进学生获得知识。

但是,如果焦虑水平过高,则会让学生感到抑郁,甚至焦躁不安、心烦意乱等,他们很难集中自己的注意力,很难专心地做一件事情,尤其是自己的词汇学习。

克服焦虑的方式有很多,可以向同学、朋友、家人诉说,也可以记日记描述,倾吐自己的心情。

四、二语习得研究对英语词汇教学的启示

(一)综合"习得"与"学得",提升词汇教学水平

当前,在我国的英语词汇教学中,最常见的方法是将词汇拼写、语法规则教给他们,让学生在一定的时间内完成词汇记忆。在二语习得的视角下,可以将教学中的习得与学得结合起来,让无意识与有意识的学习方式相结合。例如,教师在教授一些单词时,可以创设一定的情境,通过让学生听歌曲、看视频等,让学生融入词汇学习氛围之中,让学生逐渐放松自己的状态,这样便于学生无意识的习得。另外,要让学生明确学习任务,让他们有目的地掌握词汇规则等。因此,将学得与习得结合起来,活跃课堂气氛,可以有效提升教学的质量。

(二)注重感性因素的发挥,消除词汇教学顾虑

词汇教学一方面是依靠课堂授课,另一方面需要学生自身的理解。学生不同,他们的经验不同,都会对学生的学习效果产生重要影响。在二语习得理论下,应该对感性因素在语言学习中的重要意义有所关注。对

于教师而言,要将每一名学生的特点挖掘出来,抓住情感因素中的积极成分,并对其进行合理的利用,从而不断提升词汇学习的效果。从本质上说,英语属于一门外语,在日常学习中本身缺乏学习的环境,这就会让学生感到陌生,因此教师在教学中可以展开适当的指导,从一些常见的情景出发,对词汇的使用方式进行讲述,扫除学生词汇学习中的一些障碍,提升他们学习的欲望与兴趣。

(三)创设词汇教学情境,激发学生的学习兴趣

在二语习得理论中,应该注重创设词汇学习情境。词汇的学习必然离不开情境,对情境的创设,有助于激发他们学习的兴趣与积极性,潜移默化地对学生的学习状态进行改变。就当前的环境来说,随着科技的不断进步,教师可以更加方便地对情境进行创设。

第三节　二语习得研究下的语法教学

一、英语语法教学基础知识

(一)语法的内涵

对于语法的内涵,不同的学者有不同的界定。

弗里曼(Larsen-Freeman, D., 2005)认为,"语法包含语形、语义、语用三个层面,三者关系紧密,如果任一层面发生改变,其他层面也会随之发生改变。"

库克与博尔斯(Cook, S. & Burns, A., 2008)认为,语法涉及的内容非常广泛,如传统语法、规定语法、语用能力、交际能力、结构语法等都属于语法的范畴。

厄(Ur, P., 2009)认为,语法被认为是在一种语言中,为了能够形成更长的意义单位,对词或者词组加以组合的手段和方法。

许国璋教授(1995)指出,"语法制约着句子中的词、词组关系。一种语言中的语法是对该语言中规则、规约制度的反映。基于这些规则、规约制度的指导,词汇才能组成合适的句子。"

从上述定义中可知,人们对语法的界定更接近语言的本质。语法本身涉及静态与动态两种形式。就广义来说,人们的听、说、读、写、译五项

技能需要语法手段的参与与描写。

(二)语法教学的现状

1. 教师的问题

(1)语法教学弃而不教或边缘化

英语教学一直都在不断变革,教学内容随之不断改变,而随着2004年教育《大学英语课程教学要求》的颁布,英语语法教学内容退出了英语教材,英语语法教学也从英语教学中退出,最终导致英语语法弃而不教或边缘化。这具体体现在两个方面,首先教材中没有了语法内容,教师便失去了教授语法的依据和大纲,学生也将无法系统地获取语法知识;其次课时安排不合理,英语教学中多是精读课与泛读课,没有相应的语法课,即使教师讲解语法知识,也是零星的和碎片化的。实际上,语法对于英语语言的学习是至关重要的,语法贯穿于英语学习的始终,对英语综合能力的提升起着重要所用,所以教师不应忽视语法教学,而应积极开展语法教学,丰富学生的语法知识,提高学生的语法能力,为学生的英语综合应用能力打好基础。

(2)教学方式单一

英语语法知识繁多,学习起来十分枯燥,因此很多学生都对语法学习缺乏兴趣。想要改善这种现状,就需要教师创新教学方法,增添语法教学的乐趣,激发学生学习的积极性。但是,当前的英语语法教学并不乐观,教师依旧采用陈旧的方式展开,占据课堂的主体,这样学生处于被动的学习地位,不仅与教育理念不符,也不利于学生的学习,很难发挥学生的主观能动性。

2. 学生的问题

(1)语法意识薄弱

学生在中学阶段已经进行了很长时间的语法学习,普遍感到枯燥乏味,因此他们认为到了大学阶段就没有必要重点学习语法了。实际上,到大学阶段,语法依然是英语学习的重要内容,因为不掌握丰富和准确的语法,是不可能准确、流利地进行交际的。

(2)缺乏有效的学习方法

大多数学生的语法学习的效率非常低,其中一部分学生是因为掌握的学习方法不正确,从而使得语法知识的掌握较为松散,不能成为一个系统。在语法学习中,学生往往比较被动,通常是遇到新的问题之后才会回去学习语法知识,而当他们学习完一篇文章之后,又把语法学习抛之脑后,这样的学习是很难提升自身的语法能力的。

二、英语语法教学的策略

(一)文化对比法

文化对于语法教学影响深远,因此教师可以采用文化对比的方法展开教学,让学生不断对英汉语法的差异有所熟悉,培养他们的跨文化交际意识与能力。

众所周知,我国学生是在母语环境下来学习的,因此不知不觉地会形成母语思维方式,这对于英语学习而言是非常不利的,甚至在组织语言时也掺加了汉语的成分。基于这样的情境,英语教师就需要从学生的学习规律出发展开对比教学,使学生不断认识到英汉语法的差异,这样便能在发挥汉语学习正迁移的前提下,使学生掌握具体的英语语法知识。

(二)语境教学法

在英语语法教学中,教师可采用情境教学法开展教学,情境教学法有着包含语法规则和知识的真实环境,可以充分调动学生不同的感觉器官,激发学生学习的兴趣,可以让学生在接近真实的情境中参与到学习中,使学生系统地掌握语法知识。语法教学通过情境化实现了认知与情感的联合,颠覆了过去只讲述语法规则的陈旧方法,学生有了使用语言的空间。而且通过情境化教学,课堂氛围更加活跃,师生关系更加和谐,学生的语法能力和交际能力会得到显著提升。具体而言,情境教学的教学途径包含以下几个。

1.融入音乐,创设情境

青少年通常对音乐有着强烈的兴趣,因此在语法教学中,教师可将音乐与语法教学相融合,营造轻松愉悦的气氛,在聆听中学,在欢唱中学。例如,在讲授现在进行时这一语法时,教师可以让学生先欣赏歌曲,并让学生持有该曲的歌词,然后找出歌词中含有现在进行时的句子。这样既能激发学生的学习兴趣,分散学习的难点,又能使学生在不知不觉中学到知识。

2.角色扮演,感受情境

在英语语法课堂教学中,教师还可以组织学生进行角色扮演,让学生身临其境地学习语法知识。学生可以通过自己扮演的角色,体验相应情境下人物的言行举止、思想情感,深化所学知识,提高学生的人文素养。

3.运用媒体,展示情境

在语法课堂教学中,有些教学情境因条件的限制无法创设,但随着多媒体技术的发展及其在教学中的运用,这一缺陷被弥补了。多媒体教学素材丰富多样,包含图像、图形、文本、动画以及声音等,将对话的时空体现得生动和形象,图像和文字都得到了充分得体现,课堂氛围不再沉闷死板,学生的感官得到了调动,加深了学生的印象,提高了学生参与课堂教学的积极性,教学和学习效率也得到了显著的提升。

4.设计游戏,领悟情境

设置符合学生心理和生理特征的语法教学游戏,可以激发学生的学习积极性,让学生积极参与其中。而且生动活泼的游戏可以调动学生的多种感官,使学生原本觉得困难的语法结构也变得简单许多,从而使学生在潜移默化中掌握语法知识。

(三)三维教学法

在具体教学过程中,英语教师都倾向于两种教学方法,一种是注重语言形式或语言分析的教学方法,另一种是注重语言运用的教学方法。这两种方法各有侧重,但实践证明,将两种方法结合起来才会更加有效。从交际角度而言,语法不仅是各种形式的集合,语法结构也不仅有句法的形式,也可以运用具体的语言环境来表达语义,可以将这三个方面表述为形式、意义和用法。美国语法专家拉森·弗里曼(Larsen Freeman,1995)提出了基于 Form, Meaning, Using 三个维度上的三维教学法,将语言的形式、意义和用法有机结合起来。其具体模式如图 6-12 所示。

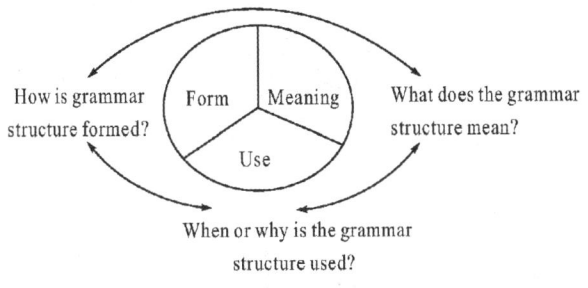

图 6-12　三维语法教学观

(资料来源:邓道宣、江世勇,2018)

三维教学法的实施包含五个步骤:热身运动、发现语法、学习形式、理解意义、应用语法。

热身运动是对上一课堂要点的复习,然后通过一些参与性活动,如听歌、表演、竞赛等形式,让学生对新的内容有所了解,调动学生的背景知识,激发学生的求知欲望。

发现语法是指学生通过教师讲解和引导,感知和发现语法现象。

学习形式是指学生在发现语法的基础上,以语法结构的形式总结出语法规则。在课堂教学中,这部分内容表现为回归课文阅读文章,通过阅读文章找出类似的形式和结构。这一阶段过后,学生能够为下一步理解、操练规则做好准备。

理解意义是指设计以意义理解为主的活动,从而促进学生对语法项目的理解,为语法的应用奠定基础。

应用语法是指教师为帮助学生掌握语法规则、提高其语法应用能力所设计的交际性好、能够促进思维发展的活动或任务。

在具体的教学过程中,教师可以根据具体的教学情况对上述几个步骤进行调整。

三、英语语法学习的策略

(一)自主培养语感

如果学生的语感较强,那么必然对自身的语法学习非常有利。因此,在英语语法学习中,学生应该注重培养语感,具体来说可以从如下几点着眼。

1. 朗读

朗读是培养学生语感的一种有效方式。这是因为一些学生因为自身的发音问题往往会被其他的同学嘲笑,还有一些学生因为没有朗读的习惯不愿意进行朗读,针对这些问题,教师应该在课前留给学生一些时间进行课文朗读,当他们的朗读水平积累起来,就会让自己的语法学习有一定程度的提升。

2. 背诵

在朗读的基础上,学生还可以通过背诵来增强语感,但是要注意,背诵的内容应该从自身的能力出发。具体来说,如果学生自身的背诵能力较强,那么往往会选择一些课文来背诵;如果学生自身的背诵能力较差,那么他们可以选择一些短语、句子来背诵。

第六章 二语习得理论下的英语基础知识教学

总之,如果学生长时间进行背诵,一定程度上可以提升自己的语感能力,使自己不仅在口头描述上,而且在书面表达上都有很大的提升。

3. 积累

在英语语法学习中,教师可以让学生在课下搜集一些优美的语句或者篇章,让他们经常阅读甚至背诵。一般来说,这些精美句子与篇章往往比较短小,读起来也是朗朗上口的,在不断的阅读中,学生会不断吸收其中的有益成分,学会将这些优美的句子运用到自己的口头描述与书面写作中,久而久之就能提升自身的语感能力了。

(二)掌握有效的学习策略

在语法学习中,学生应该掌握一些学习策略,从而不断提升自身的语法学习效果。

1. 克服母语的影响

由于英汉语属于不同的语系,因此学生在学习语法时必然会遇到很多问题,主要包含如下几点。

(1)汉语中没有动词的时态变化,英语中则有。

(2)汉语中没有名词单复数的变化,英语中则有。

(3)汉语中定语大多都是前置定语,而英语中大多都是后置定语。

(4)汉语与英语中状语位置不同。

在语法学习中,很多学生往往会按照汉语的习惯对英语词汇、短语等进行排列,这样导致造出来的句子与英语思维不相符,甚至很多时候会出现错误。因此,在英语语法自主学习中,学生应该克服母语思维的影响。

2. 有效抓住语法知识的重点

语法这一系统非常复杂,所涉及的内容也是非常广泛的。因此,在语法学习中,学生应该把握主次与重点。一般来说,语法学习的内容主要涉及词法、句法、章法。但是,在实际的学习中,应该以句法、章法为主,用句法、章法的学习带动词法的学习。这是因为在交际中,句子为基本单位。一般来说,英语中的句子具有无限性,可以变化,但是其中也涉及多种规则,即都是基于句型演变而来。如果对这些句型有清楚的了解,那么学生自然就对语法规则有清晰的把握了。

3. 及时进行总结整理

语法学习是一个不断积累、巩固的过程,因此学生应该不断整合学过的语法知识。在我国,英语教学大多都是按照教材的内容来进行教授的,因此学生获取的语法知识也是不断积累下来的。但是,这一方式很难让学生对语法有一个全面的了解和把握,因此在语法教学中,教师可以让学生根据语法书进行相关内容的学习,从而使学生对语法内容有全面、透彻的理解。

4. 多进行实践训练

事实上,语法学习属于一种实践活动,如果不能对语法进行准确的运用,那么就会导致口语交际与书面写作产生问题。在英语语法学习中,学生应该采用多种手段与方式进行语法实践,并且每一次实践都需要与具体的实际结合起来。

具体来说,学生可以进行大量的听、说、读、写、译等练习,这几项技能的训练是彼此关联的,当然也是对语法进行锻炼的最好方式。口语的练习对于学生的语法培养有着重要意义,笔头的练习有助于提升学生组织语言的能力,对于安排语序、运用时态等有着重要的作用。在具体的实践练习中,当然不能仅仅重视口头而忽视笔头,也不能仅仅重视笔头而忽视口头,而应该将二者相结合。

四、二语习得研究对英语语法教学的启示

在英语教学中,语法教学有着非常重要的地位,但是随着英语教学的改革,在将语言视作交际工具的大背景下,语法教学逐渐被交际教学法取代,目的在于培养学习者的交际能力。虽然交际教学法已成为当前的主要教学方法,但是我国学者胡壮麟等人认为,语法教学应该被重视。

在英语语法教学中,学生一定要具备一定的语言基础,教师应该从学生的个性差异出发,进行查缺补漏。正如二语习得理论中"语言输入材料水平要比语言学习者的水平高"的论断,教师应该在语法教学中为学生灌输相应的目标语法结构,减少负迁移的影响。

将习得与学习过程结合起来,除了要对语言学习的规则有所了解,还需要重视学生在潜意识的情况下,对语言的过程进行习得。教师应在课堂上不断增加交际活动,尽可能让学生在无意识的状态下展开语言输入,从而获得语言知识。

教师应该注重学生在情感上的转换。在克拉申理论的指导下,成年人的情感要比儿童高,因此在输入的效果上要比儿童低。学生在语言习得过程中,会遇到各种各样的问题,导致他们出现焦虑。这就要求教师在

第六章　二语习得理论下的英语基础知识教学

课堂上要从学生的心理变化出发,对课堂内容进行改变,如可以为学生创造轻松的环境,保证学生具有较高的学习兴趣。

　　同时,我国的语言习得环境与真实的二语习得环境之间存在着一定的差异,因此在我国的英语语法教学中也不能完全对国外的模式进行照搬,而应该从我国的教学实际出发,探讨英语语法教学的模式。

第七章 二语习得理论下的英语基本技能教学

在改革开放政策的推动下,我国与世界上其他国家之间的沟通与往来日益密切,因此国内对精通专业知识的英语人才就有着很大的需求量,这就明显突出英语教学的重要性了。在二语习得研究的不断深入背景下,英语教学的终极目标是培养学生的综合语言运用能力。我国英语教学改革在不断推进,英语技能教学的重要性已经逐步彰显。的确,在英语技能教学中,听、说、读、写、译的教学都不容忽视。为此,本章承接上一章,首先分析二语习得研究对英语听、说、读、写、译教学的启示,进而探讨各自的教与学策略。

第一节 二语习得研究下的听力教学

一、英语听力教学基础知识

(一)听力的内涵

1. "听"

在学者罗宾(Rubin,1995)看来,"听是一个包含主观能动性的过程,它涉及听者信号的主动选择,然后对信息进行编码加工,从而确定正在发生的事情以及发话人想要表达的意图"。

理查兹和施密特(Richards & Schmidt,2002)对"听力理解"进行了专门的探讨,他们认为,"听力理解涉及的对象是第一语言和第二语言,所要做的事情就是弄懂这两种语言。但是,对这两种语言的理解是有本质区别的。其中,对第二语言的听力理解比较关注语言的结构层面、语境、话题本身以及听者本身的预期。"

第七章　二语习得理论下的英语基本技能教学

著名学者林奇和门德尔松(Lynch & Mendelssohn)特别指出了"听"和"说"的内在联系,他们认为要想成功地"听",还必须在"说"上下功夫,但是"听"同时受到其他声音信息和画面信息的影响,这就要求听者在已有经验的基础上根据语境来对话语进行准确地把握。另外,"听"不是单一的,是连续不断的一种处理过程,包含以下部分。

(1)如何将语音进行划分。

(2)如何对语调形成一种认识。

(3)如何对句法进行详细的解读。

(4)如何把握语境。

大多数时候,上述过程是在人们的无意识中悄悄进行的。

此外,两位学者还就"听"和"读"的联系与区别进行了阐释,并认为与"读"相比"听"的作用更加显著,具体包含以下几点。

(1)让人感受到一种韵律的美。

(2)让人产生一种对追逐速度的急切心理。

(3)对信息的加工和反馈都在最短的时间内完成。

(4)耗时较短,通常不会重复进行。

"听"与"读"都是一种对信息的输入,但是在英语听力学习中教师绝对不能将"听"看作阅读的声音版,而应该认真研究"听"的本质属性,并据此去组织教学,从而帮助学生获得一定的听力技能。

2."听力理解"

从信息论的角度来讲,听力理解是对信息进行认知加工的过程。"听力理解"呈现出以下几种特征。

(1)时效性

时效性是指听力理解要求听者在一定的时间内高效地对声音信息进行加工。要做到这一点,听者需要认识到时间的紧迫性并且能够快速地判断。声音信息输入的流线型特点也同样要求听力理解具有时效性。听力理解是否具备时效性,往往成为衡量一个人听力能力的一个关键指标之一。

在英语听力学习中,教师可以将听力理解的时效性特点向学生进行详细的解释,这样可以督促学生做出更好的听力计划,促使学生监控和评估自己的听力能力。如果要想保证理解效度的最大化,听者就需要解决自身的听力时效性,如果不能解决这一问题,那么听者就很难理解发话人接下来的话语。

（2）过滤性

过滤性是指听者在听力理解的过程中能够准确地筛选出有用的信息,而剔除那些无用的甚至是干扰的信息。简单来讲,过滤性就是"抓关键信息"。

显然,听者不需要原原本本地将听力内容在头脑中放映一遍,但是必须能够把握住听力内容的中心思想。因为听力理解的内容是一连串连续性的语言符号,人们必须从整体上把握内容,而不是孤立地关注某一个音素。想要把握听力内容的中心思想,不偏离听力内容的大方向,就必须先获取发话人的"主题",然后围绕这一主题探索事件的时间、地点、过程以及发话人的思想情感等边缘要素,主题和边缘要素存在着一种内在的连贯性。

（3）即时性

即时性是指听力理解无法提前安排和计划,都是随时进行、随时结束的。这就使得我们不可能提前对听力理解进行演练,从而导致了听力理解的不可预知性,这正是它的难点所在。因此,在听力学习中,教师应该尽可能地培养学生对听力材料的适应能力,能够对各种情况做到随机应变。

（4）推测性

推测性是指听力理解是通过推理进行的。其实说到底,只要是含有理解的行为,就少不了推理的存在。说得具体一点,推理就是依靠自己的主观能动性不断验证先前假设的认知过程。

在一次完整的推理中,有两个环节是必不可少的。首先是预测将要发生的事情,其次是对结果进行推断。当然,这两个环节有其存在的前提,也就是我们不能做无缘无故的预测,那是妄想,而是要根据已有的知识经验来推测未知的事物。并且已有的知识经验和未知的事物之间是有着内在关联的,听者就是需要通过这些显性或者隐性的关联来寻找发话人的信息,从而推测出发话人的意图。

（5）情境性

情境性是指听力理解是发生在特定的时间、场合之下,时间、场合就构成了听力理解的情境。随着时间和场合中任何一方面的改变,情境就会改变,这就引起了不同听力情境的发生。

听者之所以要关注听力理解的情境,是因为这些情境中包含着很多重要细节,它们决定了听者对话语意义的理解,同时也为即将产生的话语提供理解的线索。在日常的听力学习中,教师要提醒学生注意情境,有意识地提高学生对情境的敏感度,从而促使学生对话语有更准确的理解。

另外,教师应该尽量为学生创设真实的情境,因为语言的运用就是在真实的情境下发生的。

(6)共振性

"共振性"这一概念应该是从物理学中移植过来的,表示一种瞬间感应性。听力理解具有共振性,是指听力理解是在对应原则的基础上发生的,有着自己独特的经验和惯性。

具体来讲,在听力理解中,一些新信息不断地刺激大脑,从而激活大脑中的已有知识,新知识和已有知识之间的交流就是共振。那也就意味着,你拥有的知识总量和你的感知能力的高低是成正比的,和你的共振效率也是呈正相关的。听力理解的共振性和信息加工理论中的"编码—解码"程序具有很大的关系。

(二)听力教学的现状

尽管英语听力教学深受重视,而且随着教学改革的深入有所发展,但是在教学中学生"听不懂,说不出"的问题依然存在。因此,有必要对英语听力教学中存在的问题进行分析,以便有针对性地解决这些问题,促进英语听力教学的发展。

1. 教师问题

(1)课程设置处于弱势地位

在整个英语课程设置中,听力教学处于弱势地位,受关注的程度并不高。在多数院校中,英语课的周学时为4小节,但教师常常将教学中心放在精读课上,部分院校甚至将听力课与口语课相融合,变成听说课,从而稀释了听力课的学时,这使得听力教学课时难以得到保障,学生听力能力的培养也难以得到保障。

(2)教学目标有所偏离

英语教学中设置了英语四、六级考试,这本是为了激发学生的学习兴趣,培养学生的英语能力而设置的,但有些教师将通过考试作为教学的指向标,从而忽略学生听力能力和跨文化交际能力的培养。基于这样的目标,在时间有限的课堂中,教师常会将听力教学沦落为题海战术,这样不仅使学生感到枯燥乏味,而且很难真正提高学生的听力能力。

(3)教学模式僵化

受课程设置不合理、教学目标偏离、受重视程度不高等影响,现在的英语听力教学存在教学模式僵化的问题。很多教师将主要精力放在教学任务的完成上,忽视对教材的整体把握,缺乏对学生的有效指导,甚至目标不明确,只是机械地、一遍遍地播放录音,学生只能被动、盲目地听,这使得听力教学拘泥于"听听录音、对对答案,教师解释"的单一模式。在这种教学模式下,不仅课堂氛围沉闷,而且学生的学习积极性不高,学生的听力能力更是难以得到锻炼。

2. 学生问题

(1)基础知识积累不足

现在,尽管听力教学受到了学生的重视,但是很多学生的听力水平不高,这很大程度上源于学生基础知识积累不足。一方面,学生缺乏必要的语音知识,对音节、连读等掌握不牢固,加之词汇量积累有限,欠缺语法知识等,这些都会对学生的听力理解造成影响。另一方面,学生缺乏良好的英语学习环境,很难培养学生英语音调、韵律等方面的敏感性。由于基础知识积累不足,学生的听力能力将很难得到提高。

(2)对听力缺乏兴趣

由于教学方式的单一性和听力本身的复杂性,很多学生对听力学习缺乏兴趣,甚至从心理上对听力产生抵触情绪。这种抵触情绪会进一步降低学生参与听力活动的积极性,甚至是应付听力学习,使得听力学习收效甚微。

(3)学习形式单一

受传统教学模式的影响,学生在学习英语听力技能时,十分依赖教师的教学,依赖于学校规划和课程安排,进而导致自主学习听力的能力较低,在英语听力上得不到成就感,学习兴趣降低,最终整体学习效果不佳。此外,学生跟随教师的课堂讲解,不利于学生建立个性化的英语知识框架和体系,不利于学生自主学习能力的提升。

(4)缺乏英语文化知识

语言与文化密切相关,很多听力材料中都渗透着文化知识。很多学生无法准确理解听力内容,部分原因就在于缺乏必要的文化背景知识。对此,学生在听力学习中不仅要学习听力技能,还要学习文化知识,了解英语国家的历史文化、思维方式等,掌握中西方文化间的差异,这样才能为听力学习扫清障碍,提高听力水平。

(5)缺乏英语听力环境

我国学生是在汉语环境下学习英语听力的,而且主要是通过教材和课堂来学习英语听力,学生在课本上学到的英语都是规范英语,教师在教学中为了便于学生理解,常会放慢语速,而使得语流失去了正常的节奏。但在英美国家,人们在实际交际过程中使用的语言具有很强的口语化特征,常使用口语化表达。而在课堂教学中,这种口语化的语言很少出现,学生接触不到地道的英语表达,也就很难切实提高英语听力能力。

(6)不善于利用课余时间

课堂教学的时间是有限的,因此对课堂教学起着补充作用的课余时间的利用率直接影响着学生的听力水平。但是在实际学习中,学生并没有充分利用课余时间。很多学生没有制订自己的学习计划,只是依靠课堂教学,但课堂教师是面向全体学生的,是针对学生的平均水平制订的,并不能满足学生的个性化需求。如果制订适合自己的学习计划,并充分利用课余的零散时间,将英语听力学习与日常生活相结合,对提高英语听力水平将起到事半功倍的作用。

(三)听力教学的原则

英语听力教学应遵循科学的教学原则,确保学生的听力能力得到锻炼,促使学生能够有效进行跨文化交际。具体而言,英语听力教学应遵循以下几项原则。

1. 循序渐进原则

英语听力应层层有序开展,从简单到复杂逐步进行,即要遵循循序渐进原则。具体而言,在英语听力教学中,教师应充分了解学生的学习情况,选择符合学生学习阶段和水平的听力材料,而且听力材料要由易到难安排,同时兼顾多样性和真实性。在听力教学初期,教师要选择语速始终、吐字清晰的材料,随着教学进度逐步增加难度。听力材料也要贴近生活,最好选择社会热点话题、故事以及日常会话等,以激发学生学习的兴趣。

2. 强化文化背景知识原则

语言与文化密切相关,很多英语词汇、短语、句子等都蕴含着丰富的文化信息,如果不了解语言背后的文化信息,将很难理解其内在含义,更无法进行有效交流。可以说,很多听力材料背后都蕴含一定的文化知识,学生如果没有掌握必要的文化背景知识,即使听懂了个别甚至全部语句,也不一定能完全理解材料所隐含的深层文化含义,进而影响对材料的准确理解。因此,在英语听力教学中,教师必须重视强化学生的英美文化背景知识,提高学生对文化知识的敏感度。教师可以通过组织一些活动,如播放优秀的英美影片、引导学生阅读一些文学名著、组织具有鲜明特色的文化交流活动等来培养学生的文化素养,进而提高学生的听力能力。

3. 激发兴趣原则

听力能力的提高需要一个过程,不能一蹴而就,而且需要不断地练习和努力,很多学生由于自己听力能力不佳,加上进步缓慢,因此对听力学习缺乏兴趣。可见,兴趣对于英语听力学习至关重要,对此教师在开展英语听力教学时要有意识地激发学生的兴趣,也就是遵循激发兴趣原则。具体而言,教师在进行听力教学之前,首先要充分了解学生的兴趣所在,即了解学生对哪些听力活动和听力内容感兴趣,然后以此为依据来调整教学内容和教学方法激发学生的听力兴趣,调动学生的积极性,进而提高学生的听力水平。

4. 情境性原则

听力是交际的重要方式,学生只有在自然、真实的环境中,才能与环境产生相应的互动,获得真实的语言体验。很多教师往往都有这样的感受,即教师竭尽全力鼓励学生参与课堂活动,但学生依然对听力学习缺乏积极性,课堂教学氛围沉闷。实际上,良好的课堂氛围需要师生共同营造,教师应该与学生积极沟通,充分发挥自己的主导作用和学生的主体作用,应在活跃、自然、民主的课堂环境中创建英语语言情境,进而培养学生的听力能力。

5. 气氛活跃原则

在英语听力教学中,教师必须意识到情感因素的重要性,情感是学生智力与非智力发展的原动力,学生只有有了一定的情感体验,才会有相应的智力及非智力活动,也才能对所学知识产生感情,从而在学习中获得事半功倍的效果。在听力教学中,教师也要充分重视情感因素,在教学各个环节都要充分考虑学生的情感因素,有效降低情感过滤作用,使学生积极参与课堂上的各种活动,从而达到获得信息、吸收语言的目的。

在英语听力教学实践中,很多教师都把听力课上成了测试课,一上课就为学生播放听力材料,听完后直接对答案。这样会使课堂气氛沉闷,学生的情感压抑,进而反应冷漠,教学效果自然不理想。因此,教师要为学生创造一个轻松、愉快的课堂环境。例如,教师在听的过程中可以穿插一些幽默小故事、笑话、英文小诗、英文卡通或英文歌曲等,也可以根据实际情况改变听的形式或更换听的内容,总之教师要努力消除学生因焦虑、害怕等产生的心理障碍,创造一种和谐愉快的课堂气氛。

二、英语听力教学的策略

（一）技能教学法

听力的有效进行是需要一定的技巧的，因此在英语听力教学中，教师应向学生介绍几种常用的听力技巧。

1. 听前预测

在进行听力之前，进行一定的预测是很有必要的。在教学中，教师可以指导学生在正式听听力材料之前，先浏览一下听力问题，据此预测听力测试的范围，如地点、时间、人名等，这样可使听力更具针对性。

2. 抓听要点

在听的过程中，要学会抓听要点。也就是抓听交际双方言语活动中的主要内容、主要问题、主题句和关键字等，对于一些无关紧要的内容则可以不用重点去听。

3. 猜测词义

听力过程中不可能听明白每一个词，而且有时难免会遇到陌生的单词，此时如果停下来思考这个词的意思，就会影响对整个听力材料的理解。这时可以继续听，通过上下文来猜测词义，这样既不会中断思路，也能流畅地理解听力材料内容。

4. 边听边记

听力具有速度快和不可逆转性的特点，听者在有限的时间内不可能听懂和记住所有的内容，此时就需要借助笔记来辅助听力活动，也就是边听边记录。听力笔记不需要十分工整，听者自己能看明白即可。

（二）文化导入法

1. 通过词汇导入

词汇是语言的基本要素，并蕴含着深厚的文化内涵，所以要了解西方文化，首先要从词汇开始。在英语听力教学中通过词汇向学生导入文化知识，不仅可以提高学生的文化意识和素养，还能丰富学生的词汇量，为听力能力的提高奠定基础。例如，"狗"这一动物在中国文化中多具有贬义色彩，从"狗腿子""狗拿耗子"等表达中就能看出，而在西方文化中，

dog 深受人们的喜爱,被人们当作好朋友。在听力教学中,有意识地扩大学生的词汇量,丰富学生的词汇文化知识,将对学生听力能力的提升大有裨益。

2. 通过习俗导入

交际中必然会涉及习俗文化,如打招呼、称呼、感谢等,了解这些习俗文化对听力能力的提高具有重要意义。在具体的听力教学中,教师可以设计情境对话,或者安排学生进行角色扮演,让学生置身于英语环境中感受英汉习俗文化的差异,听取地道的英语表达,锻炼英语听力能力。

3. 通过网络多媒体导入

现代信息技术的发展促使网络开始普及,而且在各个领域发挥巨大作用。在信息化时代,教师可以充分利用多媒体技术向学生输入文化知识。具体而言,教师可以通过多媒体设备向学生展示文化知识,引导学生展开广泛的听力活动。此外,教师可以鼓励学生通过网络寻找听力资料进行练习,这样可以培养学生的自主学习能力,锻炼学生的听力能力。

(三) 电影辅助法

英语电影能够营造真实、生动的听力环境,而且能够帮助学生更好地了解西方文化,从中体会中西方文化差异,进而提高跨文化交际能力。因此,将英语电影运用于英语听力教学,可有效激发学生的学习兴趣,提高教学的效率和学生的听力水平。具体而言,可采用以下步骤开展教学。

1. 观赏影片前

在观赏影片之前,教师和学生需要做一些准备工作。这些准备工作是指,在选定影片之后,教师要为学生布置好与电影主题相关的作业,鼓励学生在课下通过网络搜集一些与电影背景相关的信息,通过此方式加深学生对影片的了解。在临近观看前,教师要对影片的相关内容进行介绍,并提出相关的拓展学生思维的问题,如影片中有哪些俚语以及主角爱好等,这样能够引导学生带着问题和好奇心去观看影片。在准备工作完成之后,学生在了解影片的基础上边观看影片边解决问题,以期达到更好的学习效果。

2. 观赏影片中

在观看影片的过程中,教师可选择和运用影片中某个经典片段的放映来指导学生进行精听。精听要求学生听清每一个词、短语和句子,清楚每一个情节。通过精听,教师可以更好地引导学生学习影片中的语言。在精听的同时,教师还可以采取泛听的方法,让学生了解影片的故事梗概。此外,在播放影片的过程中,教师可以根据学生的英语水平和影片中的相关内容适时暂停影片,提醒学生影片中的一些关键对话,辅助讲解一些俗语、委婉语、禁忌语等,同时分析其中所涉及的中西方文化差异,帮助学生掌握语言精华,培养跨文化意识。

3. 观赏影片后

在影片结束之后,教师可以有针对性地进行扩展活动,即选择影片中的经典情节,组织学生进行角色扮演,从而巩固学生的听力水平,锻炼学生的表达能力,提高学生发音的准确性,培养学生的语感,同时树立学生的信心,促使学生合作学习。另外,教师可以鼓励学生谈论影片的主题及意义,引导学生撰写影评,这样可以巩固学生通过影片所学的词汇、语法等知识的运用,进而提高学生的听力水平。

总体来说,英语电影语言丰富,情节生动,深受学生的喜爱,将其运用于英语听力教学,将能够为学生营造一个真实的语言环境,锻炼学生的听力能力。但需要注意的是,采用电影辅助法开展英语听力教学,在选材上要多加留意,要选择那些语音纯正、用词规范、内容健康的经典影片,这样才能让学生学到地道的英语表达,最终提高学生的听力水平。

三、英语听力学习的策略

(一)听力认知策略

根据认知理论,听力理解是一个需要听者积极构建意义的过程,也是一个复杂的认知过程。在学习中运用认知策略对学生建构意义、提高获取信息的能力大有裨益。将基于认知策略的听力教学模式(图7-1)运用于英语听力教学实践,对提高学生的听力水平和教学效率十分有利。

基于认知策略理论的英语听力学习模式的实施步骤具体如下。

1. 听前阶段

在听前阶段,教师的主要任务是让学生对听力材料的背景有所了解,教会学生使用目标语资源和推测策略,通过各种途径,如查阅词典、百科全书等扫除词汇障碍,同时激活学生已有的知识储备,为即将进行的听力活动做好准备。

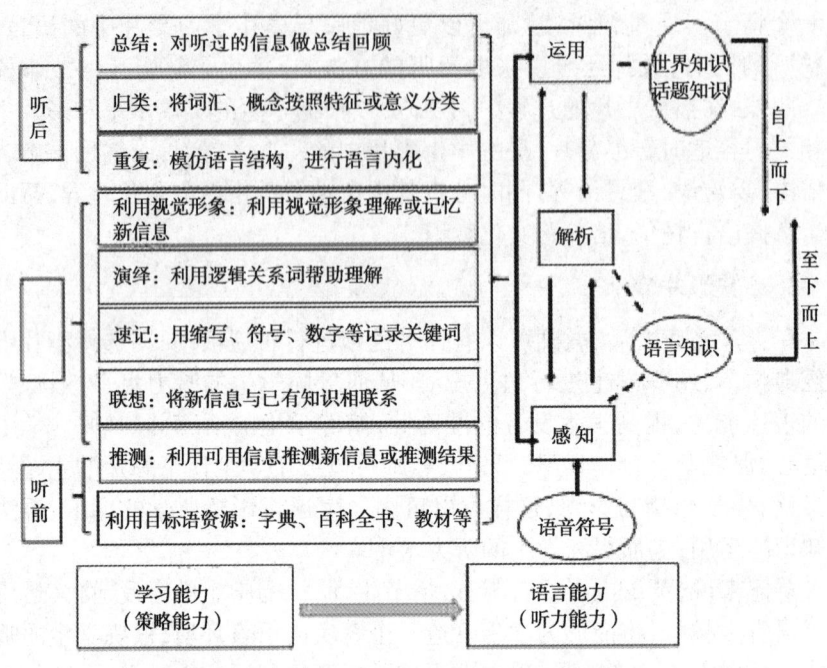

```
                    ┌─ 总结：对听过的信息做总结回顾
               听后 ─┼─ 归类：将词汇、概念按照特征或意义分类
                    └─ 重复：模仿语言结构，进行语言内化

                    ┌─ 利用视觉形象：利用视觉形象理解或记忆新信息
                    ├─ 演绎：利用逻辑关系词帮助理解
                    ├─ 速记：用缩写、符号、数字等记录关键词
               听前 ┼─ 联想：将新信息与已有知识相联系
                    ├─ 推测：利用可用信息推测新信息或推测结果
                    └─ 利用目标语资源：字典、百科全书、教材等
```

运用 — 世界知识／话题知识
解析 — 语言知识
感知 — 语音符号

自上而下 ／ 至下而上

学习能力（策略能力） ⇒ 语言能力（听力能力）

图 7-1　听力理解过程中认知策略模型

（资料来源：杨照，2019 年）

2. 听中阶段

在听中阶段，教师要培养学生的联想、推测、演绎、速记等策略来帮助学生完成听力活动。以《新视野大学英语视听说教程》第三版 Book 1，Unit 7 *Weird, Wild and Wonderful* 为例，本单元涉及的话题是自然与环境问题。在听力教学中，教师首先要充分激活学生头脑中储存的有关环境问题的图式，如水源污染、大气污染、森林破坏等，让学生合理推断文章内容。在第一遍听录音过程中，教师要求学生概括文章大意，这要求学生在听语音的过程中，结合自己的储备知识，运用联想策略，归纳篇章大意。在第一遍听录音过程中，学生需要把握细节信息，完成表格中的空缺信息，教师要训练学生集中注意力，抓住重要信息，进行速记的能力。在听力活动结束后，如果信息有遗漏，教师可以引导学生运用推测、联想等策略，进行合理的推测，以增强学生对听力材料的理解和掌握。

3. 听后阶段

在听后阶段，教师要训练学生通过归纳、总结等策略对听力材料内容做进一步的加工处理，实现语言的内化。此外，教师应指导学生对听过的材料进行重复听力练习，让学生模仿训练，从而起到巩固语言基础的作用。

（二）听力训练法

听力训练的方法主要可以归结为如下几点。

（1）听—画：学生边听英语，边画出相应的图画。

（2）听—视：学生边看黑板上的图画，边听教师讲。有条件的地方可利用投影仪、幻灯片或录像机进行视听训练。

（3）听—答：教师对听的内容进行提问，要求学生口头回答。

（4）听—做：教师根据所听的内容发出指令，要求学生做出相应的行动或表情，如"Show me how David felt when he met Jane at the airport."教师使用课堂用语时向学生发出的指令也应属于此类，如"Come to the front."

（5）听—猜：学生在听前根据教师的"导听问题"（guiding questions）提示，并结合已学的知识对所听的内容进行预测（predict）。

（6）句子段落理解：教师放录音或口述句子、段落。学生一边听，一边看教师示范表演：各句意思以指出或举起相应的图画或做相应的动作来表示；教师用手势画出单词重音、语调符号和节奏，让学生模仿。

（7）短文理解：学生先听录音，然后根据短文的内容，进行形式多样的练习帮助听力理解，如听录音回答问题，听录音做听力理解选择题，听录音判断正误，听录音做书面完形填充练习，复述短文大意，做书面听力理解练习题等。

（8）课文听力训练：教新课文之前，先让学生合上书本，听两遍课文录音，或听教师朗读课文；讲课文时，教师一边口述课文，一边提出生词，利用图片、简笔画、幻灯或做动作向学生示意，帮助学生达到初步理解的目的；学生根据课文内容进行问答，如就课文中生词或词组提问、就课文逐句提问、就课文几句话或一段话提问等。

四、二语习得研究对英语听力教学的启示

（一）实施听力分级教学

《大学英语教学指南》指出我国各大学校、各个地区存在较大的差距，因此应该贯彻分类指导的理念，做到因材施教。学校的学生大多来自不同的地区，他们的知识水平本身存在差异，为了让不同基础的学生能够提升自身的听力水平，可以将听力课分为初级层次、中级层次、高级层次，运用分级的原则将学生分入相应的班级。实行分级教学之后，每一个

学期结束的时候展开听力测试,并从这些测试的成绩出发,对学生进行调整。

(二)输入假设与情感过滤假设指导听力教学

1. 合理选择听力教材

根据克拉申的可理解性假设输入,听力材料应该保证难易程度。教师应该从学生的听力水平出发,对听力材料的难易情况进行掌控,有目的地使用教材。首先,教师需要对学生的听力水平有清晰的了解,然后要与班上的大部分学生水平相适应。其次,听力材料中出现的单词、语法等学生应该在以前学过。最后,教师的语速应该保证快慢适中。此外,教学材料的题材、体裁应该是丰富的,是多样化的。

2. 充分考虑学生的情感因素

根据克拉申的二语习得理论,对学生习得的影响因素中,情感因素是非常重要的,其中涉及学生动机、学生态度、学生焦虑等。在学习中,学习动机属于一种内在动力。在听力教学中,学生必须具备强烈的听力愿望与听力动机,这样才能在听的时候,将自己具备的语言知识调动起来,采用各种认知策略获取信息。对于学生出现的学习动机不强的问题,教师需要强调听力在学生英语学习中的地位,并将他们的学习动机激发出来。

第二节 二语习得研究下的口语教学

一、英语口语教学基础知识

(一)口语的内涵

对于学习英语口语的学生而言,他们想要使用英语进行口语表达,首先就需要掌握一些英语的基础知识,如英语的节奏感、语音语调的提升等,这并不是一件容易的事情,学生除了要掌握发音,而且还要掌握这门语言的功能。个体想要掌握一门语言,不仅要学会发音,而且还需要把握这门语言的其他方面的知识内容,如这门语言背后的社会习俗、文化背景、交际方式、社会礼仪等。可见,语言交际看似简单,其实相对复杂,是上述所有内容的一种综合体现。

第七章　二语习得理论下的英语基本技能教学

人们对口语能力这一概念的理解往往不同,不同的理解通常会带来不同的教学效果。英语作为一门语言,是随着社会的发展而发展的,其学习理念同样也会逐渐变化。在以前,人们认为英语教学的理念就是发展学生的语言能力,让学生掌握基本的语音、词汇、语法、句法,学生只要对这些知识有了充分的掌握,就会自觉学会运用,流利的使用这门语言进行沟通与交流。然而,现实情况往往与人们想当然的局面大相径庭,而这种理念引导下的教学结果的弊端也越来越大。

20世纪七八十年代,西方国家涌现出大量的移民,在美国、新西兰、加拿大等国家都是如此,在这一现状的影响下,语言学领域的研究者以及作为一线工作者的教师对语言学习的传统模式有了很大的意见,他们的理念开始发生转变。这些人认为,学生只掌握语言的语音、词汇、语法等知识并不能真正的学会英语,更不意味着可以流利的开口讲英语,甚至不能利用自己所学的这门语言在社会上谋生。

随后,学者以及教师开始将英语语言能力看作交际能力的一个组成部分。有的学者认为,交际能力是语言学习者与他人利用语言这门工具所进行的信息互动,进而生成一种有意义的能力,这种能力区别于做语法、词汇知识选择题的能力。然而,学习者如果想要获取更加高级的交际能力,就必须对所使用语言的社会环境、文化环境有一定的了解。社会语言能力往往指的是使用语言的人在不同的场合与环境中运用语言的能力,这一能力涉及的层面如下所示。

(1)语域,即正式语言或非正式语言的使用。

(2)用词是否恰当。

(3)语体变换与礼貌策略等。

(二)口语教学的现状

口语作为一项重要的英语技能,具有显著的实践性特征。对于现代的学生来说,口语是他们交际能力培养的重要途径。但是目前来看,我国英语口语教学的现状并不佳,口语障碍和口语教学中的问题普遍存在。对这些问题进行分析,能有针对性地解决这些问题,进而改善英语口语教学的现状,消除学生的口语障碍,提高学生的口语表达能力。具体而言,英语口语教学中的问题体现在以下几个方面。

1.教师问题

(1)教学模式缺乏创新

相较于其他英语技能教学,口语教学的实践性更强,需要通过交流和沟通来实现教学目的。这就需要教师根据教学目的创新教学模式,培养学生的口语实践能力。但是就目前的英语口语教学来看,教师依然采用传统的教学模式,即先讲解、后练习、再运用。这种教学模式虽然符合教学规律,却制约了学生的学习积极性。在这种教学模式下,学生只能被动地接受知识,机械地进行练习,根本没有独立思考和自主学习的空间。现在的学生都喜欢接受新鲜事物,根本无法适应单调且缺乏创新的教学模式,这种枯燥的教学模式只会影响学生构建语言的创造力,也会将学生的学习热情消磨殆尽。

(2)课堂缺乏互动

在英语口语教学中,师生和生生之间的交流和互动是教学的重要内容,也是口语教学的核心,对培养学生口语表达能力、实现教学计划起着关键作用。但是在现在的英语口语教学中,教师依然在课堂教学中处于中心地位,教师占据着绝对的主导权,课堂教学缺乏互动与合作,学生没有开口的机会,更没有开口说的积极性,自主能力得不到培养,最终口语教学陷入僵局。

(3)忽视口语实践训练

尽管当前英语口语教学受到了教师的重视,教师也尝试探索相应的口语训练措施来提升学生的口语能力。但是教师对学生的口语训练仅局限于课堂教学,而忽视了学生课后口语强化训练,也很少向学生推荐相关的口语训练平台,最终导致学生的口语训练效果不佳。

2. 学生问题

(1)思路不明确

思路不明确是学生口语学习过程中常遇到的一个问题。在英语口语练习过程中,学生会存储一定量的信息,并组织信息进行表达。但在实际表达过程中,学生的思维常会受到限制,尤其是遇到一些生词的时候,就无法判断要说的词汇和内容,在短时间内不能有效找到合适的句式来表达自己的思想。所以,思路不明确也会影响学生的口语技能。

(2)存在心理障碍

具有心理障碍,是当前学生在英语口语教学中存在的重要问题。这种心理障碍具体表现为自信心不足,存在焦虑情绪。这种焦虑现象的存在必然会对学生的口语学习造成影响。

(3)口语练习手段单一

现在学生练习口语的手段依然十分单一,学生通常是在课堂上按部就班地学习英语口语,或者是找外教练习口语,这对学生口语水平的提高并不利。实际上,随着社会的发展和知识的更新,大量的口语 APP 诞生并广泛运用,各大高校也建立了自己的英语自主学习平台,这为学生的口语锻炼创造了条件。学生可以充分利用这些资源来练习口语能力,而不必拘泥于传统的学习方式。

(三)口语教学的原则

在英语口语教学中,教师应遵循科学的教学原则,以有效提高学生的口语水平,提升教学的效率。具体而言,可遵循以下几项原则。

1. 先听后说原则

在英语语言技能中,听和说是相辅相成的,听是说的基础,俗话说"耳熟能详",只有认真听、反复听、坚持听,才能最终说一口流利的英语。因此,英语口语教学应当坚持先听后说原则,即教师首先应注意加强学生听的能力,其次才是说的能力。只有坚持先听后说原则,才能帮助学生掌握正确的发音,为训练口语能力打下良好基础。

2. 循序渐进原则

口语能力的提升需要一个很长的过程,不可能一蹴而就,因此在英语口语教学中,教师应遵循循序渐进原则,即由易到难、由理论到实践,层层深入,逐步提升学生的口语能力。我国的学生来自全国各地,不仅英语水平参差不齐,发音也会受方言的影响,因此教师在口语教学的过程中首先应该解决学生语音、发音层面上的问题与困难,纠正他们的错误发音,让学生根据从简单到复杂的程序,从语音、语调、句子、语段等逐步进行锻炼。另外,教师在安排与设计教学步骤时也要遵循科学原则,充分把握难易程度。如果教学目标定得太高,学生学习起来会有压力,如果目标定得太低,学生学习起来会缺乏挑战性和乐趣,因此教学目标设计要适度,符合学生的实际水平。

3. 目的性原则

所谓目的性原则,是指明确口语教学的最终目的。在口语学习过程中,学生十分在意自己在语言交流中是否犯了语法错误,是否发音标准等。实际上,在英语口语教学中交流沟通并不拘泥于形式上的格式要求,在语言交流过程中产生语法错误是不可避免的,即使本国人用母语交流,也会出现用词不当、语法不符合标准等问题。所以,学生口语学习和口语教学的重点不在于如何纠错,而在于如何有效地进行交流。交际中的一些小错误可以被忽略,相较于追求语言形式的准确,流利地进行沟通能更好地表达深层含义。因此,英语口语教学应明确目的性原则,在教学中应认真聆听学生的交谈,而不要因为某个错误而打断学生讲话,中断学生思路。教师可以在学生交流结束后,针对交流中存在的一些细节问题加以指导,并且给予鼓励,这样能激发学生大胆说英语的积极性,也能引导学生在日常生活中学会自我纠正。

4. 互动原则

口语练习本身是一件很枯燥的事情,长期的枯燥练习很容易使学生失去对口语的兴趣。对此,教师在口语教学中要坚持互动性原则,不要放任自流,完全不管学生的练习进度与练习效果。教师应努力使学生的口语训练充满互动性,这种互动能有效保持学生对口语学习的兴趣。此外,为保证练习的互动性,教师为学生设计的话题应能够使学生之间进行有效的互动练习。

5. 内外兼顾原则

所谓内外兼顾原则,是指考虑问题时要顾及内、外两个方面。在这一原则的指导下,教师在英语口语教学的过程中不仅要重视课堂教学,而且还需要引导学生合理利用课外活动来练习口语。事实上,学生的口语学习应该以课堂教学为主,并且将课外活动中的口语学习作为课堂学习的一种补充,二者相互促进、相互配合。在课堂教学练习的基础上,学生开展相应的课外活动,可以将课堂上所学习的知识在课外活动中进行充分实践运用,从而达到复习、巩固知识的目的。此外,学生在课外活动中还可以运用课堂上所学习的理论知识,将知识内容转化为技能。与课堂活动相比较而言,课外活动的氛围比较轻松,学生的心情也会十分愉悦,在这种放松的心情下来练习口语将会取得令人意想不到的效果。在课程结束之后,教师为学生安排作业与练习之前,可以将学生分组,让学生以小组为单位来完成作业,通过相互讨论小组任务,可以帮助学生提升自身的口语能力,同时也可适度加强学生的团结协作能力。

二、英语口语教学的策略

(一)文化对比法

英汉文化差异对口语交际有着很大的影响,因此在英语口语教学中,教师应加入中国文化元素与西方文化元素的对比,呈现中西方文化之间的差异。以饮食文化为例,西方人宴请客人时多考虑客人的口味、爱好,菜肴通常经济实惠。中国人为了表示热情好客,在请客时通常准备多道菜肴,而且讲究菜色搭配。引导学生进行文化对比,不仅能提高学生的文化适应性,也能减少汉语思维的负面影响,进而提高学生的跨文化交际能力。

(二)创境教学法

口语学习的目的是进行实际交际,所以学生只有在真实的情境中开口说英语,才能使自己的口语能力得到锻炼。对此,教师可以采用情境教学法开展口语教学,即创设真实的情境,让学生在真实的环境下学习口语。具体而言,教师可以通过角色表演和配音两种活动来创设情境,锻炼学生的口语能力。

1. 角色表演

教师可以根据教学内容让学生进行角色扮演,将主动权交给学生,让学生自主分工、自行排练,然后进行表演。这种方式深受学生喜爱,不仅能缓解机械、沉闷的教学环境,还能激发学生说的兴趣,让学生在真实的社会场景中进行社交活动,锻炼口语能力。当学生表演结束后,教师不要急于评价学生,应先给学生一些建议,然后再进行点评和总结。

2. 配音

配音是一种有效锻炼学生口语能力的方式,教师可以充分利用配音活动来提高学生的口语水平。具体而言,教师可以选取一部英文电影的片段,先让学生听一遍原声对白,同时向学生讲解其中的一些难点,然后让学生再听两遍并记住台词,最后将电影调至无声,让学生进行配音。这种方式可有效激发学生开口说的积极性,而且能让学生在欣赏影片的同时锻炼口语能力。

(三)交际教学法

交际教学法以交际能力的培养为目标,更加注重语言的实际运用,旨在提高语言交际的质量。交际教学法认为,英语教学的根本目的就是培养学生的交际能力,因此各种语言知识与技能的学习与训练都必须为交际能力服务。交际教学法打破了传统教学教师"一言堂"的教学模式,教师不再是教学的"主角",学生也不再是被动的"观众"。在交际教学中,教师要发挥自身主导作用,尊重学生的主体地位,合理安排课堂活动,将学生置于真实的语言环境中,帮助学生开展各种交际活动。

在口语教学中,交际教学法是一种行之有效的方式,课堂口语训练的内容有很多,如语音训练、会话技巧、交际技巧等,无论哪种训练,其核心内容都是提高交际能力。

三、英语口语学习的策略

(一)课外活动练习法

英语课程的课堂时间十分有限,学生仅仅依靠课堂上的学习时间往往很难满足自身学习任务的要求,所以教师应该引导学生自动利用身边一切可以利用的时间和环境来练习口语。在课外,学生学习的知识可以作为课堂教学内容的补充,如果教师能够利用丰富的第二课堂,即课外活动,那么学生自身的口语能力提升的速度也是显而易见的。例如,教师可以组织学生进行英语演讲、英语作文比赛、英语短剧表演等,让学生将自己的表演录成视频,在多媒体教室播放,学生通过观看视频来提出自己的建议与评价,这可以在短时间内提升学生的英语口语能力。此外,有条件的教师还可以邀请一些外籍教师为学生进行课外讲座,或者创办英语学习期刊,设立英语广播站等,让学生在丰富自己课余生活的同时也能体会到英语口语的乐趣,从而更加热爱英语口语学习。

(二)美剧学习法

校园中,美剧十分流行,深受学生的喜爱。实际上,美剧并不仅仅是一种消遣方式,还是帮助学生认识西方文化、提高口语表达能力和交际能力的重要途径。对此,教师可以通过美剧来开展口语教学,以改善口语教学环境,激发学生的学习兴趣,锻炼学生的口语表达能力。

1. 选择合适的美剧

美剧通常语言地道、故事情节生动富有吸引力,是一种有利于激发学生兴趣的学习资料。美剧类型丰富,题材各异,不同类型的美剧对学生的口语能力所发挥的作用也不相同,因此在运用美剧开展口语教学时,教师要对美剧进行筛选,选择有利于发展学生口语水平的美剧。此外,教师还要提醒学生不要只沉浸在对美剧的欣赏中而忽视对美剧中语言知识和文化背景的学习,鼓励学生带着学习动机来观赏美剧。

2. 开展层次性的反复训练

在运用美剧进行口语教学时，教师应遵循循序渐进原则，开展反复性的练习，逐步提升学生的口语能力。例如，在首次观看的时候，教师要引导学生将精力放在剧情上；在第二次观看时，教师可以引导学生对剧中的表达和语法等进行推敲；第三次观看时，教师可引导学生重点对人物说话的语气以及台词所隐含的内容进行挖掘和分析。分层逐步开展，可以有效加深理解和记忆，对提高学生的口语能力十分有利。

3. 关闭字幕自主理解

在看美剧时，很多学生习惯看字幕，脱离字幕将无法正常观看影片，实际上这样观看美剧对提高口语表达能力并不利。在观看美剧时，学生应对台词形成自己的理解，在不偏离剧情中心思想的情况下抛开字幕自主理解，可以有效锻炼英语交际思维。

4. 勇于开口模仿

学生要想通过美剧切实提高口语交际能力，就要在听懂台词、了解剧情的基础上开口说，即对剧中人物的台词进行模仿。只有不断地开口练习，才能培养英语语感，增加知识储备，进而提高口语交际能力。总体而言，采用美剧来辅助英语口语教学能有效提升学生的听说能力，还能提升学生的写作能力，进而培养学生的跨文化交际能力。

（三）移动技术辅助法

随着科技的发展，移动通信技术开始蔓延至人们生活的各个方面，并且为人们提供了生动的、不受时空限制的交流方式。移动信息技术在教学领域也发挥着重要的作用，很多学者开始将其与口语教学相结合，来提高口语教学的效率。移动通信技术为学生的口语练习提供了全方位的支持，扩大了学生接触地道英语的途径，而且实现了课内与课外的连接。

1. 课前自学

在课前，教师会将课本中的内容要点制作成长度适中的视频短片，然后通过不同的方式传递给学生让学生学习。学生通过移动数据获得视频之后，可以根据自己的情况选择恰当的时间和空间进行自主学习。

2. 教师讲解

在学生课前自主学习的基础上，教师在课堂上重点就一些词汇、句式和语法项目进行讲解。讲解的过程不似传统课堂那样枯燥，而是结合视频资料,解决学生学习中的主要问题,同时为学生示范,引导学生不断练习。在此过程中,学生可以进行大量的口语练习活动,口语水平会得到提升,而且能够加深对学习材料的认知程度。

3. 课堂互动

口语能力的提升需要学生互动和交流,因此在教师讲解之后应安排课堂互动活动。互动的形式要灵活多样,可以是师生互动,也可以是生生互动。这样可以创造轻松、愉悦的学习氛围,为学生提供锻炼口语的机会,使学生敢于开口用英语进行交流。

4. 课后的移动式合作学习

课堂教学时间是有限的,课堂教学只能引导学生对新知识进行初级的认知与练习。要想在真实情境中对语言进行更深层次的运用,则必须依靠课后的时间。教师可以本单元的主要内容与知识点为依据,为学生安排开放式的真实任务,以此来引导学生通过合作方式进行口语交际,使他们在探索语言运用方式的过程中扩展新知,并在发现问题、分析问题、解决问题的过程中培养创新思维。

四、二语习得研究对英语口语教学的启示

(一)采用多样化的语言输入手段,丰富口语产出内容

根据克拉申的理论,可理解行动的学习内容更容易被学生学习,因此要保证学习内容可以被理解。在口语课堂教学中,教师需要选择相应的适合学生的教学材料,便于他们接受与理解,形成可理解性输入。

具体来说,对于交流的主题,必须与学生的实际生活接近,那些天马行空的内容应该被舍弃,因为这些内容学生是无法表达的,也是学生无法利用到的。

当然,选择的材料也不能过于简单,对于学生的口语课堂,已经与幼儿园的孩子们学习英语不同,不能仅限于 hello 等这些简单句式上,应该做些复杂改变。

另外,在口语课堂教学中,应该借助多媒体手段,这样多样化的输入能够丰富学生口语学习的素材,不仅在课堂上有所使用,对于学生的课后学习也是非常有利的。学生能够接触到一些新的语言输入,如流行音乐、电影等。由于这些东西与学生的实际生活关系密切,他们学习之后更能够将头脑中的知识挖掘出来,对其进行有效的利用。

(二)有效的输出有助于口语表达的准确性

在口语课堂上,教师应该对学生的有效输出予以关注,而不应该仅仅向学生传授口语知识,这是口语教学与其他教学的区别。教师的口语表达要准确、生动,这样可以将学生的学习兴趣激发出来,同时还能帮助学生开口。当学生讲到不合理的地方,教师应该给予纠正,让学生不断进步。

丰富多彩的口语活动有助于语言的输出,在口语教学中,不应该仅仅对口语本身予以关注,还应该将其与听、读、写、译同行。这种互动练习的方式不仅能够调动学生的学习兴趣,活跃课堂的气氛,还能够让学生学以致用。

第三节 二语习得研究下的阅读教学

一、英语阅读教学基础知识

(一)阅读的内涵

阅读是人类社会的一项重要活动,这项活动是随文字的产生而产生的。正是由于文字的存在,人们才可以把语言的声音信息转化为视觉信息,并把它长期保持下来。这样就突破了语言在时间上和空间上的限制,使人类社会所积累起来的经验能够系统地保留和传播。在现代社会中,不仅学习者的学习离不开阅读活动,社会生活的各个方面也都离不开阅读活动。阅读活动的性质可从以下几方面理解。

(1)阅读是以书面材料为中介的特殊的交际过程。它是作为一种特殊的交际方式而存在的社会现象,作者—文本—读者是构成这个过程的三个基本要素。在这个过程中,读者不仅要透过文本去发现、理解作者要表现的世界,而且要通过与作者在情感、理智上的对话与交流,实现意义的生成及主体自我的创造与重构。

(2)阅读是读者从书面语言符号中获取意义的认知过程。通过阅读,读者可以把外部的语言信息转化为内部的语言信息,将文本所蕴含的思想转变为自己的思想,从而不断地丰富和完善自己的认知结构。

(3)阅读是人类社会的一种言语实践行为。它是主体感受、理解文本、建构与创造意义的过程。

（4）阅读是一种复杂的心智活动过程。在阅读活动中,读者先要运用视觉感知文字符号,然后通过分析、综合、概括、判断、推理等思维活动对感知的材料进行加工,把经过理解、鉴别、重构的内容融入原有的认知结构之中,而且这种思维活动要贯穿阅读过程的始终,必须凭借全部的心智活动及特定的智力技能才能完成。

1. 阅读理解

在语言学习过程中,阅读能力一直都发挥着重要的作用,因此很多国家都十分重视阅读。例如,美国做过"美国阅读动员报告",英国启动了"阅读是基础"运动,两国还投入了大量人力和财力来推动国民阅读能力的培养。在中国教育教学中,阅读能力也深受重视。关于阅读的定义,不同的学者发表了不同的看法。

纳托尔（Christine Nuttall,2002）将对阅读的理解总结为以下三组词。

（1）解码,破译,识别。

（2）发声,说话,读。

（3）理解,反应,意义。

"解码,破译,识别"这组词重点关注阅读理解的第一步,也是十分关键的一步,读者能否迅速识别词汇,对于阅读而言有着重要的影响。"发声,说话,读"是对"朗读"这种基本阅读技能的诠释,这属于阅读的初级阶段。朗读是将书面语言有声化,在各种感官的共同作用下加快对阅读内容的理解,这有助于语感的培养。通常,随着阶段的提升,读的要求会从有声变为无声。"理解,反应,意义"强调阅读过程中意义的理解与交流。在这一过程中,读者不再是被动接受阅读材料中的信息,而是带着一定的目的,积极地运用阅读技巧去理解阅读材料的主要信息。

Aebersold（2003）认为,读者和阅读文本是构成阅读的两个物质实体,而真正的阅读是二者之间的互动。

王笃勤（2003）指出,阅读是一项复杂的认知活动,是读者提取文本中的信息并与大脑中已有的知识结合,从而建构意义的过程。读者理解阅读文本的过程中主要涉及三种信息加工活动,分别是对句子层面、段落或命题层面、整体语篇结构的分析活动。

由上述定义可以看出,很多学者都认为阅读涉及读者和阅读文本,并且认为阅读是这二者之间的交流互动。简单而言,阅读就是读者积极运用已经掌握的语言知识和背景知识等对语言材料进行处理,同时获取信息的过程。

2.阅读模式

关于阅读的模式,不同的学者有着不同的理解,基于对阅读不同的理解,人们提出了以下四种阅读模式。

(1)自上而下模式

自上而下模式(Top-down approach),该模式认为,阅读是基于已有知识不断进行预测、验证或修正的过程,是读者与作者相互交流的过程。基于该模式,阅读不再是从低层次的词、句出发,而是从较高层次的语境出发,来推测整个语篇意义。读者在阅读过程中会积极调动已有的经验和知识,结合文章内容来推断作者意图,继而在阅读中不断对自己的推断加以验证和修正。受这种教学模式的影响,阅读教学侧重于对学习者阅读速度和推测能力的培养,主张提高学习者的阅读效率。但该模式下的阅读教学过于强调学习者已有的知识,而忽视了教学中语言知识的积累,进而会造成阅读理解上的障碍。

(2)自下而上模式

自下而上模式(Bottom-up model),又称"文本驱动模式"。在这种模式中,阅读是读者由低层到高层、自下而上,被动地对文本进行解码的过程。这种解码过程具有一定的次序,是读者从简单的认读字母、单词词汇出发,继而对句子、段落进行分析,最后达到对语篇的整体理解。受这种阅读模式的影响,传统的英语阅读教学侧重语言基础知识的学习,注重对教学中词汇和长难句的分析,而忽视了对文章整体性的把握,最终导致学习者无法准确理解文章的含义。这种教学方式不利于学习者文化的学习,也会对学习者的阅读理解造成障碍,无法激发学习者的学习兴趣。

(3)图式驱动模式

图式驱动模式,该模式认为阅读是一种心理猜测过程,整个过程都在围绕猜测进行。与文本驱动模式的区别是,该模式认为阅读过程涉及两个方面,即文本和读者。在文本阅读过程中,读者运用已有的话题知识、语篇知识、文化知识等来理解正在阅读的材料和猜测接下来将要阅读的材料。

(4)交互阅读模式

交互阅读模式,该模式认为阅读是一种交互过程,这种交互包含两个方面。一方面是读者与文本的交互,另一方面是文本驱动与图式驱动的交互。该模式既注重语言基础知识,也注重背景知识在阅读中的作用。并且认为,只有将解码技能与图式相互作用,才能完成文本的理解。该模式要求教师在阅读教学中既要重视基础语言知识的传授,又要引导学习者激发脑海中的已有图式,从而促进学习者建构与新知识的联系,提高阅读效率。

(二)阅读教学的现状

英语阅读教学的地位在整个英语教学体系中举足轻重,是我国英语教学的重点和难点,不过依然存在着一些问题。

1. 教师问题

(1)教学模式落后

在一些英语阅读课堂上,传统英语教学的影子还没有完全消失。虽然教育学界一些专家都在倡导先进的英语教育理念,但是真正让这些理念落地,还是困难重重。我们还是会在英语阅读教学课堂上看到这样的情景:教师在上面讲得津津乐道,学生在下面认真聆听,并且还做着笔记。教师逐句讲解阅读文章里的新词汇、句型、语法等,然后分析文章里的问题,这样的英语阅读课有点变味了,倒像是一堂语法课。关键问题是学生还习惯了这样的教学模式,久而久之养成了被动的学习习惯,自己缺乏思考、缺乏实践。课堂缺乏互动,这样不仅减少了学生的阅读兴趣,也无法真正提高他们的英语阅读能力。

(2)课外缺乏监督

学生学习的课时有限,因此很多的阅读主要是在课外完成的。虽然教师布置了课外作业,但是由于学生长期形成了依赖教师的思想,如果教师不抽时间检查学生的课外作业,学生很可能就不会认真对待课外作业。课堂的阅读量是很小的,加上学生对待课外阅读不认真,这样就无法真正提高阅读能力。

2. 学生问题

(1)英语阅读的动力不足

从中学进入大学后,学生摆脱了家长和教师的严格监督,因此学习主要依靠自主性来推动。如果学习的自主性不强,学生就会浪费大把时间。另外,很多学生进入大学后一下子松懈了,错误地将考试当作唯一的学习目的,英语阅读的动力明显不足。如果阅读材料的篇幅过长,或者难度过大,学生就更加没有动力完成阅读了。

(2)词汇量和阅读量都小

篇章是由许多词汇构成的。显然,没有一定的词汇量,英语阅读是无法进行下去的。要想提高英语阅读能力,词汇量是基础,足够的阅读量是

第七章 二语习得理论下的英语基本技能教学

前提。在词汇量薄弱的情况下,扎实的阅读技巧是没有用武之地的,是无效的。进入大学以后,英语阅读所要求的词汇量相比中学阶段有了大的增长,并且同义词、近义词繁多,词义之间的区别和差异模糊、难以辨认,这给学生的学习增加了难度,对学生的目标要求也就不一样了。英语阅读综合能力的提高,需要学生在掌握充足的词汇量的前提下进行大量的阅读。当然,词汇量和阅读也是相辅相成的,词汇量是通过阅读加以积累的,而词汇量又进一步推动着阅读的进行。

（3）文化背景知识的缺乏

英汉文化差异相信已经被教师提过很多次了,但是学生需要真正认识到汉英文化差异的具体方面和具体情况。原版的英语文章都是以西方文化背景来写作的,中国读者在进行阅读的时候就得转换思维。中国读者需要具有充足的西方文化知识,这样才不会给阅读带来障碍。但是,如果不了解西方文化,英语阅读可能就无法连贯地进行。例如:

The eagle always flew on Friday.

对于上述句子,如果仅看字面含义,学生可能会理解为"老鹰一般周五飞回来。"然而,如此理解显然是错误的。其实,eagle（老鹰）这一动物是美国国家的象征,美国的钱币上使用的就是老鹰的图案,所以上述句子的真正含义是"美国人总是在周五发工资"。由此可见,如果学生对文化背景知识缺乏了解,那么在阅读的过程中就会碰到类似上述的句子,在理解过程中自然就会出现纰漏,从而造成误读误解,这在一定程度上说明了熟知语言背后文化内涵信息的重要作用。

(三)阅读教学的原则

1. 激活背景知识原则

文化语境知识即所谓的背景知识,是读者在对某一语篇理解的过程中所具备的态度、价值观、对行为方式的期待、达到共同目标的方式等外部世界知识。在英语阅读教学中,背景知识是重要的组成部分,尤其是对母语为汉语的人来说,阅读那些源自汉语文化背景的著作要容易一些,但是阅读那些不同文化背景下的相关著作必然会遇到困难。要想对以英语文化为背景的语篇有着深刻的理解,必然需要具备相关的文化语境图式,这样才能实现语篇与学生文化背景图式的吻合。读者的背景知识会对学生的阅读理解产生影响。其中,背景知识包含学生在阅读语篇过程中所应该具备的全部经历,包括教育经历、生活经历、母语知识、语法知识等。如果教师通过设定目标、预测、讲解一些背景知识,读者的阅读能力就能够大幅度的提高。如果学生对所阅读的话题并不清楚,教师就需要建构语境来辅助学生的学习,从而启动整个阅读过程。

具体来说,教师在进行备课时要精心准备教材,弄清弄透英语阅读教学中存在的文化语境空白,对材料进行精心的选择,或者为学生提供某些线索,让学生通过一定的手段和方式处理语篇中涉及的文化背景知识。当然,由于课堂时间是非常有限的,学生不可能解决所有不熟悉文化背景知识的内容,这时候就需要教师充当建构新文化语境的工具。教师需要了解学生在自主学习中遇到的问题,帮助学生顺利理解所学的知识与材料。

2. 重视一般词汇教学原则

对于英语阅读而言,词汇是必不可少的组成部分,也是顺利进行阅读的基础。作为一名英语教师,应该理解词汇在阅读理解中所扮演的角色。学生理解基础词汇,有助于他们在阅读上下文时猜测出一些低频词汇的含义。根据研究显示,那些经常阅读学术性文章的学生对术语应付的能力要明显强于应付一般词汇的能力。因此,学生如何积累一般的词汇是教师需要关注的问题。

在词汇积累教学中,单词网络图是比较好的方式。在英语阅读课堂上,教师可以给出一个核心概念词,然后让学生根据该词进行扩展,从而建构其他与之相关的词汇。需要指出的是,高频词教学在词汇积累中是非常重要的,其有必要渗透在英语听、说、读、写、译教学之中,并在细节层面给予高频词更多的关注,这样才能便于学生顺利完成阅读,并根据这些高频词顺利猜测陌生词的语义。

3. 把握阅读教学关键原则

受中国应试教育的影响,阅读教学与其他教学一样,教师将更多的关注点放在教学检测结果上,而阅读理解中的理解却被忽视。实际上,成功完成阅读的关键就在于完善与监控阅读理解。为了能够让学生学会理解,可以从学生的自我检测入手,并鼓励他们同教师探讨具体的理解策略,这是元认知与认知过程的紧密结合。

例如,教师不应该在学生阅读完一篇文章之后,提问学生关于理解的问题,而是应该为学生示范如何进行理解。全体学生一起阅读,并一起探讨,这样便于每一位学生理解文章的内容。

4. 速度与流畅度结合原则

英语阅读教学存在一个严重的困难就是,虽然学生具备了阅读的能

第七章　二语习得理论下的英语基本技能教学

力,但是很难进行流畅的阅读。也就是说,当教师将更多的关注点放在学生阅读的准确性上时,往往就忽视了学生阅读的流畅性。这就要求教师在阅读教学中应该找寻一个平衡点,不仅帮助学生提高阅读的速度,还要保证学生阅读的流畅性,这是阅读教学培养速度的最终目的。一般来说,学生阅读的过程不应该被词汇识别干扰,而是应该花费更多的时间研读内容及语言背后的文化。要想提升阅读的速度,一个好的办法就是反复进行阅读。通过反复的阅读,最终实现速度与理解的结合。

二、英语阅读教学的策略

(一)采用"阅读圈"教学

"阅读圈"是指一种由学生自主阅读、自主讨论与分享的阅读活动。在大学英语阅读圈中常常会采用分组的学习方式,小组中每位学生自愿承担一个角色,负责一项工作,并进行读后反思。在阅读体裁的选择上,可以选择自己喜欢和感兴趣的文章开展有目的性的阅读。同时,每个人都有自己的任务需要完成,每个人在阅读完以后都要和他人分享和讨论相关性的问题。阅读圈模式的目的是鼓励学生阅读和思考,其活动效果在很大程度上取决于小组成员在前期是否做好了充分的准备工作。采用"阅读圈"教学法开展阅读教学,对于提高学生的阅读兴趣和教学效果具有重要意义。在英语阅读教学中,"阅读圈"教学法主要包含以下几个实施步骤。

1. 设计任务

教师以某个文化专题为教学内容,明确教学目标,选定学生在课堂以及课外需要阅读的材料,设计好相应的需要学生进行讨论和分析的问题,并规划好学生完成这些任务的学习模式。

2. 布置任务

在这一环节,教师安排学生组成"阅读圈",每个小圈子为6~7人。之后,教师向学生讲解阅读圈教学模式的理念、要求和规则,告知学生学习的重点和内容。此外,教师可以鼓励学生在自己的阅读圈内承担一定的角色,具体角色示例如表7-1所示。

表 7-1 阅读圈各成员的角色分配示例

角色	具体任务
讨论组织者	主持整个讨论过程,并准备相关问题供圈内成员讨论
词汇总结者	摘出阅读材料中的与文化专题相关的重点词汇和好词好句,引导圈内成员一起学习
总结概括者	对所有阅读材料的文化元素和内容进行总结并与组员分享,并总结、评价小组活动的内容和成果
语篇分析者	提炼阅读材料的重要的语篇信息并与圈内成员分享
联想者	将所读阅读材料与文化专题相对应的中国文化的内容建立联系,结合最新的社会文化发展动态进行批判性评价
文化研究者	从阅读材料中找到与自己相同、相近或者不同的文化元素和内容,并引导圈内成员进行比较

(资料来源:刘卉,2018年)

3. 准备任务

在布置完任务之后,教师引导学生进行独立思考,并让学生对需要讨论的问题及自身的思考结果形成文字。此外,由于阅读圈内各成员承担着不同角色,教师应鼓励学生完成各自任务,自由表达自己对文化的不同看法。

4. 完成任务

当学生通过自己的努力和教师的引导完成相应的任务时,各个小组就可以按照各自负责的内容进行汇报,对所读内容进行信息加工、思维拓展,确定小组汇报的内容,最终形成 PPT,在课堂上展示核心成果。这一阶段是学生汇报并自由讨论的阶段,有助于启发学生的多元思维,深化文化内容的探讨,因此教师要引起足够的重视。而教师作为活动的组织者和指导者,要掌控整个讨论过程,对讨论过程中可能出现的争论不休或偏离主题等问题进行及时解决。

5. 评价任务

当学生各自汇报完自己的学习成果时,就可以进入评价阶段了。评价可以是学生自评,也可以是同学互评,还可以是学生和教师共同评价。在互评时,可以根据每个阅读圈展示的阅读成果以及成员讨论表现进行打分。学生互评完成后,教师可以进行总结,对各阅读圈及学生自身的表现进行点评。需要注意的是,教师在点评时要注意尊重学生对文化的不同观点,重点关注学生思想的深度和广度,同时对那些积极参与讨论的学生提出表扬,以此带动全班同学积极参加此类活动。

(二)构建阅读文化图式

图式理论充分彰显了阅读的本质,即强调阅读的本质是读者及其大脑中所理解的相关主题知识与阅读材料输入的文字信息之间相互作用与交互的过程。图式理论是一种关于阅读研究的科学理论,其不仅强调文化背景知识与文化主题知识的重要性,还并未忽视词汇、语法在阅读中的重要作用。下面通过读前、读中、读后三个阶段进行详细的分析。

读前阶段是信息导入阶段。在这一阶段,要发挥出图式在阅读之前的预测功能。教师可以组织学生参加一些讨论、预测或者头脑风暴等活动,从而将学生头脑中的图式激发出来。在这一阶段,通过自上而下的阅读,学生头脑中的先验知识与文本相结合,从而将学生的图式激活与构建,为学生进一步的阅读打下良好的基础。

读中阶段是文化渗透阶段。在这一阶段,要发挥出图式的信息处理功能。学生们根据自上而下的模式来探究文章的整体思路。一些新的文化知识可以通过自上而下的阅读模式获得,从而构建内容图式与阅读技巧。在读中阶段,略读、细读等都是比较好的策略。

读后阶段是文化拓展阶段。在这一阶段,要发挥出图式的记忆组织功能。教师可以通过各种活动对学生的新图式加以巩固,如辩论、角色扮演、讨论等。图式理论指出学生存储在大脑中的图式越丰富,学生的预测能力就越强。因此,课外阅读是非常重要的。

具体可以通过图7-2体现出来。

1. 读前文化导入——激活图式

(1)头脑风暴法

在英语阅读中,头脑风暴法常被用于导入环节中。学生通过这一方法可以展开丰富的联想,从而刺激头脑中形成新的图式。因此,教师在文化导入过程中要考虑话题的需要,激发学生进行合理的头脑风暴,让学生更好地融入课堂之中。

(2)预测与讨论

在阅读之前运用图式理论时,教师应该发挥学生推理的能力。学生通过对文本材料进行解读与推理,从而刺激自身的图式。

(3)运用多媒体资料

在文化导入阶段,教师应该善于运用多媒体资料,从而让学生更好地体验文化教学的特色。通过多媒体,学生可以更直观地感受语言知识,了解中西方语言文化的差异,刺激学生的图式,让学生在激活自身图式的基础上进行下一步内容图式的拓展。

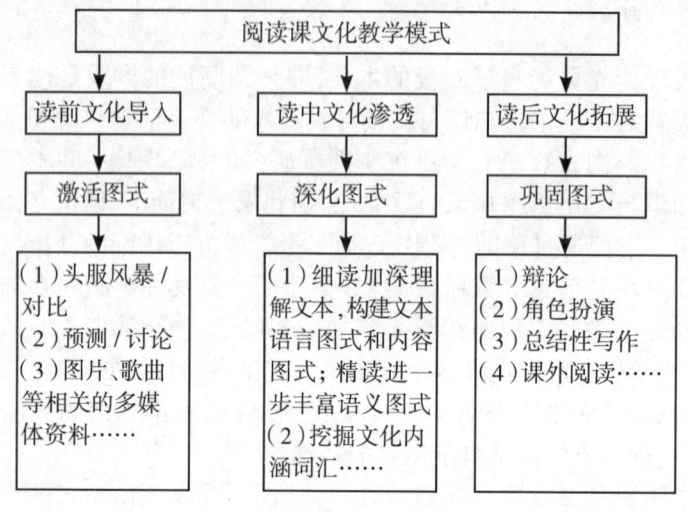

```
                    ┌─────────────────┐
                    │ 阅读课文化教学模式 │
                    └─────────────────┘
            ┌──────────────┼──────────────┐
    ┌───────────┐   ┌───────────┐   ┌───────────┐
    │ 读前文化导入 │   │ 读中文化渗透 │   │ 读后文化拓展 │
    └───────────┘   └───────────┘   └───────────┘
          │               │               │
    ┌───────────┐   ┌───────────┐   ┌───────────┐
    │  激活图式  │   │  深化图式  │   │  巩固图式  │
    └───────────┘   └───────────┘   └───────────┘
          │               │               │
    ┌───────────┐ ┌─────────────────┐ ┌───────────┐
    │(1)头脑风暴/ │ │(1)细读加深理   │ │(1)辩论    │
    │   对比     │ │   解文本,构建文本│ │(2)角色扮演 │
    │(2)预测/讨论│ │   语言图式和内容 │ │(3)总结性写作│
    │(3)图片、歌曲│ │   图式;精读进一 │ │(4)课外阅读…│
    │   等相关的多媒│ │   步丰富语义图式 │ └───────────┘
    │   体资料…… │ │(2)挖掘文化内   │
    └───────────┘ │   涵词汇……     │
                  └─────────────────┘
```

图 7-2 阅读文化图式模式

(资料来源:马苹惠,2016 年)

2. 读中文化渗透——深化图式

在读中阶段,教师可以在这一阶段进行文化知识的渗透,进一步对学生的内容图式加以丰富,从而让学生更好地展开阅读。在阅读教学中,教师采用扫描、略读等策略帮助学生构建灵活的图式,促进学生激发头脑中与之相关的图式,从而便于学生更好地理解文章。在细读阶段,教师要帮助学生挖掘与语篇相关的文化内涵,扫除他们在正式阅读中的障碍。

首先,可以通过略读和扫描法,让学生大致了解文章的大意,从而获得对文章的总体信息与思路,这是帮助学生建构相关内容图式的有效路径。扫描法是学生根据教师的指令,能够在文章中找到特定的信息。

其次,根据上下文,可以通过细读,让学生明确每一个单词的含义,尤其是那些具有文化内涵的词汇,从而丰富学生的内容图式。

3. 读后文化拓展——巩固图式

在读后阶段,主要是充分发挥学生头脑中的记忆功能。一般来说,读后文化拓展的方法主要有如下几种。

第一种是辩论。教师可以针对文本材料中的相关内容,选取一些视角展开辩论,学生在辩论中对与文本相关的内容图式加以巩固。同时,通过辩论,学生也可以更好地理解文本的文化内涵与文化背景知识。

第二种是角色扮演。学生通过学习与文本相关的文化知识,从而丰富自身的文化内容。然后,学生带着角色有目的地重新阅读文本,教师引导学生对文本进行改变或者情景模拟,从而激发学生学习的兴趣和积极性,提高他们在真实语境下对文本综合运用的能力。

第三种是总结性写作。这一方式有助于学生加深对文本的理解,让学生将文化知识从短时记忆转向长时记忆。

第四种是课外阅读。除了课后巩固之外,教师还应该鼓励学生展开课外阅读。通过大量的课外阅读,学生可以提高学习的自主性,而且还能在阅读中不断丰富自身的内容图式。

三、英语阅读学习的策略

(一)阅读学习策略

1. 引导

引导过程的基本任务是确定学习目标,唤起学习者学习动机。一般包括以下教学内容:预习、解题、介绍有关资料、导入新课。阅读实践中,可以全部运用,也可以只运用其中的若干项。

(1)预习

预习是学习者学习的准备阶段。学习者可以在课前预习,也可以在课堂上进行预习。

(2)解题

课文标题相当于文章的"眼睛",透过课题可以了解文章的内涵和特点,所以,学习者找到理解课文的纹理脉络。课文标题与文章内容的关系,或者是课文标题直接揭示主题,或者课文标题指示选材范围或对象,或者课文标题直接指示事件,或者课文标题隐含深刻寓意等。

(3)介绍有关资料

介绍有关资料是帮助学习者深入学习和理解课文的基础,包括介绍作者生平、写作缘起、时代背景和社会影响等内容。介绍有关资料也应根据课文特点和学习者学情具体而定,可以几个方面的内容都作介绍,也可以有选择地进行介绍。

2. 研读

研读过程是阅读的核心环节,主要是对课文的内容和形式作深入的研读和探讨。根据阅读活动的特点,研读过程一般分为三个阶段:感知阶段、分析阶段、综合阶段。感知阶段是对课文的整体认识,分析阶段是深入对课文的具体认识,综合阶段是对课文的整体理解和把握。

(1)感知阶段

感知阶段一般包括以下几方面的内容:认识生字新词、课文通读、感知内容、质疑问难。

(2)分析阶段

分析阶段是对课文内容和形式进行深入细致的具体分析研讨,主要包括文章结构分析、内容要素分析、写作技巧分析、语言特点分析、重难点分析。

(3)综合阶段

综合阶段是在分析阶段的基础上进行的,是由局部到整体的概括过程,由现象到本质的抽象过程。综合阶段的教学任务一般包括概括中心思想、总结写作特点等。

3. 运用

运用过程的基本任务就是学习者把分析综合阶段中学到的知识应用于实践,转化为英语能力。转化的途径就是集中训练,一般采用听、说、读、写等多种方法进行,这是阅读的关键。

阅读过程中有多边矛盾,而核心的矛盾是学习者认识、学习课文的矛盾,其他矛盾都从属并服从于这一矛盾。因此,学习者应有效地认识、学习课文。

(二)阅读学习技巧

从横向上看,阅读的方式有朗读、默读、精读、略读、速读,相应的就有阅读的技巧。

1. 朗读

朗读就是出声地读,是通过读出词语和句子的声音把诉诸视觉的文字语言转化为诉诸听觉的有声语言。朗读有助于增强对语言的感受能力,从而加深对文章思想感情的体味理解;可以促进记忆,积累语言材料;有助于形成语感,提高口头和书面的表达能力等。朗读训练的方式主要有:范读、领读、仿读、接替读、轮读、提问接读、齐读、小组读、个别读、散读、分角色读等。对读物可采取全篇读、分段读、重点读等。

2. 默读

默读是指不出声的阅读,它通过视觉接受文字符号后,直接反射给大

第七章　二语习得理论下的英语基本技能教学

脑,可以立即进行译码、理解,因此,默读又称"直接阅读"。一般说的阅读能力,实际多指默读能力,因为它在实际学习和生活中运用得最多。

默读训练的要求:感知文字符号要正确,注意字音、字形、词语的搭配以及句子的排列;要讲究一定的速度,要学会抓重点;在阅读中学会思考,根据文章的内容,向自己提出问题,解决问题。

根据默读训练的要求,默读训练可着重从下面三方面进行。

第一,视觉功能的训练。主要是扩大视觉幅度的训练,增加一次辨认的字的数量,同时提高视觉接受文字符号的速度,减少眼停次数和回视次数。

第二,默读理解的训练。主要是要教会学习者如何调动想象、联想、思维和记忆的作用,以提高理解读物的内容深度和速度。

第三,默读习惯的训练。主要是帮助学习者克服不良习惯,如出声读、唇读、喉读、指读、回读等;使学习者养成良好的阅读习惯,如认真、专注、边读边思、边读边记等,良好的阅读习惯能够提高阅读效率。

3. 精读

精读是逐字逐句深入钻研、咬文嚼字的一种阅读。

精读训练的基本要求:对读物从整体到部分,从部分到整体,从形式到内容,从内容到形式的反复思考深入理解;对于阅读材料中的关键词语或句子,要仔细推敲琢磨,不仅要理解其表层的意义,而且要深入领会其言外之意,画外之象;养成边阅读边思考、边阅读边做笔记的习惯,因为只有真正独立思考的主动的阅读活动,才是有效的阅读活动。

为了提高精读训练的有效性,教师在精读训练过程中,要提示精读的步骤和方法,给予适当的引导,使学习者逐步练习,直到完全掌握精读技能、形成熟练的技巧与习惯。

精度训练可以有不同的步骤,各有侧重。具有代表性的精读步骤有以下几种。

三步阅读法:认读→理解→鉴赏。

五步阅读法:纵览→发问→阅读→记忆→复习。

六步自读法:认读→辨体→审题→问答→质疑→评析。

在实施阅读训练的过程中,无论哪一个步骤或环节都需要运用良好的、合适的阅读方法才能保证精读的顺利完成。实际上,精读没有固定不变的步骤和方法,每个教师都可以根据自己的经验和学习者的情况提出训练方案,同时鼓励学习者在实际阅读和训练中总结出符合个人阅读情况的步骤和方法。

4. 略读

略读是指粗知文本大意的一种阅读,是一种相对于精读而言的阅读方式。略读对文章的阅读理解要求较低,略读的特点是"提纲挈领"。它的优势在于快速捕捉信息,在于发挥人的知觉思维的作用,一般与精读训练是交叉进行的。

略读训练指导应注意:第一,加强注意力的培养,提高在大量的文字信息中捕捉必要信息的能力,纠正漫不经心的阅读习惯。第二,加强拓宽视觉范围、提高扫视速度的训练。第三,着重训练阅读后用简练的语句迅速归纳材料的总体内容或概括中心意思的能力。第四,注意教给学习者如何利用书目优选阅读书籍,利用序目了解读物全貌,如何寻找和利用参考书解决疑问,以及略读中如何根据不同文体抓略读要点等。

5. 速读

速读是指在有限的时间里,迅速抓住阅读要点和中心,或按要求捕捉读物中某一内容的一种阅读方式。速读的基本要求:使用默读的方式;扩大视觉范围,目光以词语、句子或行、段为单位移动,改变逐字逐句视读的习惯;高度集中注意力进行阅读的习惯;每读一篇都有明确的阅读目标的习惯;减少回读;从顺次阅读进入跳读。

速读方法的训练主要有:一是提问法,读前报出问题,限时阅读后,按问题检查效果。二是记要法,边读边记中心句、内容要点或主要人物和事件等,读后写出提要。三是跳读法,速读中迅速跳过已知的或次要的部分,迅速选取与阅读目的相符的内容,着重阅读未知的、主要的或有疑问的地方。四是猜读法,即根据上文猜测下文的意思,或根据下文猜上文的意思,能迅速猜测出意思的,就不必刻意去读。当然,速读训练应注意根据学习者的阅读基础和读物的难度来规定速度的要求。

四、二语习得研究对英语阅读教学的启示

(一)精读与学得相结合

所谓的精读是对于泛读来说的,其是以词语作为先导,采用从低级到高级的方式进行扩展,对语言进行解码。在英语阅读中体现出一种"从点到面"的方式,即学习者要按照字母、单词等的顺序,不断地进行辨认与感知。这就需要在教学中,展开精细的讲解,对相关背景知识加以介绍,对其中语法、课文内容进行讲授,最后完成课后练习。

就语言输入角度来说,精读属于系统的外语知识的输入,如教师课堂讲授的语音知识、语义知识、语法规则等,主要是通过有意识的外显,转化成学生的外语能力。

(二)泛读与习得相结合

泛读指的是通过阅读大量的文章,不需要对词句进行分析,注重对量的把握,只需要将所需要的信息找出来即可,对文章的大意进行抓住。泛读是对精读课堂中所学的单词、短语等的巩固,是一种实践的过程,是对学生综合能力的考察。泛读不仅对学生的语言知识进行丰富,还能增加他们的英语文化知识。泛读材料一般具有较强的故事性,具有较广的知识面,不仅有助于开阔学生的眼界,还有助于提升学生的预感,从而最终提升他们的文化素养。

就语言输入的角度而言,泛读属于可理解性的语言输入,其是通过学生无意识的学习产生的,这一过程使得学生不断提升这项能力。

第四节 二语习得研究下的写作教学

一、英语写作教学基础知识

(一)写作的内涵

在英语中,writing 这一单词对应的含义是"写作",该词所表达的写作含义不仅可以表示写作的结果,而且可以表示写作的具体过程。如果人们认为一篇文章写得比较出彩,那不仅意味着作者创造出了漂亮的文章,而且也意味着作者所创造的写作过程也是非常完美的。对于写作者而言,写作过程的好坏将对写作结果带来直接的影响。关于写作的界定,中外学者都在自己研究的基础上提出了一些看法,下面来介绍一些比较典型且常见的看法。

瑞密斯(Raimes,1983)认为,写作具有两大功能特点:其一,为了学习一门语言而进行写作,通过写作技能的掌握,学习者可以对自己所学习的语言知识进行有效巩固,因为写作过程中需要用到这门语言中的词汇知识、语法知识、语篇知识等。其二,为了进行写作而写作。在写作时,学习者通过自己的大脑来组织语言,表达自身的观点,可以对自己的学习过程进行强化,同时是将自己所学习的知识运用于交际的过程。只有通过学习,个人的写作技能才能得到有效提高。

我国学者王俊菊(2006)基于认知心理学对写作进行了研究,他认为,写作是一项复杂的、解决问题的信息加工活动,在这一过程中,写作者需要利用视觉上的编写行为与书写动作来完成。

总之,写作是写作者利用书面语言来表达自身思想、与他人交流信息的过程集合,这一集合中需要写作者运用多方面的知识与技能,而且还需要对意义与信息进行加工与传递,所以写作不仅是运用语言的一种手段,而且也是语言运用的一种目的表现。

(二)写作教学的现状

写作教学一直都是英语教学的重要部分,但随着教学改革的发展以及社会需求的提高,英语写作教学也呈现出一定的问题,具体体现在以下几个方面。

1. 教师层面

(1)教学方法缺乏创新性

尽管目前的教学都倡导人文教育、素质教育,但应试教育现象依然存在,受此影响,在现在的英语写作课堂教学中,教师仍然采用传统的结果教学法实施教学,即在课上向学生提供不同类型的范文,稍加讲解之后要求学生参照范文模仿,并要求学生在规定的时间内利用课外时间完成写作任务,最后由教师进行批改和讲评。这种教学模式的重心是写作的结果,忽视了师生、生生之间的交流以及写作过程中对学生写作兴趣的激发和培养。久而久之,学生就会对写作产生厌倦情绪,其写作水平也就很难得到提高。

(2)教学割裂情况严重

英语教学是个整体工程,英语写作教学也不是孤立存在的,它与阅读教学、听力教学、口语教学之间有着密切的关系。但在实际的教学过程中,教师并没有将几方面联系在一起而是孤立地进行写作教学,这样是很难提高写作教学的效率的。

此外,写作涉及的内容十分广泛,会涉及经济、历史、地理、文化等各个方面,因此英语写作与其他学科有着密切的联系。但在实际教学中,教师未能联系写作学习与其他学科的学习,也未能发挥各个学科之间的互促作用。这样会减少学生写作素材的来源,会限制学生视野的开阔,也会影响学生写作能力的培养。

第七章　二语习得理论下的英语基本技能教学

（3）批改方法缺乏有效性

虽然时代在进步,社会在发展,然而在写作教学中,很多教师依然采用传统的批改方法来批改学生的作文。他们只是针对学生作文中的基础语言点进行批改,如语法方面的错误、词汇用法方面的错误、拼写方面的错误等,对于作文的逻辑、主旨、框架等分析较少。这样做导致的直接后果就是学生在写作中仅关注简单的、表面的错误,尽量保证写作过程中不会出现标点、拼写、语法等方面的错误,他们想当然地认为这样写出来的文章就是好文章,显然并不会对作文的内容、结构等方面的错误进行反思与总结,那么这些学生的作文水平往往难以提升到一个新的高度。

（4）课程设置缺乏合理性

目前,虽然很多高校的教师与学生都已经意识到了英语写作教学的重要性,然而英语写作课程在整体设置上仍然存在不合理之处。例如,很多院校都没有开设专门的英语写作课程,而只是将写作课融入其他技能教学中,这么做就会导致写作教学的时间得不到有效保障。另外,英语教师在教授英语课文时往往首先讲解词汇,然后分析课文、组织听力练习、组织阅读练习、完成课后作业,按照这一教学顺序,课堂时间已经所剩无几,教师根本没有充裕的时间来为学生讲解英语写作的理论知识与安排实践,这就导致了英语写作课变成了可有可无的内容,对学生英语写作能力的提升而言是相当不利的。

2. 学生层面

"以学生为中心"和尊重学生的主体地位是现在教学改革所大力提倡的观点。但在实际的写作教学中,教师对学生角色的定位并没有准确把握。在写作教学中,教师通常会先确定写作主题,然后向学生提供范文并加以分析,最后布置课外作业。可以看出,无论是主题的选择、课堂讲解还是任务的布置,基本都是教师来决定,学生在整个过程中都处于被动地位。教师忽视学生的主观能动性,将很难激发学生的写作兴趣和积极性,也很难培养学生积极的写作态度,这对学生写作能力的培养十分不利。

（三）写作教学的原则

1. 循序渐进原则

任何一件事情的顺利完成都是需要花费时间的,都是一个循序渐进的过程,英语写作教学也不例外。在英语写作教学中,循序渐进原则主要涉及以下几个方面。

（1）语言层面：由低到高

在语言层面，教师可以先让学生进行句子写作方面的练习，然后逐步过渡到段落与篇章的写作。由于课堂教学时间有限，教师可以将对句子的写作训练穿插在其他技能课中，如精读和听说课。此外，教师可以设置组织各种训练活动，如连词组句、补全句子、合并句子、扩充句子等，学生对句子写作逐步熟练后，教师就可以增加难度，过渡到篇章写作。

（2）语法结构层面：由易到难

在写作过程中，很多学生都因语法欠佳而无法使用哪怕稍微复杂一点的表达，这样势必会影响输出效果，写作质量也不会太高。因此，学生一定要重视语法学习，掌握基础的语法结构，在此基础上掌握更为复杂的语法结构。具体来说，在写作学习中，学生要先掌握简单句，然后掌握复杂句和并列句；先掌握短句，然后掌握长句；先掌握陈述句，然后掌握虚拟句和感叹句。对教师来说，也要坚持循序渐进原则，在语法结构上由易到难，帮助学生巩固基础，进而攻克薄弱环节。

（3）话题层面：由熟到生

学生对于自己熟悉的话题往往更有写作兴趣，写起来也相对容易。因此，教师在写作训练中，可以先从学生熟悉又感兴趣的话题开始，等学生掌握一定的写作技巧后，可以让学生就一些社会热点问题等表达自己的观点，锻炼学生的写作水平。

（4）体裁层面：由简到繁

对学生来说，不同文体其难易程度各不相同。一般来说，记叙文的写作难度较低，其次是描写文，然后是说明文，议论文的写作难度最高。因此，在写作体裁方面，学生应从记叙文的写作训练开始，逐步向其他文体过渡。

2. 恰当性原则

英语写作教学的恰当性是指写作任务的设计应该恰当。具体来说，写作任务需要具备如下两点特征。

一是能够激发学生思想交流的需求，使学生有内容进行写作。

二是对于学生语言能力提升有帮助，如增加词汇量、学习新句型等。

这两点虽然是作者对写作方法的要求，但也是对写作任务的设计要求。具体来说，如果教师要想设计出一个好的写作任务，那么就需要与学生的实际相符，让学生有充足的内容与经验展开写作。同时，还需要符合学生实际的语言能力，这样才能完成写作，将理论知识运用到具体的实践中。

第七章　二语习得理论下的英语基本技能教学

3. 文化对比原则

受文化背景的影响,英语写作教学中需要坚持文化对比原则,即教师在教学中将中西方文化的差异引入教学中,从而为学生的写作学习奠定基础。

很多学生到了大学阶段,实际上已经掌握了一定程度的写作技巧,但是他们掌握的写作技巧大多都是中式写作,忽视了英语写作的编码与解码。也就是说,他们的写作大多是将汉语翻译成英语进行写作,导致文章中出现了很多的中式英语表达,这样很难让读者理解。

因此,在英语写作教学中应该坚持文化对比原则,让学生明确中西方语言与文化的差异,从而写出地道的文章。

4. 多样性原则

英语写作教学中需要坚持多样性原则,主要体现在训练方式与表达方式上。

从训练方式上说,教师应该采用多样化的方式,如可以通过扩写、仿写等办法训练学生的写作能力,同时教师应该把握好每一种方法的优缺点,让学生在多种方法下掌握适合自己的方法。

从表达方式上说,教师应该引导学生在写作中运用多种表达方式,这样的写作才是灵活的写作。这不仅可以对学生写作中的问题加以弥补,还可以提升学生的灵活运用技巧,这样写出来的文章才能引起读者的注意。

5. 建立科学的评价机制原则

教师对学生写作进行评价时,要注重对写作过程而不是结果的评价,建立以学生为中心的评价体系。具体来说,教师首先要了解写作能力的基本评价标准,如标点符号的使用、单词拼写、语法运用、写作内容、表达的逻辑性与创造性等,都要纳入评价范畴。其次,教师的评价应以激励为主,尽量采用描述性语言,避免直接批评学生。最后,对于学生写作中存在的问题,教师要帮助学生分析原因,并提出相应的解决措施。总之,教师建立以学生为中心的评价体系,既维护了学生的自尊心,又激发了学生对英语写作的兴趣。

二、英语写作教学的策略

（一）重视文化知识积累

英语写作教学应该重视让学生积累丰富的文化知识，摆脱汉语负迁移作用对学生英语写作的影响。在日常的写作中，如果学生遇到困难的句子，他们往往会选择用汉语思维对句子进行组织，导致出现了明显的语言错误，这就是受汉语负迁移作用的影响导致的。因此，在英语写作教学中，教师除了对学生的词汇、语法等语言知识进行训练，还需要训练他们的文化知识，避免学生出现负迁移的现象。同时，教师应该鼓励学生多进行阅读，让他们在阅读中挖掘文化知识，从而对自己的语言进行充实，写出一篇得体的文章。

（二）通过阅读促进写作

无论写什么题材或者体裁的文章，要想真正地打动读者，就必须要言之有物。如果缺乏文化知识的积淀，那么这样的写作必然是单调与死板的。要想保证顺利展开跨文化交际，不能仅仅在自己的小圈子里说话，而应该从与他人沟通的角度展开写作。当然，在这之前，学生需要阅读大量的文章，首先充实自己，这样才能有话可写。

因此，在写作教学之前，教师可以让学生读一些相关的资料，通过收集与选择，将这些资料运用到自身的写作中，提升自身的写作水平，培养自身的归纳与总结能力，从而写出与众不同的文章。

三、英语写作学习的策略

在写作教学中，记叙文、议论文和说明文是最常见的三种文体，这里就对它们的写作进行分析。

（一）记叙文写作

记叙文是写人、叙事、状物的文章。记叙文包括特写、游记、回忆录等。在课本中，记叙文所占的比重很大，作文选择记叙文的也很多，因此教师需要做好记叙文的写作教学设计。

一般来说，以叙事为主的记叙文以现实生活中发生的、真实的、有一定意义的具体事件作为叙写对象。从理论上讲，可以是社会生活的事件，也可以是日常生活的事件,还可以是自然界的事件。有人把记叙文的表现对象,局限于"社会生活的典型事件"是不太恰当的。诚然,社会生活的典型事件有其优越性。首先是典型性,并因其典型性而有普遍意义,这样就赋予了"事件"的现实意义;其次是社会性,并因其社会性而受到人们的热切关注,这样就赋予了"事件"以社会价值。教师在设计记叙文写作教学时要体现教学大纲的要求,要把握记叙文的特点,要考虑到学习者的实际水平和接受能力。教学设计,形式应该是多样的,可以是常规型的,也可以是探索型的;可以简约,也可以详尽。总之,要有实用价值,要体现教学改革的精神。例如,教师让学习者以"今天中午"为题叙述自己的所见所闻,学习者在叙述的过程中可能会提到许多画面,教师就要引导他们将自己在不同画面中的听觉、视觉、感觉表达出来,同时引导他们掌握叙述的节奏,如慢节奏的温馨早餐、快节奏的运动活动等。

(二)议论文写作

议论文写作要求作者通过摆事实、讲道理,直接表达自己的观点和主张。作者对客观事物进行评论,以表明见解、主张、态度,通常由论点、论据、论证三部分构成。议论文写作教学虽然比不上记叙文写作的教学,但也是语言教学的一个组成部分。因此,做好议论文写作教学设计十分必要。

一般来说,议论文写作教学设计首先要做好教师启发。学习者生活在一定的社会环境中,每天都要接触许多人,遇到许多事,听到许多议论,有令人满意的,也有不尽如人意或令人气愤的。同时,他们平时可能获得某些成功,也可能遇到某些困难或失败,这些都会使他们产生种种感受和看法,教师就需要学会启发他们思考。例如,用一些值得议论的典型事例或现象让他们思考,并将自己的思考用文字的形式表达出来,最后写成文章。

考虑到议论文中,学习者表达观点需要一定的论据支持,教师也要在教学设计中引导学习者找到论点和论据。由于学习者的身心发展还不成熟,因此议论水平不会太高,教师要注意不要设置太高的论点,以适应学习者的实际水平。

(三)说明文写作

说明文是以说明某种事物或某种过程为写作目的的一种写作形式。要写好说明文首先要对被说明的对象有充分的认识和了解,分析、比较这一事物和另一事物之间的不同点,把握事物的特点,然后紧紧抓住这一特点加以说明,只有这样,才能把事物说得明白清楚。例如,《我们的学校》就要写出我们的学校与其他学校的不同之处,切忌泛泛而谈。

教师在设计说明文写作教学时,应注意说明文给人以知识,所以学习者必须对所要传授的知识有所了解,这也是合理安排顺序的前提。如果对泰山没有比较丰富的知识,自己也没有仔细游览过,即使掌握了关于空间顺序或者时间顺序的技巧,也不可能给人以真正的知识。阐释事理亦然,如对事物本身的逻辑关系若明若暗,也无从安排逻辑顺序了。

此外,说明文和记叙文、议论文都有条理性即顺序安排问题。记叙文中的时间顺序安排,应用极其广泛,写说明文时可有目的、有选择地进行借鉴。另外,记叙文中涉及写景和游记类文字时经常有方位安排的技巧,这也可在说明文中运用。议论文以说理为主,根据事物之间的逻辑关系进行判断推理,和事理说明文中逻辑顺序的安排有相通之处。

四、二语习得研究对英语写作教学的启示

(一)利用情感调控干预英语写作

英语写作与中文写作存在类似的地方,是在词汇量的基础上有感而发的。这就需要学生对英语写作有足够的兴趣,可以运用情感手段,将英语写作变成音乐殿堂。首先,学生可以听一些英文歌曲,将学生的情感带动起来,让他们感受到英语的美,进而对英语产生兴趣,产生写作的动力。其次,鼓励学生自己创作歌词,填写到自己喜欢的曲谱之中。最后,对学生作品中的错误进行标记,并帮助学生产生联想,发掘学生创作的闪光点,让学生产生自豪感。

(二)加强对写作语言的有效输入

二语习得理论认为,只有可理解性的语言输入才能习得语言。因此,只有比学生现在的水平高,才能让学生对所学的内容加以理解,从而有信心地学下去。因此,在日常的写作教学中,教师应该从学生的实际出发,扩充学生的词汇量与阅读量,定期展开写作训练。对于一些优秀的文章,教师引导学生对文章其中的美进行分析。

(三)输入英语写作的技巧

输入英语写作技巧主要可以从三点入手。

第一,认真审题,即了解题目要求的写作体裁,对写作的要点予以明确,从题目要求出发,对文章的框架进行构思,凸显重点,语言要保证简洁性。

第二,尽量多加入高级词汇与句型。将那些简单的语句转变成倒装句、感叹句等,吸引读者进行阅读。

第三,所写的内容必须与英美国家的书信表达习惯相符,即语言要凸显文化性,如在写求助信的时候,应该多采用委婉的句式,这样便于被人们接受。也只有这样,才能保证写作更自然、更地道。

第四,根据提纲对自己写作的时间进行控制,并且保证字迹的工整性,给他人以印象分。

第五节　二语习得研究下的翻译教学

一、英语翻译教学基础知识

(一)翻译的内涵

1.翻译的概念

翻译的概念是翻译理论的基础与原点。翻译理论的很多流派都对翻译进行过界定。人们的翻译活动已经有2000多年的历史了,对翻译概念的认知也随之发生了改变。学者威尔斯说:"一部翻译史事实上就是对'翻译'这个词的多义性进行的论战。"从威尔斯的论述中可知,对翻译的理解需要从多个层面进行考量。

(1)翻译认识的过程,从感悟式到通论式

对翻译的认识过程,经历了感悟式、语文学式、文艺式以及通论式这样一个过程。

人们对翻译最初的认识是感悟式的,主要是通过隐喻或者比喻的方式来进行表达。著名学者谭载喜(2006)通过对大量关于翻译的比喻说法进行总结,认为翻译主要是由作为行为或过程的翻译本身、作为结果的译文、作为主体的译者构成。从作为行为与过程的翻译本身来说,很多形象说法都对翻译的特点、性质等进行论述。

语文学式是对翻译的进一步认识,在这一层面上,人们往往通过一些简单的话语表达对翻译的看法,这些看法虽然构不成系统,但是也存在着一些真理,甚至有些对后世的翻译研究有着深远影响,如严复的"信达雅",至今仍被视为翻译工作的一大重要标准。

翻译可以被视作一种对问题进行解决的活动,因为源语中的某一元素可以采用目的语中的某个元素或者某几个元素来处理。之后,由于翻译活动多为文学作品的翻译,因此对于翻译概念的探究主要是从文学层面展开的,因此是文艺式的研究。这类研究强调文学作品的审美特征,并将文学翻译的本质特征揭示出来。文艺式的翻译主要是针对文学这一语体来说的,将那些非文学翻译活动排除在外,所以缺乏概括力。

进入20世纪中期,人们认识到无论是文学翻译还是非文学翻译,语言的转换是必须的,因此就语言学角度对翻译进行界定是最具有概括力的,能够将不同的翻译类型揭示出来,也开启了现代意义上的翻译研究,将传统对翻译的界定转向翻译的通论研究,将传统对文学翻译的研究转入翻译专论研究,这就是通论式阶段。从整体上说,通论式翻译研究对于翻译的普适性是非常注重的,因此其概念也更为大众化。

(2)翻译的任务:源语文本的再现

在翻译的定义中经常会出现"意义"一词,其主要包含翻译的客体,即"翻译是什么?"应该说,"意义"相比费奥多罗夫的"所表达出的东西",更具有术语性,用其解答什么是翻译的问题是翻译学界的一大进步。但是也不得不说,有时候运用"意义"对翻译进行界定会引起某些偏差,因为很多人在理解意义时往往会受到结构主义语言学的影响,认为语言是有着固定的、明确的意义的。但就实际程度来说,语言的意义非常复杂。

著名语言学家利奇(L. N. Leech)指出意义具有七大类型,同时指出:"我不希望给人留下这样的印象,即这些就是所有意义的类型,能够将所传递的一切意义都表达出来。"利奇还使用sense来表达狭义层面的意义,而对于包含七大意义在内的广义层面的意义,利奇将这些意义称为"交际价值",其对于人们认知翻译十分重要。换句话说,源语文本中的这种广义层面的意义实际上指代的都是不同的价值,将这些价值结合起来就是所谓的总体价值。

很多学者指出,如果不将原作的细节考虑进去,就无法来谈论原作的整体层面。但需要指出的是,原作的整体不是细节的简单叠加,因此从整体上对原作进行考量,并分析翻译的概念是十分必要的。

王宏印在对翻译进行界定时指出:"翻译的客体是文本,并指出文本是语言活动的完整作品,其是稳定、独立的客观实体。"但是,原作文本作为一个整体如何成为译本呢?作者认为,美学中的"再现"恰好能解释这一过程。

第七章　二语习得理论下的英语基本技能教学

在美学中,再现是对模仿的一种超越。在模仿说中,艺术家的地位是不值得被提出来的,他们不过是在现实之后的一种奴仆,他们的角色如镜子一样,仅仅是对现实的一种被动的记录,自己却没有得到任何东西。换句话说,在模仿说中,艺术品、艺术表现力是不值得被提出来的,因为最终要对艺术品进行评论,都是看其与真实物是否相像。实际上,模仿说并未真实地反映出艺术创作的情况,很多人认为模仿的过程是被动的,但是在看似这种被动的情况下,也包含了很多表现行为与艺术创造力,其中就包括艺术家的个人体验与个人风格。同样,即便是那些不涉及艺术性的信息类文本,其翻译活动也不是模仿,而是译者进行的创造过程;对于那些富含艺术性的文本,模仿说更是无稽之谈了。最终,模仿必然会被再现替代。

用"再现"这一术语对翻译概念进行说明,可以明确地展现翻译的创造性,可以将译作的非依附性清楚地表现出来。因为再现与被再现事物本身并不等同,而是一个创造性的艺术表现形式,同时再现可以实现译作替代原作的功能。

2. 翻译的特点

随着国与国交往的日益频繁,翻译在国际交往中扮演着非常重要的角色。而在跨文化交际的过程中,翻译也呈现了自身的特点,具体表现在社会性、文化性、创造性与符号转换性上。

(1)社会性

翻译活动具有社会性,这主要是因为翻译活动对于国与国之间的交流起着巨大的作用。具体来说,表现为如下三点。

首先,翻译的社会性体现在交际性上。翻译能够打开人们的思想和心灵,而交流是人们能够理解的前提与基础,理解则是人们从窄到宽的动力。学者邹振环指出,中国古代的翻译工作虽然不能说是尽善尽美的,但是确实对当时的社会交往起着非常重要的作用,有助于推进社会文化的进步与发展。当然,这种影响分为积极的影响和消极的影响,也有正面的影响和负面的影响。

其次,翻译的社会性体现在民族精神与国人思维上。对于这一点,可以从鲁迅的翻译经历体现出来。鲁迅的翻译经历了三个重要时期。第一个时期是鲁迅在日本留学的时期,他翻译了法国作家凡尔纳的科幻小说《月界旅行》以及雨果的《随见录》,并且还编译了两本小说。在这一时期,鲁迅的思想是偏向于弱者的。第二个时期是鲁迅思想的转变时期,从民主主义思想转向共产主义思想。受当时形势的影响,鲁迅翻译了诸如《文学与革命》等类似的文章。第三个时期是鲁迅最辉煌的时期,这一时期鲁迅彻底地转变成一名共产主义者,因此为了革命的需要,鲁迅翻译了一些战争作品。从鲁迅的三个时期可以看出,翻译有助于塑造国人的精神与思维,使他们奔向革命浪潮之中。

最后,翻译的社会性体现在对社会重大政治活动的影响。例如,对易卜生的《玩偶之家》的翻译,让国人体会到中国妇女应该解放出来,也使得中国社会发生了巨大变化。

（2）文化性

翻译对世界文明的进步与发展作用巨大,而社会的发展与文化有着紧密的关系,因此翻译的社会性中其实也渗透了翻译的文化性。

著名学者季羡林这样说道:只要交谈双方具有不同的语言文字,不管是在一个国家,还是在一个民族,都需要翻译的参与,否则彼此就很难进行沟通,文化也很难进行交流,人类社会也无法向前迈进。

从季羡林的观点中可以看出,翻译需要民族之间的交往,而在交往中必然会涉及文化内容与信息。

（3）创造性

翻译具有创造性。传统的翻译理论认为翻译仅仅是两种语言之间的转换,其实不然,因为从翻译的社会性与文化性中可以明显看出翻译的创造性。

首先,从社会角度来说,翻译是为了语言之间的交流,是为了传达思想,而思想是开放的,是翻译创造性的前提和基础。

其次,从文化角度来说,翻译中将文化因素导入,是为了激活翻译中的目的语文化,这实际也是再创造。

最后,从语言角度来说,为了能够传达新事物、新观念,创造是必须的,当然翻译也不例外。

在郭沫若看来,好的翻译就等同于创作,甚至可以超过创作。翻译工作是非常艰苦的工作。在创作过程中,译者需要具备足够的经验,除了要熟悉本国语言,还需要熟悉他国语言,这一难度甚至可以超过创作。因此,翻译是一种艺术,是一种创造性艺术。

茅盾也指出,文学翻译与文学创作有着同等重要的地位。在中国近现代社会,实际上是一个充满矛盾的社会,很多人认为翻译等同于临摹,认为译者与创作者是无法比拟的。针对这一问题,茅盾多次进行了批评。在茅盾看来,翻译的困难与创作是一样的,甚至比创作更难。因为要想翻译一部好的作品,首先就需要把握作者的思想,进而找寻作者写作的美妙之处,从而将自己带入作者的作品中,感受作者笔下的妙处。

3.翻译的分类

依据不同的标准,翻译有着不同的种类。以下就从不同的标准出发,来分析翻译的具体类型。

(1)从翻译作品种类分类

根据翻译作品的种类,翻译可以划分为五大类。

全译,即逐词逐句对原作进行翻译,是最常见的翻译种类。

摘译,即从出版、编辑人员、读者的要求出发,对原作的一部分进行翻译,其往往在一些报纸杂志中比较常见。

参译,即参考翻译,是一种自由的、特殊的翻译品种,可以是全译,也可以是摘译或者编译。

编译,即一篇原文或者几篇原文的内容进行串联的翻译,是一种特殊的翻译形式,其可以将原作松散的内容进行整合,还可以将多篇原作内容进行串联,对译文进行丰富。

写译,即译者将翻译作为主体的写作,是比编译更为宽松、自由的翻译形式。

(2)从翻译原作种类分类

根据翻译原作种类,可以将翻译划分为如下三种。

一般语言材料翻译,即日常使用的语言,其包含一般报刊翻译与各类应用文翻译。这类翻译往往包含四个特点。其一,杂,即内容上包罗万象,不仅有趣味的新闻,还有科普类文章,更有生活常识类文章等。其二,浅,即语言上比较容易理解,不像文学作品那么深奥,也不像专业翻译那么专业化。其三,活,即与一般科技类文章相比,行文上比较活泼。其四,新,即语言上比较现代化,添加了很多新词、新语。因此,在翻译此类文本时,译者需要对"忠顺"的矛盾加以灵活处理,采用一切方法,对译文进行加工与修饰,追求行文的传神与活泼。

文学翻译,其要比一般语言材料的翻译较为困难,这是因为其具有如下几个特点。其一,长,即跨度时间都比较长,因此要求译者具有扎实的基本功。其二,突,即翻译时要凸显"忠顺"。其三,高,即要求译者具有较高的译语基本功,尤其是对世界名著展开翻译时,要求的译语基本功更高。其四,雅,即要求翻译时要雅,具有文学味道与作品气质。其五,创,即要求翻译时译者要发挥自身的创造性,这一点要比其他两种翻译要求更多,因为文学翻译对传神达意的要求更高。因此,在进行文学翻译时,译者需要对"忠顺"的矛盾进行灵活把握,解决二者的矛盾时需要考虑原作的特色、译作的目的以及译作的环境。

专业翻译,即包含科技资料、商务信函、军事著作等在内的各种文本的翻译,这里仅就科技翻译来说明其特点。其一,专业,即涉及大量的专业词汇与表达。其二,重大,即具有重大的责任,因为如果误译的话,可能会造成严重的后果。其三,枯燥,这是其特殊性,因为其涉及的词汇、表达等有时非常的枯燥无味、晦涩难懂。

(3)从翻译工作主体分类

根据翻译工作的主体,可以将翻译划分为如下两类。

人工翻译,即传统的以译者作为主体的翻译形式,往往从多人到一人。

机器翻译,即20世纪70年代后出现的将翻译机器作为主体的翻译形式,往往从简单到智能型。

需要指出的是,机器翻译比较快,不怕重复,也不需要休息,但是它也存在着不足之处,即往往比较机械,离不开人,还需要译者进行核对、润色与定稿。因此,要想翻译准确,机器翻译也需要人工翻译的配合。

(4)从翻译等值程度划分类

根据等值程度,可以将翻译划分为如下四种。

完全等值,即1∶1的等值,是对于一种原文,虽然译法有一种或者几种,但是效果需要与原作保持基本一致。

部分等值,即1∶几或者几∶1的等值,其源自两种,一种是对某一原作,有几种译文;二是对于多种原作,仅有一种译文。无论是哪种,其都未达到完全等值,仅仅是部分等值。

假性不等值,即是前面的完全等值或者部分等值。这种现象也非常常见。原作中的某个词、句子等,有时候译文初看与原作不等值,但是译语明明有完全等值的表达,译者就是不采用。这是为什么呢?因为译者如果采用了完全等值的表达,其在实际中的效果就不能实现等值,虽然他们在措辞上似乎是不等值的,但是在实际效果上是等值的。

不等值,即1∶0或者0∶1的等值。

(二)翻译教学的现状

1. 教学理论与实践脱节

翻译是具有实践性特征的一项语言技能,需要理论与实践的有机结合。对此,在英语翻译教学中,教师除了传授学生基本的翻译知识与技巧外,还需要不断带领学生参与到翻译实践中,在实践中验证学生对课堂的掌握情况。但是就目前来看,我国很多学校在翻译教学中都是理论与实践的脱节,仅传授理论,导致学生学习了大量理论知识,但无法有效运用

第七章 二语习得理论下的英语基本技能教学

于交际实践。

2. 教师素质有待提升

教师要教书育人,首先自身素质要高,这样才能起到榜样的作用。但目前,翻译教师的整体水平较差,很多教师翻译功底不足。在翻译教学中,很多教师也没有足够的经验,并未形成科学、规范的教学习惯,因此对于翻译人才的培养是十分不利的。另外,很多教师并非翻译专业出身,对翻译的基础知识掌握得并不透彻,因此很难有效地开展翻译教学,更不能有效培养学生的翻译能力。

3. 学生的双语能力薄弱

翻译涉及两种语言的转换,所以要想有效进行翻译,就要具备双语能力。所谓双语能力,就是两种语言沟通所需要的程序知识,包括两种语言的语用、社会语言学、语篇、语法和词汇知识。在翻译文本中,双语能力主要体现在一定语境下的翻译能力,如连贯与衔接、语法差异等方面。但由于学生普遍缺乏语境知识,双语能力薄弱,译文常会出现连贯性不强、语法错误较多等问题。

4. 学生的语言外能力不足

翻译涉及的内容和主题十分广泛,除了要具备翻译技能外,还要具备语言外能力,即关于世界和特定领域的陈述性知识。具体而言,语言外能力包括源语文化知识和目标语文化知识,也包括百科全书知识,还包括其他领域的学科知识等。但大部分学生在语言外能力上有所欠缺,文化知识的翻译表现不佳。例如:

我小的时候特别盼望过年,往往是一过了腊月呀,就开始掰着指头数日子,好像春节是一个遥远的、很难到达的目的地……

I felt particularly expected to celebrate the New Year when I was a child. After the end of Lunar December, ...

源语文化知识欠缺,学生在翻译"腊月"一词时,误译成了 the end of Lunar December,其中 Lunar 一词的确有"阴历"的意思,但不是中文"腊月"意思。

(三)翻译教学的原则

在英语翻译教学中,教师要想取得良好的教学效果,必须遵循一定的原则,在此基础上灵活采取各种教学方法。具体而言,应遵循以下几项原则。

1. 循序渐进原则

翻译能力的提高不可能一蹴而就,而是要经历一个过程。相应地,翻译教学也不能操之过急,应遵循由浅入深、循序渐进的规律,所选的语篇练习也应该是先易后难,逐步帮助学生提高翻译能力。从篇章的内容来看,应该是从学生最熟悉的开始;从题材来看,应该从学生最了解的入手;从原文语言本身来看,应该是从浅显一点的渐渐到难一些的。这样由浅入深,学生对翻译会越来越有信心,兴趣也会逐渐增强,翻译技能也会相应得到提高。

2. 题材丰富原则

当今社会迫切需要实用型、综合型的翻译人才。因此,翻译练习的材料应该做到多样化和系统化,这样才能更好地满足社会对翻译人才的需求。教师在教学过程中要遵循题材丰富原则,让学生接触不同的文体,进行有针对性的训练。具体来说,翻译的文体应该涵盖各种实用文体,如广告、新闻、法律、影视、科技、文学等。此外,教师需要注意,每一种文体的练习都不是孤立进行的,教师可以将学生翻译中的常见问题进行归纳与总结,如果某类翻译问题在某种文体练习中出现得比较多,那么教师要及时进行解决,帮助学生更顺利地进行翻译训练。

3. 学以致用原则

学习翻译是为了将来进行交际,所以在翻译教学中教师要遵循学以致用原则,尽可能地为学生创造实践机会,如安排学生到翻译公司参与实际的翻译工作。翻译的好坏最终取决于译文读者的反馈,译作能否被接受要看是否符合客户的需求。这就决定了翻译教学不是封闭的,而是一门实践性很强的课程。因此,学生在正式从事翻译工作之前,进行一定的社会实践锻炼是非常有必要的,这有利于他们在毕业之后快速融入社会环境,更好地投入工作。

二、英语翻译教学的策略

(一)利用多媒体展开翻译课堂教学,增加英语习得

在英语翻译教学中,教师可以利用与教材配套的多媒体光盘辅助教学,不过,由于各个学校的多媒体设备资源配置不同,而且教材所配套的光盘往往在内容上缺乏系统性,所以教师需要酌情使用。对此,最好的方

第七章 二语习得理论下的英语基本技能教学

法就是教师可以根据教材内容自己动手制作课件,然后利用多媒体播放。多媒体课件的制作过程相对烦琐,需要依据具体的教学过程、教学内容、教学目标、教学媒体等,只有将这众多条件融合在一起,并体现互动性原则,方能制作出优良的多媒体课件。当然,这样的课件对于学生翻译能力的提升也是大有裨益的,可以促进不同层次的学生其自身的翻译能力都能得到不同程度的提升。

为此,在进行翻译教学活动之前,教师可以利用声音、图片、动画等教学辅助手段来刺激学生的学习兴趣,使学生在学习过程中始终保持较好的兴趣,将枯燥的翻译理论变得生动、有趣。针对具体的教学过程,教师在其中不仅要教授学生英汉互译的技巧,而且还需要补充中西方文化背景知识,让学生对翻译理论形成一定的系统。虽然教师在翻译教学过程中所使用的教学模式相对陈旧,但在内容与形式上与传统的翻译教学已经大不相同。这种不同主要体现在如下方面。

(1)形式上不再是单调的板书形式,而是以媒体形式呈现,节约了大量时间。

(2)内容上是针对不同层次的学生展开的,在课堂上由教师指导和学生自主选择,这有利于改善课堂教学的氛围。

(二)利用网络培养学生的跨文化意识,教授学生文化翻译策略

在翻译过程中,学生经常会出现误译、错译等问题,其主要可以归结为英汉语言文化背景的差异较大。例如,在西方文化中,得到亲人的帮助后会说"Thank you!",但在中国家庭,如果夫妻之间用这种方式表达感谢,会显得两人的关系比较疏远。可见,翻译不应仅仅完成语际转换,还必须充分了解其中涉及的文化内容。因此,在英语翻译教学中,教师应该注意对学生跨文化交际意识的培养,并教授学生一定的文化策略。在这方面,网络这一工具就可以起到很好的辅助作用。教师可以利用电脑与网络为学生播放一些有关西方文化的纪录片、电影等,从而帮助学生充分了解西方文化。

(三)扩大课堂信息量,克服课堂教学的局限性

如果英语翻译教学仅依靠课堂教学,那么教学时间必然是有限的,因此需要依靠互联网来扩大信息量,从而避免出现各种弊端。在具体的教学中,教师应该做到以学生为中心,运用互联网技术,降低学生的焦虑与紧张情绪。同时,为了对课堂上教授的内容进行补充,教师可以制作成课

件等上传到网络上,这样便于学生课后的自主学习。

另外,教师需要不断增加学习的难度,不仅要教授学生学习语言知识与技能,还需要将文化知识教授引入英语翻译教学中,让学生不断开拓视野。通过互联网,学生可以不断阅读中英文文章,自行展开翻译,并与优秀的译作进行对比,这样可不断提升自己的翻译水平。在进行练习时,学生可以从自身的兴趣与专业出发。例如,如果学生学习的是航空专业,那么他们可以进行航空航天资料的翻译;如果学生学习的是医学专业,那么他们可以进行医学资料的翻译。

(四)制作教学课件,建立翻译素材库

网络课件是一种新形势,其制作仅仅依靠教师肯定是不行的,并且教师的时间本身也是有限的,这就要求在制作时需要教师集体备课,实现资源与知识的共享。制作教学课件,建立翻译素材库,教师需要注意如下几个层面。

在翻译教学内容上,教师应该将精讲与多练相结合。因为在英语教学中,翻译是其中的一部分,因此不可能占据很多课时。这就需要教师从教学大纲出发,通过集体的讨论,确定翻译的技巧,这样便于教师设立框架。同时,教师要考虑自己的情况自由发挥,也可以对局部进行更改。在具体的教学过程中,教师设计的练习要保证题材与体裁的多样,难易程度也应该与学生的基本水平相符,并随着学生水平的不断提高而做出调整与改进。

在翻译教学方法上,教师应该做到课内外的结合。在传统的翻译教学中,教师往往讲授得很多,学生展开练习的机会比较少,学生属于被动的学习,这就导致学生很难激发自身对翻译学习的兴趣。因此,教师在教学中应该将讲授与练习结合起来。在练习的基础上,教师应该给予学生一些指导意见,引导他们对自己的翻译技巧与方法加以归纳。

在翻译教学建设上,要对翻译素材库进行及时的补充与更新。从大量的实践中将理论归纳出来,然后将这些理论上升到理性认识,从而反过来指导实践。翻译素材也需要与时代发展相结合,不仅要反映社会各个层面,还需要体现出层次性。教师要将自己的主观能动作用发挥出来,对素材库加以扩充。

三、英语翻译学习的策略

（一）掌握翻译策略

1. 归化策略

归化策略是以目的语为中心，主张用目的语来代替原文中相异于目的语的要素，从而确保译文通俗易懂。在采用归化策略时，译者会以目的语读者为中心，常采用自然流畅的本族语言来进行翻译。这种翻译策略可使译文更加生动地道。例如，"The man is the black sheep of family."如果直译为"那人是全家的黑羊。"会使人非常迷糊，但译为"害群之马"，其意思便十分明了。

采用归化策略进行翻译，可有效消除不同文化之间的隔阂，尤其是在目的语中找不到与原文相对应的表达时。例如：

You seem almost like a coquette, upon my life you do—They blow hot and cold, just as you do.

你几乎就像一个卖弄风情的女人，说真的，你就像——他们也正像你一样，朝三暮四。

原文中 blow hot and cold 其字面意思是"吹热吹冷"，但这样翻译显然是不正确的。实际上，这一表达源自《伊索寓言》，是指一个人对爱人不忠实。采用规划策略将其译为"朝三暮四"，更能清晰表达其含义。

2. 异化

异化策略是指译者不打扰作者，而是让读者向作者靠拢，即译者对源语文化进行保留，并尽量向作者的表达贴近。受不同思维方式与文化背景的影响，不同民族对同一事物的认知存在明显的差异。译者在对具有丰富历史色彩的信息进行翻译时，应尽量保留其文化背景知识，而采用异化法有助于传递源语文化，保留异国情调。例如：

As the last straw breaks the laden camel's back, this piece of underground information crushed the sinking spirits of Mr. Dombey.

正如压垮负重骆驼脊梁的最后一根稻草，这则秘密的信息把董贝先生低沉的情绪压到了最低点。

上例将原文中的习语 the last straw breaks the laden camel's back 进行了文化异化翻译，汉语读者不仅完全能够理解，还可以了解英语中原来还有这样的表达方式。

3. 归化与异化互补策略

归化策略和异化策略二者并不矛盾,而是各具优势,相辅相成。这就需要译者在翻译过程中,根据具体语境综合运用这两种翻译策略,从而使译文既保留本民族文化特色,有便于读者理解。例如:

I gave my youth to the sea and I came home and gave her(my wife)my old age.

我把青春献给了海洋,等我回到家中见到妻子的时候,已经是白发苍苍。

上述译文同时采用了归化和异化策略,将原文含义准确、恰当地表达了出来。

(二)运用翻译技巧

1. 词汇翻译

对于普通词汇的翻译,一般需要考虑词汇的搭配、词汇的词性、词汇上下文关系、词义的褒贬与语体色彩等层面。下面就具体对这几个层面加以分析。

(1)确定词汇搭配

由于受历史文化的影响,英汉两种语言都有各自的固定搭配。因此,译者在翻译时应多加注意这些搭配。例如:

heavy crops 丰收

heavy road 泥泞的道路

heavy sea 汹涌的大海

heavy news 令人悲痛的消息

浓郁 rich

浓茶 strong tea

浓云 thick cloud

浓眉 heavy eyebrows

(2)弄清词性

英汉语言中很多词汇往往有着不同的词性,即一个词可能是名词也可能是动词。因此,在进行翻译时,译者需要确定该词的词性,然后再选择与之相配的意义。例如,like 作为介词,意思为"像……一样";like 作为名词,意思为"英雄、喜好";like 作为形容词,意思为"相同的"。下面来看一个例句。

I think, however, that, provided work is not excessive in Amount, even the dullest work is to most people less painful than idleness.

然而，我认为对大多数人来说，只要工作量不是太大，即使所做的事再单调也总比无所事事好受。

上例中，如果将 provided 看作 provide 的过去分词来修饰 work，从语法上理解是没有问题的，但意义上会让人产生困惑。如果将其看作一个连词，翻译为"只要、假如"，那么整个句子的含义就很容易让人理解了。

（3）考虑上下文

上下文之间存在着紧密的关联，这种关联构成了特定的语言环境。正是由于这种特定的语言环境，才能帮助读者判定词义，并且衡量所选择的词义是否准确。事实上，不仅某一个单词需要从上下文进行判定，很多时候一个词组、一句话也需要根据上下文来判定。例如：

Fire！

火！

上例可以说是一个词，也可以说是一句话。如果没有上下文的辅助或者一定的语境，人们很难确定其含义。其可以理解为上级下达命令"开火"，也可以理解为人们喊救命"着火了"，但是要想确定其含义，必须将其置于具体的语境中。

（4）分析词义褒贬与语体色彩

词义既包含喜欢、厌恶、憎恨等感情色彩，又包含高雅、通俗、庄严等与体色彩，因此在翻译时需要根据上下文来进行区分，并且将其代表的情感色彩与语体色彩体现出来。例如：

An aggressive country is always ready to start a war.

好侵略的国家总是准备挑起战争。

An aggressive young man can go far in this firm.

富有进取心的年轻人在这家公司前途无量。

显然，通读完上述两句话就可以得知，两句中的 aggressive 的情感色彩是不同的，第一个为褒义色彩，而第二个呈现的是贬义色彩。

在进行句子翻译时，首先要了解英汉句子的差异，这对翻译的进行具有重要指导作用，其次要恰当运用翻译技巧，这是确保翻译有效进行的基础。

2. 句子翻译

（1）顺译

顺译即按照顺序进行翻译。顺译法并不意味着每个词都按照原文的顺序翻译，允许小范围局部的词序变动。顺译法通常适用于英语表达顺序与汉语表达顺序基本一致的情况下。例如：

As soon as I got to the trees I stopped and dismounted to enjoy the delightful sensation the shade produced: there out of its power I could best appreciate the sun shining in splendor on the wide green hilly earth and in the green translucent foliage above my head.

我一走进树丛，便跳下车来，享受着这片浓荫产生的喜人的感觉：通过它的力量，我能够心情赏玩光芒万丈的骄阳，它照耀着开阔葱茏、此起彼伏的山地，还有我头顶上晶莹发亮的绿叶。

显然，在翻译时，译文按照原句的顺序来翻译，当然并不是字字翻译，而是有些许的变动。同时，译文也体现了汉语的独立分句的表达习惯，也易于汉语读者理解。

（2）逆译

逆译即逆着原文顺序进行翻译，因此通常从原文后面部分开始翻译。逆译法通常适用于英汉表达顺序存在较大差异甚至完全相反的情况下。例如：

A great number of graduate students were driven into the intellectual slum when in the United States the intellectual poor became the classic poor, the poor under the rather romantic guise of the beat generation, a real phenomenon in the late fifties.

20世纪50年代后期，美国出现了一个任何人都不可能视而不见的现象，穷知识分子以"垮掉的一代"这种颇为浪漫的姿态出现而成为美国典型的穷人，正是这个时候大批大学习者被赶进了知识分子的贫民窟。

如前所述，这种翻译技巧的产生主要是从英汉的语序差异考虑的，即英语句子为前重心，而汉语句子为后重心。因此，在翻译时将 A great number of graduate students were driven into the intellectual slum 这一主句置于最后翻译出来，体现了汉语的表达习惯。

（3）拆译

拆译即将英语中的词、词组或从句等成分进行拆分，突出重点，利于句子的总体安排。如果英语长句中的主句与从句，或主句与修饰语之间联系不太紧密，翻译时就可采用拆译法进行处理。例如：

As we lived near the road, we often had the traveler or stranger visit us to taste our gooseberry wine, for which we had great reputation, and I confess, with the veracity of an historian that I never knew one of them to find fault with it.

我们就住在路边。过路人或外乡人常到我们家,尝尝我们家酿的酸果酒。这种酒很有名气。我敢说,尝过的人,从没有挑剔过。我这话像历史学家的话一样靠得住。

通过分析上述例子可以看出,英语句子一般较长,其中包含了很多从句、修饰语等,如 for which...and...with...that... 等,在翻译时如果按照英语的表达习惯,会让汉语读者费解。因此,译者往往将长句进行拆分,以小句、短句的形式呈现给汉语读者,易于汉语读者的理解和把握。

3. 修辞翻译

语言是表达思想的一个重要工具,而修辞是语言的艺术。在语言应用中,修辞格起着非常重要的作用,其不仅可以使句子更加匀称、铿锵有力,还使得语言表达更加鲜明、生动。由于英汉两种语言有着悠久的历史,它们各自的修辞方式也是非常丰富的,但由于思维方式、风俗习惯等差异的存在,导致修辞方式在运用上有相同也有相异的地方。

(1)直译法

在英汉两种语言中,明喻(simile)、隐喻(metaphor)、拟人(personification)、夸张(hyperbole)等修辞格是常见的修辞格,对于这些修辞格的翻译,我们可以采用直译的方法,这样才能做到神形的相似。例如:

In his dream he saw the tiny figure fall as a fly.

在他的梦中,他看见那小小的人影像苍蝇一般地落了下来。(明喻修辞)

The red flower smiles to the sun.

鲜红的花冲着太阳微笑。(拟人修辞)

显然,从上面的例子可以看出,英汉语在这些修辞格的运用上存在着相似性。

(2)意译法

由于英汉语在思维方式、行为习惯等层面存在着差异性,在修辞格的运用上也会存在一些不同的地方,对于这些修辞格的反奴役,我们可以采用意译法进行表达。具体来说,可以采用如下几点技巧。

其一,转换修辞格。所谓转换修辞格,就是译者在进行翻译的时候,需要将一些修辞格转换成另外一种修辞格,这样便于读者理解和把握,同时有助于增强语言表达的感染力。这一类的修辞格主要有矛盾修辞

(oxymoron)、头韵(alliteration)等。另外,还有一些修辞格在汉语中是不存在的,这时候就不能机械地采用直译的手法,而是采用其他合适的修辞格展开翻译。

矛盾修辞是将意义相反或者看似矛盾的词语进行搭配,从而构成修饰关系,以对事物的复杂性与矛盾性加以强调。虽然读者乍一看可能觉得不合逻辑,但是仔细分析又觉得很有道理。例如:

bad good news 既坏又好的消息

bitter-sweet memories 苦甜参半的回忆

这种修辞格在汉语中不常出现,因此在翻译时要采用灵活的方式进行处理,从而保证行文的流畅性。

头韵是指一组词、一句话中的开头音重复出现的词,是英语中常见的修辞形式,用来对语言的节奏感加以增强,对语言的旋律进行美化。现代英语中头韵常常出现在谚语、散文之中。在翻译的过程中,需要根据不同的情况加以选择。例如:

Money makes the mare go.

有钱能使鬼推磨。

其二,更换比喻形象。不同的民族其比喻形象有着不同的内涵,并且少数事物有着自身特有的典故,因此在对英语修辞格进行翻译时,译者可以更换比喻形象,避免发生偏离。例如:

as timid as rabbit 胆小如鼠

在中国,兔子是敏捷的动物,但是西方人认为兔子比较胆小,因此在翻译时我们需要了解这一形象,明确英汉文化对兔子的不同认识,从汉语的习惯出发,翻译成"胆小如鼠"更为妥当。

其三,增加用词。在翻译的过程中,我们往往需要从原文的意义与语法考虑,增添一些词或者短语,从而保证与原文的思想相符合。

Success is often an idea away.

这句话如果直译的话可以翻译为"成功往往只是一个念头的距离,这样的表达与汉语的习惯不如,因此我们可以增加"与否",翻译为"成功与否往往只是一念之差",这样的行文才更为流畅,才能让读者理解。

四、二语习得研究对英语翻译教学的启示

(一)习得与学习相结合

教师在开展翻译教学时,应该充分利用网络,构建翻译实践环境,让

学生在实践的过程中提升他们的语言能力。根据习得与学习假说,学生在潜意识下具有一定的习得因素,也是在有意识的情况下获得学习因素。另外,在习得过程中会存在学习,反之在学习的环境下也会伴随习得,二者有着密切的关系。因此,在开展翻译教学时,教师应该为学生搭建自然的习得与学习环境,对课堂学习环境中的不足之处加以改进。

(二)利用自然顺序

获得语言能力要建立在自然顺序的观点上,即要求教师在开展翻译教学时,应该考虑语言习得与学习的顺序,选择素材的时候,也需要与语言习得与学习的顺序相符,应该从学生的实际出发,充分考虑到学生的语言运用与理解能力,保证选择的材料从简单到困难,尽量降低学生在翻译学习中的障碍。虽然学习者在学习与习得的时候存在一些相似的自然顺序,但是学生之前的差异很大,因此英语翻译教学一定要从学习者的实际情况出发,在教学中应该确保灵活的安排。

(三)注入情感

情感过滤假说中指出,在语言输入中,学习者的态度、自信心等非常强,那么大脑对于输入的信息吸收、内化能力就会变得更为强大,吸纳的语言输入就会更多。因此,对于二语习得来说,情感过滤假说有着非常重要的效果。学习者的情感因素可以在二语习得过程中,充分发挥自身的作用,这也启示教师在搭建翻译场景的时候,或是对学生学习进行点评的时候,必须要将他们的兴趣激发出来,尽可能将他们的焦虑情绪降低。

第八章 二语习得理论下的英语语言测试研究

语言测试发展到今天,已经成为一门独立的学科,其工具性价值逐渐凸显,影响领域愈来愈多。语言测试的作用与目的,语言测试的种类与标准以及其他有关语言测试的一般理论问题,语言测试与其他学科的关系,语言测试的过去、现在与将来,语言测试的总体设计等都成为研究的重点问题。另外,语言测试与英语教学的关系、语言测试在英语教学中的运用也受到了广泛的研究。本章主要对语言测试的基本知识进行阐述。

第一节 二语习得与语言测试之间的关系

一、基本概念的界定

我们在探讨语言测试与英语教学的关系之前,首先对语言测试与英语测试、语言教学与英语教学四个概念进行界定。

四个概念的关系,用图8-1表示如下:

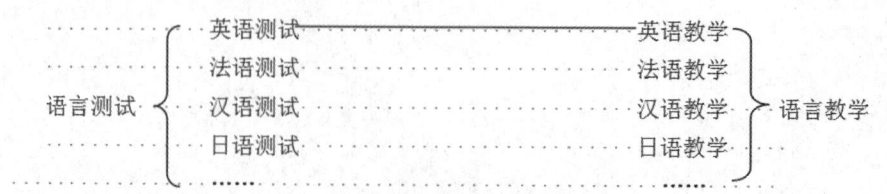

```
                ┌ 英语测试 ─────── 英语教学 ┐
                │ 法语测试 ─────── 法语教学 │
    语言测试 ┤ 汉语测试 ─────── 汉语教学 ├ 语言教学
                │ 日语测试 ─────── 日语教学 │
                └ ……………        ……………  ┘
```

图8-1 语言测试与英语测试、语言教学与英语教学的概念关系示意图

我们拟探讨的是语言测试这一整体学科对英语教学的影响,不仅包括英语测试的相关理论、实践,而且包括语言测试所有而具体到英语测试却没有,或者由于现实的局限而暂时不能实现的测试实践对英语教学的

第八章　二语习得理论下的英语语言测试研究

影响。另一方面的原因是,就中国的语言教学的现状,我们通常所说的语言测试,在很大一部分上指的是英语测试,而不是其他语言的测试。

二、语言测试与语言教学

(一)语言测试与语言教学的关系

语言测试与语言教学的关系问题,已经基本形成定论,即教学是第一性的,测试是第二性的,语言测试为语言教学服务,随语言教学的发展而发展。但这里的定论只是对测试与教学的性质定位,而没有揭示其相互关系。

休斯对测试与教学的相互关系做过论述,形象地称测试与教学是一种"伙伴关系"(partnership)。我们认为这种说法是合理的。那么,如何理解这种"伙伴关系"呢?

语言测试与语言教学是第一性与第二性的关系。语言测试兴起的原因在于语言教学现实的需要。也就是说,没有语言教学,就不会有语言测试的存在,这是语言测试与语言教学的基础性问题。

从这一点上讲,语言测试也会随着语言教学的发展而发展。对稍微了解一些语言测试历史的人就会明白。语言测试的每一次变化,都是语言教学现实需要的结果。

但是,这并不等于说测试是教学的目的。实际上,测试绝不是教学的目的。就英语教学而言,目的是使学生掌握英语,获得以英语为工具进行国际交流的能力,而英语测试的目的在于提供一种科学的测量工具,对学生的英语能力进行客观、公正的测试。语言测试是为评估教学效果与质量提供的一种科学工具,其最终目的是通过对测试的结果进行分析,掌握或控制教学的状况,进而服务于语言教学。英国著名语言测试专家 Alan Davies 说过:"测试不是教学,我们能够而且坚持这样的想法,即测试的运用是有别于教学实践的,它应被看作一种提供信息的方法,而所提供的信息是科研运用于教学和其他目的的。"

语言测试在英语教学中处于重要的地位。从一定程度上讲,语言测试是英语教学中的一个重要环节,一个不可或缺的环节。其重要性主要表现在以下两个方面。

(1)语言测试是测试英语教学效果与质量的重要工具。通过测试,获得学生的测试成绩,间接地反映教师的教学效果,这是英语测试在英语教学中的基本作用之一,得到广泛的应用。

（2）语言测试是掌握学生学习状况、学习效果的重要手段。通过测试，进行编班；通过研究学生的测试成绩，掌握学生的学习效果，进而改进教学方法与教学计划，实现教与学的统一。

英语教学离不开语言测试，语言测试服务于英语教学，其服务地位具有不可替代性。

（二）语言测试的反拨作用

此外，语言测试对英语教学的重要性还体现在其对英语教学的反拨作用上。下面我们就反拨作用进行具体的介绍。

1. 反拨作用的概念

反拨作用是指语言测试对语言教学的影响与反馈作用。中外语言学家对反拨作用多有论及，但观点存在争议，一种观点认为，反拨作用对于教师和学生有一种自然的推动，能使教师的教与学生的学顺应测试的要求，从而可以在适当的时间和场合代替测试，这对于学生来说非常重要，与此同时，如果测试通过率成为测试教师教学的依据时，其对教和学的测试的影响（专指语言测试的"反拨作用"）当然是非常积极的。另一种观点认为，教师在进行语言教学的过程当中，以及学生在进行语言学习的过程当中，测试会不同程度地影响他们去做他们原本没打算或没必要去做的事情，这便形成了测试的反拨作用，这种影响显然是消极的。著名语言测试专家汉普-莱昂斯（Liz Hamp-Lyons）认为，反拨作用这一术语用于普通教育、语言教育和语言测试中，可以用来解释测试、教学和学习三者之间的相互联系和影响。

2. 反拨作用的内容

对于反拨作用的具体内容，休斯（1989）曾经指出："测试对教学的影响叫反拨（backwash）。反拨可以是有害的，也可以是有益的。如果一个测试被认为是重要的，那么对它的准备就可以支配所有的教学活动。但如果这个测试的内容和测试技巧与授课目的不一致，则极有可能带来有害的反拨效应。"从上述论断可以得出以下结论：英语测试对英语教学的反拨作用指的是，科学合理的语言测试对语言教学有促进作用；而不合理的语言测试对语言教学具有阻碍作用。

科学合理的语言测试会促进语言教师的教学，进而提高教学的质量。通过对测试结果的分析，教师可发现教学中的优点和欠缺，并以此为依据，及时调整教学策略和教学内容。另外，由于测试结果可以对教师水平

第八章　二语习得理论下的英语语言测试研究

和教学态度在一定程度上有所反映。因此,当教师评估适当地参照学生的考试成绩时,教师教学动力也会增强,会激发教师从自身做起,刻苦钻研业务,提高教学质量。

科学合理的语言测试对语言学习者的语言能力进行客观、准确的评估,能揭示他们对教学内容的掌握程度。学生可以根据测试结果来及时了解自身学习情况。测试提供的信息可以增强学生学习动力,增强学习的积极性。学生的成绩有所提高,便会产生一种成就感,从而信心倍增,学习更加努力。反之,如果在测试中成绩不够理想,学生则会总结经验教训,调整学习方法,争取在今后的测试中取得好的成绩。

3. 负面反拨作用的体现

语言测试的负面反拨作用主要表现在以下两点。

(1)教学的目的绝对不是测试,测试的目的是为了更好的教学。但是,现在出现的异化现象是,社会或教师过于抬高语言测试的重要性,一味地进行测试,忘记了测试的初衷是为了促进教学,而是将测试当成"指挥棒",以测试内容决定教授内容,严重影响到正常的教学,使教学完全演化为为应对测试而教的培训课程。以我国著名的大学四六级考试为例,该考试的规模大到几乎全部大学生都会参加的程度,有些学校完全不顾正常的英语教学计划与大纲的要求,而是完全以四六级通过率为目标,将大学英语课程演化为四六级英语培训课程,严重扭曲了大学英语教学的初衷是提高大学生英语运用能力。

(2)从学生,尤其是大学生这一方面来讲,现在普遍存在的一种现象是,英语课程已经失去了任何的吸引力。他们对语言的学习,主要集中在各种语言证书类考试,比如四、六级考试,GRE、TOFEL 以及其他形形色色的外语等级考试。他们一致的做法是,根据测试的规则、内容,决定自己的学习计划,唯一的目的就是通过测试,取得证书。这种做法虽无可厚非,但反映出的一个尴尬的问题是:语言测试已经反客为主,成为第一性,而语言教学已经沦落为第二性了。

综上所述,我们要做的工作是减轻、纠正这一异化现象,使语言测试与英语教学回归正常化关系。

第二节　英语语言测试的理论基础

一、语言测试的作用

关于语言测试的作用,下面是国内外一些学者较有代表性的看法。

（1）厄尔（Penny Ur）教授在其专著《语言教学教程：实践与理论》（*A Course in Language Teaching: Practice and Theory*）中,将语言测试的作用概括为以下九点。

①教师通过测试掌握学生的水平,进而确定下一步教学计划。
②学生通过测试了解自己的不足,进而明确他们需要努力的地方。
③评估教学效果。
④激励学生学习或复习特定的材料。
⑤让班级安静下来,集中精力听讲。
⑥掌握授课节点,使得整个课程结构更明晰。
⑦促使学生为在测试中获得更好或满意的成绩而努力。
⑧向学生布置任务,任务本身就是一种复习、练习甚至测试。
⑨使学生在学习中获得进步,拥有成就感。

（2）海宁（Henning,2001）将语言测试的目的概括为以下六个方面。

① Diagnosis and Feedback.
② Screening and Selection.
③ Placement.
④ Program Evaluation.
⑤ Providing Research Criteria.
⑥ Assessment of Attitudes and Sociopsychological Differences.

（3）阿兰·戴维斯（1998）将语言测试的用途概括为六个方面。

①语言测试用于研究,即研究者通过运用语言测试的技巧获得有关深入开展讨论所需的数据。
②提供实验的信息。这是第一种用途的一部分,即把语言测试作为语言教学实验的标准。
③传递自身的信息。测试结构、内容和方法本身承担着影响教学的责任。
④衡量学习者的进步。

⑤对学生进行选拔。
⑥关系到对课程、材料、方法的评估。
（4）我国学者刘润清(1991)教授在其专著《语言测试和它的方法》中则将语言测试的用途概括为以下三个方面。
①语言测试的第一个用途是用于语言教学。
②语言测试可以用来选拔人才。
③语言测试经常用于社会调查。

以上是从广义上对语言测试用途的一种概括。刘润清指出,他所要讲的语言测试并不是如此广义的语言测试,而只限于与语言教学有关的语言测试。

一般来讲,语言测试的用途包括以下几点。

（1）导向与促进。语言测试应该有助于英语教学目标的实现。我们知道,语言测试不仅需要测试学生对知识的掌握情况,还需要测试学生的学习态度、发展潜能等,只有通过综合性测试,学生才能在英语学习中保证积极的态度,从而形成有效的学习策略,并且具备跨文化的意识。语言测试应该为英语教学目标服务,这样就要求学生应该从目标出发,对自己的学习计划加以制订,并不断检验自己的学习方法与学习成果,这样才能将自身的潜力挖掘出来,提升自身的学习效率。因此,语言测试对于学生来说有着积极的导向作用。

语言测试会对学生日常学习表现、学生学习中获得的成绩、学生学习的情感与态度等展开测试,通过对学生学习的激励,可以帮助学生对自己的学习过程加以调度,让他们逐渐获得自信心与成就感,培养学生之间的合作精神。为了让测试与教学过程有机融合,学校与教师应该采用宽松、开放的测试氛围来测试学习活动与效果,可以建立相应的档案袋等,这样对教师与学生进行鼓励,从而实现测试的多元化。

（2）诊断与鉴定。语言测试对教与学的情况进行了整体评判。在教学过程中,学生往往会通过测试量表等对教师的教授情况、学生的学习情况展开检测,这样便于学校、教师、学生了解具体的教与学情况,判断学生学习过程中有无偏差,从而找出出现问题的原因,加以改进与提高。

（3）反馈与调节。师生通过问卷访谈等,发现教与学中的优点与不足,对教与学过程中的得失进行测试。通过测试,教师以科学的方式反馈给学生,促进学生建立更为全面与客观的认识,为下一阶段的教与学规划内容与策略,有效地开展教与学活动。

（4）展示与激励。语言测试对学生的学习过程是非常关注的,让学生认识到自身学习中的成功之处,不断鼓励自己,获得更大的成功。当然,教师还需要适当地提点学生学习中的错误,让他们产生一种焦虑感,从而更加勤奋地参与到英语学习中。这种正反鼓励方式,会不断提升学生学习的主动性与积极性。

二、语言测试的类型

(一)根据用途划分

根据用途划分,测试可以分为以下几种类型。

1. 成绩测试

成绩测试主要是对学生所学知识的考查,通常包含上面所说的随堂测试、期中测试与期末测试。这都是从教学大纲出发来设定的。

2. 潜能测试

潜能测试主要用于评估学生的潜能或者语言学习天赋。潜能测试不是根据教学大纲来设定的,对学生掌握知识的多少也不在意,而是测试学生的发现与鉴别能力,可能是学生从未接触的东西。

3. 诊断测试

诊断测试主要是对学生语言能力与教学目标差距之间的确定,从而便于从学生的需求出发来设计题型。诊断测试主要是课程展开一段时间后对学生进行的一定范围的测定。通过评估学生这段时间的表现,确定是否学到了应有的知识,进而发现教学中的问题,改进教学,力图做到因材施教。

4. 水平测试

水平测试是对学生语言能力的测试,主要测试学生是否获得了语言能力,达到语言教学的水平,决定学生是否可以胜任某项任务。水平测试与过去的教学内容与学习方式并没有直接的关联性。

(二)根据测试方式划分

根据评分方式划分,测试可以划分为以下两种类型。

1. 主观性测试

主观性测试的题型有很多,如翻译题、简述题、口试等,而且设计也非常容易,学生可以自由陈述自己的观点与想法,这是对学生语言运用能力的考查。

2. 客观性测试

客观性语言测试的题型较为单一、固定,主要有判断正误、选择、完形填空、阅读理解等。学生只需要在相应位置做出答案即可,存在猜测的成分,因此很难测量出真正的语言能力。

三、语言测试与其他学科的关系

语言测试首先是一门综合性科学,其次是一门独立学科。虽然如此,语言测试与其他众学科的关系仍然是十分密切的,这里我们就对语言测试与应用语言学、心理语言学、社会语言学、学习论、数学以及计算机科学的关系进行概括性陈述。语言测试与其他学科的关系如图8-2所示。

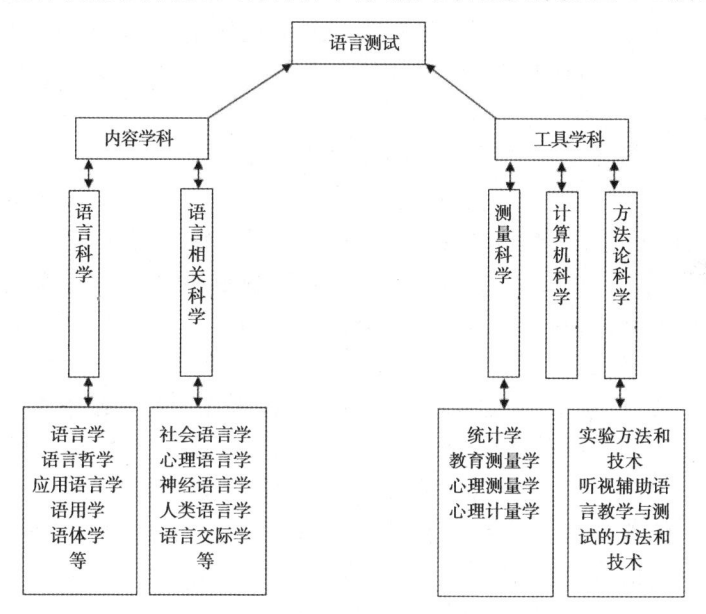

图 8-2 语言测试与其他学科的关系示意图

如上图所示,影响语言测试的科学可以分为内容学科与工具学科两种。

(1)内容学科为语言测试提供内容,包括语言学及其相关学科。

(2)工具学科指的是为语言测试提供测试工具与方法的学科。

第三节 英语语言测试的发展趋势

所谓语言测试的发展趋势,是就发展的共性而言的,至少应当是发展的趋同性。但是,学者们在概括这一问题时,却出现了多样化的表述,这似乎与"趋势"的概念相矛盾。这里我们对语言测试发展趋势的探讨是基于以下的一些基本认识。

一、宏观发展趋势

随着计算机科学技术的快速发展,计算机的现实应用性逐渐增强,计算机的普及程度迅猛提高,这为语言测试提供了新的发展进路。如何将计算机有效地应用于语言测试已经成为语言教学和研究人员研究的热点。

在美国举行的第 23 届国际语言测试研讨会的主题就是基于计算机技术的语言测试新技术、新方法。其中,最具代表性的是计算机适应性语言测试,它是指把计算机适应性测试的原理和方法运用到语言测试中去。

计算机适应性语言测试的兴起有其客观必然性:其一,语言测试开始注重个性化测试特征,测试开始满足特定测试者的个性需求,向以受试者为中心主义发展。测试的过程要在最大限度上适应受试者的个性特征(如受试的语言水平和认知特征等)。这种需求在传统的纸笔测试中很难满足,而计算机适应性语言测试为这种现实需求提供了可能。其二,计算机适应性测试,可以充分应用计算机软硬件设施,多媒体技术,充分应用图像、声频,使声音信息场景化,同时使考生能够控制速度并要求重复,使得语言任务的真实性大大加强。

二、微观发展趋势

语言测试的微观发展趋势主要表现在以下几个方面。

(一)制作的要求

笔试试卷的制作是教师必须具备的技能。试卷命题时应以相应的大纲为依据,对教与学有良好的导向作用,根据不同目的选择题型,确保试题的效度,难度要适中。具体而言,试卷的制作要符合以下要求。

(1)有题头,标题要包括考试对象、学期、类别、所考课程、卷类、出卷年月和考试用时。此外,要留出地方填写测试的日期、考生姓名、班级和分数。

(2)有大题的题号和指示语、此大题总分和每小题分数。

(3)试题、标准答案和评分标准配套,听力部分要有录音材料和录音稿。

(4)试题难度适中且分布得当。

(5)正规考试一般要设计两份难易度相当的试卷,即 A、B 卷。

(6)题量和考试时间搭配合适。

(二)试卷题型

1. 选择题

选择题包括单项选择题和多项选择题。命题时应注意命题的目的,题干要明了简洁,选择项要有干扰项且不宜过于冗长。例如:

What are they doing? 题干

A.They row a dragon boat.

B.They doing Taijiquan.　　　干扰项

C.They watch TV.

D.They are playing basketball. 标准答案

2. 连线题

在考虑试题难易程度分布时,连线题可作为较为简单的题目出现,因为该类题目只考查学生的辨别能力和推测能力。

3. 听写

听写可以考核学生的词汇掌握能力和拼写能力,可有单词听写、句子听写或短文听写的形式。试题的难易度可由听力材料的速度、次数、间隔的长短等控制。

4. 回答问题

回答问题可以是听音答题或阅读理答题等,根据学生的水平,可以提示或要求完全回答。

5. 填空题

填空题包括单词填空、句型填空和完形填空等形式。通过填空使句子或段落的意思完整。但需注意填空的空格要有目标性且位置不宜过于密集。空格的抽取以有上下文提示或学习的重点为宜。

6. 阅读理解题

根据学生所学的水平和内容给出一至五篇难度适当、长短得当的文章,针对每篇文章的内容出几道题目,考查学生对短文的理解。题目可以是多项选择题,也可以是简答题。

7. 写作题

根据给出的题目或提示用英语写小短文。

(三)试卷制作的检查

在试卷制作完成之后还要对其检查,具体涉及以下几个方面。
(1)试卷的考点是否明确。
(2)试题内容是否在命题范围内,难度是否适中。
(3)难易题分布是否恰当。
(4)题型选择是否合理、多样。
(5)题量是否适中。
(6)试卷题头是否符合要求。
(7)指示语是否简洁明了。
(8)分数是否分布合理。
(9)试卷、标准答案和评分标准是否配套。
(10)拼写是否准确。

参考文献

[1] 辞海编辑委员会. 辞海 [Z]. 上海：上海辞书出版社，1980.

[2] 崔燕宁. 大学英语自主学习理论与实践研究 [M]. 成都：西南财经大学出版社，2013.

[3] 范晔. 视听双重输入模式下的二语词汇习得 [M]. 上海：复旦大学出版社，2016.

[4] 桂诗春. 心理语言学 [M]. 上海：上海外语教育出版社，1985.

[5] 胡春洞. 英语教学法 [M]. 北京：高等教育出版社，1996.

[6] 黄冰. 第二语言习得入门 [M]. 广州：广东高等教育出版社，2004.

[7] 蒋祖康. 第二语言习得研究 [M]. 北京：外语教学与研究出版社，1999.

[8] 李柏令. 第二语言习得通论 [M]. 上海：上海交通大学出版社，2013.

[9] 李庭芗. 英语教学法 [M]. 北京：高等教育出版社，1983.

[10] 刘玉屏，孙晓明. 语言学与第二语言习得理论 [M]. 北京：中央民族大学出版社，2010.

[11] 孟飞，彭雪静. 蜘蛛记忆法 [M]. 北京：石油工业出版社，2006.

[12] 束定芳，庄智象. 现代外语教学：理论、实践与方法 [M]. 上海：上海外语教育出版社，2008.

[13] 汪榕培，王之江. 英语词汇学 [M]. 上海：上海外语教育出版社，2008.

[14] 王初明. 应用心理语言学 [M]. 长沙：湖南教育出版社，1990.

[15] 王笃勤. 英语教学策略论 [M]. 北京：外语教学与研究出版社，2002.

[16] 王芬. 高职高专英语词汇教学研究 [M]. 上海：上海交通大学出版社，2012.

[17] 王改燕. 第二语言阅读中词汇附带习得研究 [M]. 北京：北京大学出版社，2013.

[18] 王建勤.第二语言习得研究[M].北京：商务印书馆,2009.

[19] 肖奚强,周文华.第二语言习得研究纵观[M].北京：世界图书出版公司北京公司,2012.

[20] 徐锦芬.大学外语自主学习理论与实践[M].北京：中国社会科学出版社,2007.

[21] 徐烈炯.中国语言学在十字路口[M].上海：上海教育出版社,2008.

[22] 许国璋.论语言[M].北京：外语教学与研究出版社,1991.

[23] 杨连瑞,李丽,王慧莉.二语习得多学科研究[M].青岛：中国海洋大学出版社,2010.

[24] 严明.大学英语自主学习能力培养模式研究：体验的视角[M].哈尔滨：黑龙江大学出版社,2009.

[25] 张利.浅析对比分析理论对外语教学的影响[J].外语教学与研究,2012,(27).

[26] 杨连瑞,张德禄等.二语习得研究与中国外语教学[M].上海：上海外语教育出版社,2007.

[27] 叶蜚声,徐通锵.语言学纲要[M].北京：北京大学出版社,2005.

[28] 英国培生教育出版有限公司编.朗文当代高级英语辞典(英英.英汉双解)[Z].北京：外语教学与研究出版社,2004.

[29] 张维友.英语词汇学[M].北京：外语教学与研究出版社,1998.

[30] 蔡金亭.汉语的主题突出特征对中国学生英语作文的影响[J].外语教学与研究,1998,(4).

[31] 陈万会.中国学习者二语词汇习得认知心理研究[D].上海：华东师范大学,2006.

[32] 董燕萍.从广东省小学英语教育现状看"外语要从小学起"问题[J].现代外语,2003,(26).

[33] 范晔.注意在二语动名词搭配习得中的作用[J].外语教学与研究,2008,(3).

[34] 何宗慧.词汇自主学习的概念、策略及意义[J].西华师范大学学报,2006,(5).

[35] 梁菊宝.错误分析理论及其近10年研究综述[J].考试周刊,2011,(14).

[36] 林韶蓉.国外二语语音习得关键期研究综述[J].漳州师范学院学报(哲学社会科学版),2010,(2).

[37] 刘艾云.谈语言与认知[J].大连理工大学学报,2005,(2).

[38] 卢安. 二语习得领域内语言学习关键期研究综述[J]. 湖北经济学院学报（人文社会科学版），2008，（1）.

[39] 罗红霞. 对比分析理论与外语教学[J]. 甘肃联合大学学报（社会科学版），2013，（6）.

[40] 潘文国. 语言的再定义[J]. 华东师范大学学报（哲学社会科学版），2001，（1）.

[41] 史俊杰. 错误分析理论对高中英语写作教学的启示[D]. 上海：上海师范大学，2012.

[42] 王立非，李瑛. 第二语言习得关键期假设研究的新进展——兼评《第二语言习得与关键期假设》[J]. 外国语，2002，（2）.

[43] 王立非，文秋芳. 二语习得研究方法35年A：回顾与思考[J]. 外国语，2004，（4）.

[44] 辛柯，周淑莉. 年龄因素对二语习得的影响：临界期假说实证[J]. 外语教育，2006，（4）.

[45] 许政援. 对儿童语言获得的几点看法——从追踪研究结果分析影响儿童语言获得的因素[J]. 心理发展与教育，1994，（3）.

[46] 杨连瑞. 二语习得研究学科建设的若干宏观问题及思考[J]. 中国海洋大学学报，2009，（3）.

[47] 杨连瑞. 关于外语教学中的年龄问题[J]. 国外外语教学，1998，（2）.

[48] 杨连瑞. 中介语理论与外语教学[J]. 外语与外语教学，1996，（6）.

[49] 杨莹子. 克拉申语言监控理论对小学英语教学的启示[D]. 上海：上海师范大学，2009.

[50] 于海军. 二语习得中的中介语理论[J]. 西南民族大学学报（人文社科版），2007，（S1）.

[51] 俞理明，袁平华. 应用语言学还是教育语言学？——对二语习得研究学科属性的思考[J]. 现代外语，2004，（3）.

[52] Boomer, D.S, Laver J.D.M. Slips of the tongue[J]. *The British Journal of Disorders of Communication*，1968，（1）.

[53] Corder, S.P. Idiosyncratic Dialects and Error Analysis[J]. *International Review of Applied Linguistics in Language Teaching*（IRAL），1971，（2）.

[54] Hatch, Evelyn and Brown, Cheryl. *Vocabulary Semantics and Language*[M]. Beijing: Foreign Language Teaching and Research Press，2001.

[55]Humboldt, W. Von. *On Language: the Diversity of Human Language-Structure and Its Influence on the Mental Development of Mankind*[M]. Cambridge: Cambridge University Press,1988.

[56]Lewis, M. *Second Language Vocabulary Acquisition*[M]. Cambridge: Cambridge University Press,1997.

[57]Lodo R.*Linguistics across Culture* [M].Ann Arbor: University of Michigan Press,1957.

[58]Oller J W, Ziahosseiny S M. The Contrastive Analysis Hypothesis and the Spelling Errors[J].*Language Learning*,1970,(20).

[59]Richards, Jack C. A non-contrastive approach to error analysis[J]. *English Language Teaching Journal*,1971,(3).

[60]Wardhaugh R.The Contrastive Analysis Hypothesis[J].*TESOL Quarterly*,1970,(4).

[61]Wilkins, D. *Linguistics in Language Teaching*[M].London: Edward Arnold,1972.

[62]Bialystok, E. Come of Age in Applied Linguistics[J]. *Language Learning*, 1998,(48).

[63]Bley-Vroman.The comparative fallacy in interlanguage studies: the case of systematicity[J].*Language Learning*,1983,(33).

[64]Brown, H. & Gonzo, S. *Reading on Second Language Acquisition*[M]. Prentice Hall, 1994.

[65]Chomsky, C. *The Acquisition of Syntax in Children from 5 to 10*[M]. Cambridge, Mass: MIT Press, 1969.

[66]Corder, S.P. The Significance of Learners' Errors[J]. *International Review of Applied Linguistics*, 1967,(5).

[67]Ellis, R. *Understanding Second Language Acquisition*[M]. Oxford: Oxford University Press, 1986.

[68]Ellis, R.*The Study of Second Language Acquisition*[M].Oxford: Oxford University Press,1994.

[69]Fries, C.*Teaching and Learning English As a Foreign Language*[M].Ann Arbor: University of Michigan Press,1945.

[70]Krashen, S. *Second Language Acquisition and Language Learning*[M]. Pergam on Press, 1981.

[71]Lado, R.*Linguistics Across Cultures*[M].Ann Arbor: University of Michigan Press,1957.

[72]Nation, I. S. P. *Learning Vocabulary in Another Language* [M]. Cambridge, UK: Cambridge University Press, 2001.

[73]Swain, M. The Output Hypothesis: Just Speaking and Writing Aren't Enough[J]. *The Canadian Modern Language Review*, 1993, (50).

[74]Tarone, E. Systematicity and Attention in Interlanguage[J]. *Language Learning*, 1982, (32).